고신라 금석문의 연구

고신라 금석문의 연구

김창호 지음

서경문화사

: 책머리에 :

금석문은 문헌사가 아니라 고고학이다. 우리나라에서의 금석문 연구는 문헌사학자에 의해 주도되고 있다. 문헌에서 하든 고고학에서 하든 똑바로 잘만 하면 아무런 관계가 없지만 잘못할 경우에 있어서는 뒷날의 비난을 면할 수가 없다. 이를 이른바 역사의 심판이라고 부르거니와 엄정한 실증주의에 입각한 금석문의 연구가 요구되고 있다. 실증주의와 엄격한 금욕주의에 입각한 고고학도는 아무런 선입견이 없어서 상황 판단을 하지 않는다. 이러한 상황 판단은 자신뿐만 아니라 역사학의 복원 자체도 어렵게 한다.

결국 금석문과 문헌은 서로 창구가 다르다. 가령 광개토태왕비, 중원고구려비, 냉수리비, 봉평비, 적성비, 창녕비, 북한산비, 황초령비, 마운령비의 그 어느 금석문도 문헌에 명기되지 않고 있다. 실제로 광개토태왕비와《삼국사기》의 정복 기사가 서로 차이가 있음은 널리 알려진 사실이다. 실제로 문헌과 고고학 자료를 결부시켜서 성공한 예는 거의 없다.

이러한 금석문의 공부는 한국 청동기로 석사 논문을 내고 나서 집에 있는 오작비 탁본을 보고 갑자기 글자가 보이기 시작하여 졸지에 신라 중고 금석문에 보이는 인명 표기 (Ⅰ)과 (Ⅱ)를 발표하게 되었고, 영천 청제비 정원14년명의 검토 등 총 4편의 금석문에 관한 논문을 발표하게 되었다. 그래서 그 때부터는 거의 고고학 쪽의 논문은 쓰지 않고, 금석문 논문을 1994년 경북대학원에서 박사학위를 받을 때까지 계속 공부를 하였다. 틈틈이 역사고고학 특히 신라 고분에 관한 공부를 하면서 금석문 공부를 하였다. 1994년 학위를 받게 되자 이론 공부로 승부를 내기 위해 이론 공부를 생각하던 중 일본의 노가미 죠스께 선생님의 교시로 유물과 유적에 근거한 실증주의 고고학을 공부하게 되었다. 여기까지의 과정이 필자가 금석문 공부를 하게 된 이유와 실증주의 입장에 서게 된 이유이다.

본서의 작성에는 은사 김영하 선생님의 격려를 결코 잊을 수가 없다. 지도 교수를 맡으시다가 정년으로 심사를 해 주셨고, 그 뒤에 문경현 교수님께서 지도교수를 맡아 주셨다. 주보돈 교수를 비롯한 심사위원 여러분에게도 감사한다. 무엇보다도 아빠의 학위의 취득을 고대한 딸 민지와 아내, 아들에게도 감사한다. 수익성이 없는 학술서적을 예쁘게 만들어 주신 서경의 김선경사장님을 비롯한 직원 여러분에게도 감사의 마음을 전하고 싶다.

2007년 4월

김창호

차 례

제 I 장

序論

1
研究 現況

신라사 연구의 기본적인 사료는 ≪三國史記≫·≪三國遺事≫ 등 문헌 자료와 당시인이 남긴 金石文 자료, 유적이나 유물 등에 주로 의존하는 考古學 자료들을 들 수가 있다. 그 중에서 최근에 많이 발견되고 있는 6세기 전후 신라의 금석문에서는 인명과 함께 직명과 관등명 등이 함께 기록된 인명 표기가 많이 나열되어 있다. 여기에서는 주로 통일전의 신라 금석문에 대해 釋文 부분을 중심으로 선학들의 연구부터 일별해 보기로 하자. 6세기의 신라 금석문 자료에 대한 연구는 금석문의 발견 순서와 궤를 같이하고 있다. 이 순서에 따라서 연구사를 정리해 보기로 한다.

금석문에 대한 연구는 일찍부터 시작되었을 것으로 추정되나[1] 6세기

---

1) 가령 12세기에 金富軾에 의해 찬술된 ≪三國史記≫ 卷46, 薛聰傳에 「又能屬文 而世無者 但今南地 或有聰所製碑銘 文字缺落不可讀 竟不知其何如也」란 구절에서도 碑銘(碑文)이 언급되어 있는 점이나, 13세기의 경우에 一然禪師에 의해 저작된 ≪三國遺事≫에도 신라의 많은 금석문 자료가 인용된 예가 있다. 예컨데 ≪三國遺事≫에는 我道和尙本碑·皇龍寺九層木塔志·奉德寺鍾銘·栢栗寺石幢記·甘山寺彌陀造像記·甘山寺彌勒造像記 등의 금석문이 나오고 있다. 이 가운데에서 ≪朝鮮金石總覽≫上에도 我道和尙碑 등이 ≪三國遺事≫에서 인용된 금석문 자료로 소개되고 있다.

신라 금석문의 연구는 18세기에 들어와 본격적인 궤도에 오른 듯하다. 이 때는 조선 후기로 정통적인 성리학에서 다소 현실적인 경향이 강한 實學이 풍미한 시기였다. 당시에는 중국 청나라의 考證學의 자극을 받아서 6세기 신라 금석문에 대한 연구가 시작되었다.[2] ≪大東金石帖≫에[3] 수록되어 널리 알려지게 된 黃草嶺碑와 1816년과 1817년에 조사 확인된 北漢山碑 등을 통해서 6세기 신라 금석문 자료를 체계적으로 연구하기 시작했다.[4] 당시의 연구 결과를 보면 黃草嶺碑의 比知夫知及干을 大阿干比知夫知로 잘못 끊어 읽어서 ≪三國史記≫, 居柒夫傳에 나오는 大阿飡比次夫로 비정한 바 있다.[5] 하지만 그 때까지 발견된 금석문 자료가 황초령비와 북한산비뿐인 데에도 불구하고, 이들 자료가 신라 眞興王代에 만들어진 것으로 본 점은 높이 평가된다.

19세기 말부터 高句麗 廣開土太王碑나[6] 百濟 七支刀 명문이[7] 알려져서 이에 관한 많은 연구 성과가 쌓이게 되었다. 高句麗나 百濟의 금석문도 6세기 신라 금석문 연구에 서로 보완이 될 수있는 자료인데도 불구하고 각각의 자료만을 집중적으로 연구하였을 뿐 이 시기의 신라 금석문도 역시 모든 자료에 걸쳐 있는 주제에 관한 연구는 거의 나오지 않았다.[8]

---

2) ≪阮堂先生全集≫ 卷1의 〈眞興王二碑攷〉부분.

3) 이는 宣祖의 손자인 李 俁(1637년-1693?)가 만든 金石文 탁본의 서첩.

4) 〈眞興二碑攷〉 참조.

5) 比次夫는 적성비에 「高頭林城在軍主等喙部比次夫智阿干支」란 인명이 나오고 있어서 이는 인명 표기의 분석을 잘못한 것이다. 李基東, 1978 〈新羅 官等制度의 成立 年代 問題와 赤城碑의 發見〉≪史學志≫12, p.140 참조, 그런데 氏는 동논문 p.138에서 대구 오작비에서 一伐, 一尺과 함께 阿尺이란 외위도 보이고 있다고 강조하고 있으나 지금까지 오작비에서 阿尺을 판독한 연구자는 없다.

6) 이에 관한 연구 성과에 대해서는 佐伯有清, 1974 ≪研究史 廣開土王碑≫참조.

7) 이에 관한 연구 성과에 대해서는 다음의 논문들을 참조.
福山敏男, 1968 〈石上神宮七支刀の銘文〉 ≪日本建築史研究≫.
神保公子, 1973 〈七支刀研究の歩み〉 ≪日本歴史≫301.
金瑛二, 1985〈韓國・朝鮮における七支刀研究の概要〉 ≪朝鮮史研究會會報≫80.

신라 금석문 연구가 활기를 띠게 된 것은 1914년 昌寧碑의 발견이후이다.[9] 창녕비에는 지금까지 신라 금석문 가운데 가장 많은 글자수와 인명 표기가 나열되어 있고, 풍부한 中央官과 地方官의 직명이 나오고 있어서 이에 관한 포괄적인 연구 성과가 나왔다.[10] 창녕비의 연구는 지금까지도 계속해서 나오고 있지만[11] 아직까지도 중앙의 上大等 문제나 지방 제도의 규명에 중요한 郡의 실체[12] 등은 학계에서 의견의 일치를

---

8) 가령 人名 + 外位 + 徒의 표기는 명활산성작성비에 근거해 6세기 전반으로 보아 왔으나 최근에 발견된 남산신성비 제9비(591년)에서도 ……徒란 표기가 있어서 이에 관한 견해들도 수정이 불가피하게 되었다. 마찬가지로 이러한 상호 보완적인 방법에 따라 高句麗의 廣開土太王碑와 百濟의 七支刀 명문 등도 연구가 요망된다. 이 방법은 결국 廣開土太王碑는 高句麗 금석문의 입장에서, 七支刀 명문을 百濟 금석문의 입장에서 각각 접근되어야 한다는 전제가 된다. 七支刀 명문에 나오는 인명의 분석도 百濟 금석문의 인명 표기란 관점에서 시행되어야 하고, 高句麗 금석문 경우에 廣開土太王碑 제3면에 나오는 僕句가 ≪三國史記≫, 實聖王 11年條의 「以奈勿王子卜好質高句麗」에 나오는 卜好와 동일인이란 가설의(池內 宏, 1970 ≪日本上代史の一硏究≫ 등) 설득력 여부를 조사해 보자. 高句麗 금석문의 인명 표기란 관점에서 보면 僕句의 바로 앞글자를 家자로 본 견해(白崎昭一郎, 1993 ≪廣開土王碑文の硏究≫, P.248에서는 王健群, 福宿南嶋, 藤田友治는 家로 판독했고, 氏는 水谷悌二郎 탁본 등에서 이 부분이 勿처럼 남아있음을 근거로 家자로 추독하고 있다)가 있어서 앞의 가설은 성립되기가 어렵다. 僕句 바로 앞의 「寐錦△△」에서 △△에 王子가 기록되어 있어야 「寐錦王子僕句」로서 高句麗 금석문에서 분명한 인명 표기가 될 수있기 때문이다.

9) 谷井濟一, 1914 〈朝鮮昌寧古碑の發見〉 ≪考古學雜誌≫4-9.

10) 今西 龍, 1921 〈新羅眞興王巡狩管境碑考〉 ≪考古學雜誌≫12-1.

11) 姜萬吉, 1955 〈眞興王碑의 隨駕臣名硏究〉 ≪史叢≫1.
李基白, 1962 〈大等考〉 ≪歷史學報≫17 · 18合
朱甫暾, 1979 〈新羅 中古의 地方統治組織에 대하여〉 ≪韓國史硏究≫23.
盧鏞弼, 1990 〈昌寧 眞興王巡狩碑 建立의 政治的 背景과 그 目的〉 ≪韓國史硏究≫70.

12) 지금까지 나온 新羅의 지방 제도에 관한 연구 성과는 아래와 같다.
今西 龍, 1933 〈新羅上州下州考〉 ≪新羅史硏究≫.
藤田亮策, 1953 〈新羅九州小京考〉 ≪朝鮮學報≫5. 1963 ≪朝鮮學論考≫재수록.
末松保和, 1954 〈新羅幢停考〉 ≪新羅史の諸問題≫.
韓沽劤, 1960 〈古代國家 成長過程에 있어서의 對服屬民政策(上)〉 ≪歷史學報≫12.
林炳泰, 1967 〈新羅小京考〉 ≪歷史學報≫35 · 36合.
村上四男, 1968 〈新羅の歃良州(良州)について〉 ≪朝鮮學報≫48. 1978 ≪朝鮮古代史硏究≫ 재수록.
李鍾旭, 1974 〈南山新城碑를 통해서 본 新羅의 地方統治體制〉 ≪歷史學報≫64.

보지 못하고 있다.

1930년대에 들어와 南山新城碑 제1비와[13] 磨雲嶺碑가 새로이 알려졌다.[14] 그 가운데 남산신성비는 이 이후에도 계속 발견되어 1994년에는 제9비까지 발견되고 있어서[15] 신라의 力役, 지방 제도, 村의 구조 등의 연구에 중요한 몫을 차지하고 있다. 마운령비는 앞에서 소개된 황초령비와 내용이 거의 같고, 비의 건립 年月日도 동일하여 황초령비와 서로 비교해서 서로의 결락된 부분을 보충할 수가 있다. 마운령비에 대한 연구는 최근에 들어와서 직명을 중심으로 많은 연구 성과가 나오고 있다.[16] 1934년 慶州 見谷 錫丈寺址 부근에서 壬申誓記石이 발견되어,[17]

申瀅植, 1975 〈新羅軍主考〉 ≪白山學報≫19.
山尾幸久, 1975 〈朝鮮三國の軍區組織 −エホリのミヤケ研究序說−〉 ≪古代朝鮮と日本≫.
末松保和, 1975 〈新羅の郡縣制 −特にその完成期の二・三の問題−〉 ≪學習院大學研究年報≫12.
李基東, 1976 〈新羅下代의 浿江鎭〉 ≪韓國學報≫4.
浜田耕策, 1976 〈新羅の城・村設置と郡縣制の旅行〉 ≪朝鮮學報≫84.
朱甫暾, 1979 〈앞의 논문〉.
金周成, 1983 〈新羅下代의 地方官司와 村主〉 ≪韓國史研究≫41.
木村 誠, 1983 〈新羅時代の鄕 −部曲制成立の再檢討−〉 ≪歷史評論≫403.
李銖勳, 1988 〈新羅 中古期 州의 構造와 性格〉 ≪釜大史學≫12.
李銖勳, 1993 〈新羅 村落의 성격 −6세기 금석문을 통한 행정촌·자연촌 문제의 검토−〉 ≪韓國文化研究≫6.
李銖勳, 1993 〈新羅 村落의 立地와 城·村名 −三國時期의 경우를 중심으로−〉 ≪國史館論叢≫48.

13) 大坂金太郎, 1934 〈慶州に於て發見せられる南山新城碑〉 ≪朝鮮≫235.
藤田亮策, 1935 〈朝鮮金石瑣談(Ⅰ) −南山新城碑−〉 ≪青丘學叢≫19.

14) 崔南善, 1930 〈新羅眞興王の在來三碑と新出現の磨雲嶺碑〉 ≪青丘學叢≫2.
末松保和, 1930 〈咸南利原郡萬德山に發見せられたる新羅眞興王の戊子巡狩碑〉 ≪朝鮮≫1930年 1月號.
前間恭作, 1931 〈眞興王碑につきて〉 ≪東洋學報≫19−2.

15) 朴方龍, 1994 〈南山新城碑 第九碑에 대해서〉 ≪한국고대사연구회회보≫33.

16) 李文基, 1982 〈新羅 眞興王代의 臣僚 組織에 대한 一考察〉 ≪大丘史學≫20·21合.
李道學, 1992 〈磨雲嶺 眞興王巡狩碑의 近侍隋駕人에 관한 檢討〉 ≪新羅文化≫9.
盧鏞弼, 1993 〈磨雲嶺碑의 '客' 研究〉 ≪國史館論叢≫48.

17) 末松保和, 1936 〈慶州出土の壬申誓記石について〉 ≪京城大史學會誌≫10.

이에 관한 연구가 나오고 있다.[18] 한편 이 시기에 발견된 順興於宿知述干墓 자료는[19] 당시에는 별로 주목되지 못하다가 1971년 이 고분의 발굴 조사와[20] 함께 다시 발견되어 石室墳의 절대 연대 설정에 중요한 자료가 되고 있다.[21]

1946년 大邱의 大安洞에서 大邱戊戌銘塢作碑가 발견되었으나 6.25 남북 전쟁의 와중에서 소개되지 못했다. 1957년에 이 비가 재발견되어 1958년에 와서야 비로소 학계에 연구 논문을 통해 알려지게 되었다.[22] 처음 塢作碑가 소개될 때에도 군사 방어상의 이유로 축조한 塢와 관계되는 금석문으로 이해되었으나 그 뒤의 수리 관련 금석문 자료로 바로

---

18) 末松保和, 1954 〈壬申誓記石〉 ≪新羅史の諸問題≫
李丙燾, 1957 〈壬申誓記石에 대하여〉 ≪서울大學校論文集≫5. 1976 ≪韓國古代史研究≫ 재수록.
홍기문, 1957 ≪리두연구≫, P.312. 여기에서는 이 명문의 「詩尙書禮傳」 부분을 詩, 尙書, 禮傳으로 끊어 읽는 점이 주목된다.
大坂金太郎, 1967 〈新羅花郎の誓記石〉 ≪朝鮮學報≫43.
朴連洙, 1982 〈壬申誓記石에 관한 考察 －花郎의 「天」 및 「國家」 觀－〉 ≪陸士論文集≫23.
田中俊明, 1983 〈新羅の金石文－壬申誓記石－〉 ≪韓國文化≫5－7.
金昌鎬, 1984 〈壬申誓記石 製作의 年代 문제와 그 階層〉 ≪伽倻通信≫10.

19) 이 자료는 1931년에 발간된 ≪朝鮮≫이란 잡지에 '慶尙北道 榮州郡 順興面 邑內里의 한 古墳은 1924年頃 巡査某氏가 內部에 壁畵가 있다는 것을 報告한 것으로, 1930年7月 委員 小場恒吉은 이것을 調査해서, 그 內部에 石床棺臺가 있고, 石扉에 「△△△年△△宿知述干」인 刻銘이 있는 것을 發見하고, 將來의 發掘調査를 期해서 警官主在所에 保護依賴한다' 라고 하여 명문까지 판독해 놓았지만 그 뒤의 石室墳 연구자조차도 전혀 언급이 없고, 다른 책에서도 이에 대한 기술이 없는 점은 기이하다.

20) 梨花女子大學校博物館, 1973 ≪壁畵古墳≫.
梨花女子大學校博物館, 1984 ≪榮州順興壁畵古墳發掘調査報告≫.

21) 이 고분의 乙卯年은 고고학 쪽에서는 橫穴式石室墳의 編年과 관련지워 535년으로 볼려는 경향이 강하다(金元龍, 1986 ≪韓國考古學概說≫, P.226 등)
梨花女子大學校博物館, 1984 ≪榮州順興壁畵古墳發掘調査報告≫에서는 595년설을 주장했으나, 이 고분의 보고자는 文化財管理局, 1986 ≪順興邑內里壁畵古墳≫에서는 535년으로 바꾸고 있다. 이 고분의 乙卯年은 현재까지의 신라 6세기 금석문 자료에 근거할 때 595년으로 보아야 될 것이다.

22) 任昌淳, 1958 〈戊戌銘塢作碑小考〉 ≪史學研究≫1.

잡아졌다[23]. 이 시기를 전후해서 남산신성비 제2비와 제3비 등이 발견되어 학계에 알려지게 되었다.[24] 이 때에는 이체 문자나 판독에 중점을 둔 의욕적인 작업이었고, 그 뒤에 문헌사가에 의해 신라 중고 지방 통치 조직의 정비란 기본적인 시각아래에서 南山新城碑에 대한 종합적인 검토가 나왔다.[25]

1968년 新羅三山學術調査團에 의해 永川菁堤碑가 발견되었다.[26] 이 비석에는 시기를 달리하는 丙辰銘과 貞元十四年銘이 양 면에 각각 새겨져 있고, 그 옆에서 조선 시대에 만들어진 菁堤重立碑도 발견되었다. 永川菁堤碑는 그 내용의 중요성에 비추어서 그렇게 연구가 활발하지 못한 듯하다. 가령 丙辰銘에 나오는 得이란 하나치는 아직까지 그 해결의 단서조차 잡지 못하고 있다[27]. 丙辰銘에 나오는 衆社村이 촌명인지[28] 아니

23) 塢作碑가 수리 시설과 관련된 금석문 자료로 바뀌어서 이해하게 된 것은 이 비가 발견된지 10여년이 지난 永川菁堤碑의 발견 이후이다.

24) 秦弘燮, 1960 〈新發見南山新城碑小考〉 ≪歷史學報≫13.
秦弘燮, 1965 〈南山新城碑의 綜合的 考察〉 ≪歷史學報≫26.

25) 李鍾旭, 1974 〈南山新城碑를 통해 본 新羅의 地方統治體制〉 ≪歷史學報≫64.여기에서는 그 동안 새로 발견된 南山新城碑 제4 · 5비를 함께 검토하였다.

26) 鄭永鎬, 1969, 〈永川菁堤碑의 發見〉 ≪考古美術≫102.
鄭永鎬, 1969 〈永川菁堤碑의 考察〉 ≪考古美術≫102.
李基白, 1969 〈永川菁堤碑 貞元修治記의 考察〉 ≪考古美術≫102.
李基白, 1970 〈永川菁堤碑의 丙辰銘〉 ≪考古美術≫106 · 107合.
石上英一, 1974 〈古代における日本の税制と新羅の税制〉 ≪古代朝鮮と日本≫.
吳星, 1978 〈永川菁堤碑 丙辰銘에 대한 再檢討〉 ≪歷史學報≫79.
田中俊明, 1983 〈新羅の金石文 －永川菁堤碑丙辰銘－〉 ≪韓國文化≫5－2.
李宇泰, 1985 〈永川菁堤碑를 통해 본 菁堤의 築造와 修治〉 ≪邊太燮博士華甲紀念史學論叢≫.
金昌鎬, 1988 〈永川菁堤碑 丙辰銘의 建碑年代〉 ≪伽倻通信≫17.

27) 이 금석문 자료를 제외하면 南山新城碑 등에서는 길이를 나타내는 하나치는 모두 步 · 尺 · 寸이 사용되고 있다.
李宇泰,1984 〈韓國古代의 尺度〉 ≪泰東古典研究≫1에서는 淂자를 尋으로 보고서 그 尺度를 복원하고 있다. 得은 신라에서 독자적으로 사용된 길이를 나타내는 고유한 하나치일 가능성도 있을 것이다.

28) 李基白, 1974 ≪新羅政治社會史研究≫, p.301.
石上英一, 1974 〈앞의 논문〉, p.234.

면 衆礼利란 인명인지[29] 여부와 干支란 외위명 등이 근자에 와서 냉수리비 등의 발견으로 어느 정도 분석의 기준이 마련되고 있다. 병진명의 건립 연대 등도 앞으로 다시 검토되어야 할 것이다.

1970년 東國大 學術調査團에 의해 蔚州川前里書石이 발견되었다.[30] 이와 인접한 盤龜臺와 川前里의 암각화가 함께 발견된지 10여년이 지난 뒤에 이에 관한 보고서가 나왔다.[31] 명문에 대한 부분은 그 내용이 너무 소략하여 그 때까지의 연구 성과와도 다소의 거리가 있는 듯하다. 이에 대해서 葛文王의 존재를 확실하게 밝혀서 이 부분 연구의 진전이 있었고,[32] 신라 중고 왕실의 소속부를 沙喙部로 주장하는 가설이 제기되기도 하였다.[33] 그 뒤에는 이 명문에 대한 수준 높은 연구 성과들이 나왔으나,[34] 아직까지도 徙夫知葛文王을 從夫知葛文王으로 읽은 점 등은[35] 이 명문 연구의 어려움을 암시하고 있는 듯하다.

신라 금석문 연구의 획기적인 계기는 1978년에 檀國大學校 學術調査團에 의해 조사된 丹陽赤城碑의 발견이후부터이다. 이 비의 발견이후에 관계 전문가들이 모여서 종합적인 학술대회를 개최하였다.[36] 단일비에

---

29) 金昌鎬, 1988 〈앞의 논문〉, p.44.

30) 黃壽永, 1971 〈新羅의 蔚州書石〉 ≪東大新聞≫1971년 5월 10일자.

31) 黃壽永 · 文明大, 1984 ≪盤龜臺≫.

32) 金龍善, 1979 〈蔚州川前里書石 銘文의 研究〉 ≪歷史學報≫81.

33) 李文基, 1981 〈金石文資料를 통하여 본 新羅의 六部〉 ≪歷史教育論集≫2.

34) 문경현, 1987 〈蔚州新羅書石銘記의 新檢討〉 ≪慶北史學≫10.
武田幸男, 1993 〈蔚州書石谷における新羅 · 葛文王一族 –乙巳年原銘 · 己未年追銘の一解釋–〉 ≪東方學≫85.

35) 武田幸男, 1993 〈앞의 논문〉, p.3. 동논문의 p.23에서는 徙자의 판독한 예로 任昌淳編著, 1984 ≪韓國金石集成(Ⅰ)≫, p.30을 들고서 울진봉평비에서의 徙夫智葛文王도 從夫智葛文王로 정정하고 있다.

36) 鄭永鎬, 1978 〈石碑의 發見 調査 經緯〉 ≪史學志≫12.
金元龍, 1978 〈丹陽赤城의 歷史 · 地理的 性格〉 ≪史學志≫12.
金錫夏, 1978 〈丹陽眞興王赤城拓境碑 解讀〉 ≪史學志≫12.
南豊鉉, 1978 〈丹陽赤城碑의 解讀 試攷〉 ≪史學志≫12.
李基白, 1978 〈丹陽赤城碑 發見의 意義와 王教事 部分의 檢討〉 ≪史學志≫12.

대한 포괄적인 검토의 시도는 단양적성비에서 비롯되었다. 이러한 의욕적인 노력에도 불구하고 지명인 高頭林을 인명으로 보는 등 비문의 해석에 잘못된 부분도 있었고,[37] 佃舍法의 실체 규명이나 비의 건립 목적 등은 아직까지도 학계에서 의견 일치를 보지 못하고 있다.[38]

1988년 4월경에 蔚珍鳳坪碑가 慶北 蔚珍의 주민에 의해 발견되었다. 한국고대사연구회 주최로 이에 대한 학술발표대회가 열리고 비문에 대한 종합적인 검토가 이루어졌다.[39] 이 비의 발견으로 524년 당시에 신라에서는 아직도 麻立干(=寐錦王)이란 王號를 사용했다는 점과[40] 이미 경위나 외위 등의 官等制가 완성되었다는 점을 알게 된 점 이외에는 별로 연구가 진전되지 못하고 있다. 봉평비의 내용이나 성격은 아직까지도

任昌淳, 1978 〈丹陽赤城碑에 대한 愚見 二 · 三〉 ≪史學志≫12.
邊太燮, 1978 〈丹陽眞興王拓境碑의 建立年代와 性格〉 ≪史學志≫12.
黃壽永, 1978 〈三國 金石文 資料〉 ≪史學志≫12.

37) 武田幸男, 1979 〈眞興王代における新羅の赤城經營〉 ≪朝鮮學報≫93.

38) 지금까지 나온 丹陽赤城碑에 대한 중요한 연구 성과는 아래와 같다.
浜田耕策, 1978 〈新たに發見された丹陽新羅赤城碑〉 ≪日本歷史≫365.
南豊鉉, 1979 〈丹陽新羅赤城碑의 語學的 考察〉 ≪檀國大論文集≫13.
朱甫暾, 1984 〈丹陽新羅赤城碑의 再檢討〉 ≪慶北史學≫7.
金昌鎬, 1985 〈丹陽 赤城碑의 再檢討〉 ≪嶺南考古學≫6.
李宇泰, 1992 〈丹陽新羅赤城碑 建立의 背景 -也尒次의 功績과 恩典의 性格을 中心으로-〉 ≪泰東古典研究≫8.

39) 李明植, 1989 〈蔚珍地方의 歷史 · 地理的 環境과 鳳坪新羅碑〉 ≪韓國古代史研究≫2.
南豊鉉, 1989 〈蔚珍鳳坪新羅碑에 대한 語學的 考察〉 ≪韓國古代史研究≫2.
任世權, 1989 〈蔚珍鳳坪新羅碑의 金石學的 考察〉 ≪韓國古代史研究≫2.
崔光植, 1989 〈蔚珍鳳坪新羅碑의 釋文과 內容〉 ≪韓國古代史研究≫2.
朱甫暾, 1989 〈蔚珍鳳坪新羅碑와 法興王代 律令〉 ≪韓國古代史研究≫2.
李文基, 1989 〈蔚珍鳳坪新羅碑와 中古期 六部問題〉 ≪韓國古代史研究≫2.
盧泰敦, 1989 〈蔚珍鳳坪新羅碑와 新羅의 官等制〉 ≪韓國古代史研究≫2.
李宇泰, 1989 〈蔚珍鳳坪新羅碑를 통해 본 地方統治體制〉 ≪韓國古代史研究≫2.

40) 종래에는 廣開土太王碑의 「寐錦」 · ≪日本書記≫의 「婆娑寐錦」 · 智證大師碑의 · 遍頭居寐錦」에 근거해 寐錦=尼師今으로 보았다. 中原高句麗碑의 발견 이후에 寐錦=麻立干說이 제기되었다.(李丙燾, 1979 〈中原高句麗碑〉 ≪史學志≫13) 鳳坪碑에 『牟卽智寐錦王』이란 호칭이 나와서 후자가 타당함이 증명되었다.

수수께끼로 남아 있다. 이와 같이 이른 시기의 금석문들은 특정 지역의 특수하고 조그만 이야기를 비문에 적어 놓았기 때문에 그 해결이 힘들다고 판단된다.[41)]

1988년에는 경주에서 明活山城作城碑도 발견되었다.[42)] 이 비의 발견은 신라의 力役體制나 지방 제도 연구에 중요한 실마리를 제공해 주고 있다. 이 비문의 발견으로 창녕비 이전에도 邏頭란 직명이 존재함을 알게 되고, 上人邏頭가 나와서 남산신성비 제1비의 阿良邏頭의 해석에 도움이 되었을 뿐만아니라 邏頭란 직명 앞에는 지명이 붙지 않은 경우도 있음을 알게 되었다. 무엇보다도 이 비의 발견으로 얻어진 큰 성과는 이 비의 郡中上人이란 직명을 통해 南山新城碑 제2비의 郡中村主가[43)] 郡中上人으로 바로 잡아지게 된 점이다.

1989년 迎日冷水里碑가 慶北 迎日郡 神光面 冷水里에서 발견되었다. 한국고대사연구회의 주최로 종합적인 검토가 이루어져서 이에 관한 업적이 학계에 소개되었다.[44)] 이 비에는 종래까지 비에서는 보이지 않던

---

41) 지금까지 나온 鳳坪碑에 대한 중요한 연구 성과는 다음과 같다.
李成市, 1988 〈蔚珍鳳坪新羅碑の基礎的研究〉《史學雜誌》98-6.
李基白, 1988 〈蔚珍 居伐牟羅碑에 대한 고찰〉《蔚珍鳳坪新羅碑調査報告書》.
金昌鎬, 1988 〈蔚珍鳳坪新羅鹽祭碑의 再檢討〉《伽倻通信》18.
文暻鉉, 1992 〈居伐牟羅 南彌只碑의 새 檢討〉《韓國史學論叢》上.

42) 朴方龍, 1988 〈明活山城作城碑의 檢討〉《美術資料》41.
金昌鎬, 1989 〈明活山城作城碑의 再檢討〉《斗山金宅圭博士華甲紀念文化人類學論叢》.
閔德植, 1992 〈新羅 慶州 明活山城碑에 관한 考察 -新羅王京研究를위한 일환으로-〉《東方學志》74.

43) 武田幸男, 1965 〈新羅の骨品體制社會〉《歷史學研究》299에서 최초로 郡中村主의 복원을 제기하였다.

44) 李炯佑, 1990 〈迎日地方의 歷史·地理的 考察〉《韓國古代史研究》3.
鄭求福, 1990 〈迎日冷水里碑의 金石學的 考察〉《韓國古代史研究》3.
金永萬, 1990 〈迎日冷水里碑의 語文學的 考察〉《韓國古代史研究》3.
金昌鎬, 1990 〈迎日冷水里新羅碑의 建立年代〉《韓國古代史研究》3.
安秉佑, 1990 〈迎日冷水里新羅碑와 5-6세기 新羅의 社會經濟相〉《韓國古代史研究》3.
文暻鉉, 1990 〈迎日冷水里新羅碑에 보이는 部의 性格과 政治運營問題〉《韓國古代史

글자가 보인 점이나 왕경인과 지방민에 있어서 경위나 외위가 없는 人名이 많은 점이 특이하다. 특히 珍而麻村의 節居利는 두 번이나 新羅의 王들이 와서 教를 내리고 財에 대해 證尔를 서고 그 후계자도 정해 주었음에도 불구하고 外位가 없다는 점이 특징이다. 아직까지 이 비의 건립 연대에 대해서는 443년설과 503년설로 나누어져 있으며, 이 비의 주인공인 節居利가 가진 財의 실체가 무엇인지 전혀 윤곽조차 잡지 못하고 있다는 점은 냉수리비 연구의 한계를 말해주고 있다.[45] 이상이 6세기 금석문 연구의 概要이거니와 지금까지 연구 성과에 있어서 몇가지 유의할 점을 지적하고자 한다.

첫째로 이 시기의 금석문 연구에 있어서 碑文의 釋文에 여러 가지 견해가 나오고 있는 점이다. 비문의 판독에 있어서 의견의 차이는 해석에서도 차이가 생기게 되고, 나아가서 역사의 복원에도 차이가 생기게 된다. 예를 들면 南山新城碑 제2비에 있어서 郡中上人을 郡中村主로 보아서 南山新城碑 제1비의 郡上村主와 비교해서 郡下村主의 존재까지 상정해가면서 郡의 上 · 中 · 下村主는 村主 자체의 官等 차이인지 아니면 郡의 등급 차이인지로까지 확대 해석해 온 적도 있어서 석문의 중요성

研究≫3.

宣石悅, 1990 〈迎日冷水里新羅碑에 보이는 官等 · 官職問題〉 ≪韓國古代史研究≫3.

45) 지금까지 나온 冷水里碑에 대한 중요한 연구 성과는 다음과 같다.

朱甫暾, 1989 〈迎日冷水里新羅碑에 대한 基礎的 檢討〉 ≪新羅文化≫6.

金永萬, 1990 〈迎日冷水里新羅碑의 '癸未年'에 대하여〉 ≪新羅文化祭學術發表會論文集≫11.

崔光植, 1990 〈迎日冷水里新羅碑의 釋文과 內容分析〉 ≪新羅文化祭學術發表會論文集≫11.

金羲滿, 1990 〈迎日 冷水碑와 新羅의 官等制〉 ≪慶州史學≫9.

李喜寬, 1990 〈迎日冷水里碑에 보이는 至都盧葛文王에 대한 몇가지 문제〉 ≪韓國學報≫60.

深津行德, 1990 〈迎日冷水新羅碑について〉 ≪韓≫116.

李宇泰, 1992 〈迎日冷水里碑의 再檢討 -財의 性格을 中心으로-〉 ≪新羅文化≫9.

을 다시금 일깨워 주는 예이다.

둘째로 이 시기의 금석문의 연구에 있어서 개별 금석문 중심의 연구는 가능하지만 금석문 자료를 전체적으로 사용한 연구는 그렇게 많지가 않다. 아직까지 6세기 금석문에 관한 연구의 성과가 풍부하지 못한 점과 금석문 자료의 부족 등에 기인하고 있는 듯하다. 이와 같은 점은 앞으로 관계 자료의 발견과 함께 전문 연구가의 증가와 이미 발견된 금석문 자료를 체계적으로 종합 분석할 때 많은 진전이 있을 것으로 기대된다.

셋째로 이 시기의 금석문에 인명 표기가 왜 다른 시기에 비해 많이 적혀 있는지에 대한 이유이다. 이 점은 금석문 작성의 시대적인 배경이 비문들에 대한 성격의 정확한 규명과 더불어 점차로 밝혀질 것으로 기대되지만, 지금까지의 6세기 신라 금석문은 중앙과 지방과의 관련 금석문이 거의 대부분을 차지하고 있다[46]. 6세기에 있어서 신라의 중앙 정부가 지방민을 어떻게 통치하였는지는 뒤이어 전개되는 삼국 통일 전쟁과도 전혀 무관하지는 않을 것이다.

46) 지금까지 발견된 통일전 신라의 금석문 가운데 蔚州川前里書石의 여러 명문과 壬申誓記石 등을 제외하면 전부가 이에 해당되는 금석문뿐이다.

2
研究 方向

앞에서 지적한 몇 가지 유의점을 토대로 신라의 금석문들을 그 성격에 따라 구분해 보자. 지금까지 선학들의 연구 성과를 두루 참조하여 그 내용을 검토해서 조사해 보면 몇 가지 유형으로 나눌 수가 있다.

첫째로 私的인 입장이나 個人的인 차원에서 작성된 금석문이 있다. 두 花郎의 맹서가 기록된 壬申誓記石과 個人의 墓誌銘 역할을 한 順興於宿知述干墓의 銘文[47] 등이 있다.[48] 신라 왕족의 私的인 생활의 일단을 엿볼 수있는 蔚州川前里書石 原銘과 追銘을 비롯한 乙卯銘(535年)·癸亥銘(543年?)·乙丑銘(545年)·癸巳銘(574年) 등의 예가[49] 있다.

둘째로 국가적인 차원에서 기록된 금석문으로 國王과 이에 관련된 王京人과 地方民이 등장하고 있으며, 事件의 顚末이나 記錄의 理由 등이

47) 이 銘文은 花崗石으로 만든 門扉에 「乙卯年於宿知述干」이라고 陰刻되어 있으나 최근에 이를 墨書銘으로 오해한 예도 있다.(韓國古代社會研究所篇, 1992 ≪譯註 韓國古代金石文(Ⅱ)≫, p.199)

48) 順興 邑內里의 壁畵 古墳에서 1985년에 「己未中墓像人名……」이란 墨書銘이 발견되었다. 이는 무덤 주인공의 人名이 기록된 묘지명으로 판단된다.
文化財管理局, 1986 ≪앞의 책≫.
金昌鎬, 1989 〈己未銘 順興 壁畵古墳의 築造年代〉 ≪釜山市立博物館年報≫11.

49) 韓國古代社會研究所, 1992 ≪앞의 책≫, pp.163-168.

적혀 있다. 이에 대해서 먼저 節居利의 財에 대한 신라 왕실의 소유 확인과 그 相續者와 保證人 등이 기록된 冷水里碑를 들 수가 있다.[50] 다음으로 신라가 주변 지역의 拓境과 관련된 금석문으로 赤城碑 · 昌寧碑 등의 예가 있다. 그 다음으로는 巡狩管境이란 구절이 비문에 나오는 巡狩 관련 금석문으로 北漢山碑 · 磨雲嶺碑 · 黃草嶺碑를 들 수가 있다. 이러한 擧國的인 의미에서 작성된 금석문들은 마운령비와 황초령비를 끝으로 終焉을 고하게 된다.

셋째로 公的인 立場에서 기록되기는 둘째의 유형과 같지만 國王이나 당시의 고급 관료가 전혀 비문에 나오지 않으며, 지방민의 力役을 주로 기록하고 있는 금석문이다[51]. 여기에서는 築城과 築堤 부분으로 다시 나누어진다. 築城 관련 금석문으로는 明活山城作城碑 · 雁鴨池出土碑[52] · 南山新城碑(제1-9비) 등이 있고, 築堤 관련 금석문으로는 永川菁堤碑 丙辰銘과 大邱戊戌年塢作碑가 있다.[53]

---

50) 蔚珍鳳坪碑는 분명히 國家 차원에서 작성한 금석문 자료가 분명하나 아직까지 碑의 성격 규명이 불가능하다.

51) 물론 南山新城碑 제3비는 喙部 主刀里란 당시의 王京人을 力役 동원의 대상으로 한 금석문 자료이지만 이것도 넓은 의미에서는 이 범주에 포함될 수가 있다.

52) 1975년과 1976년에 걸쳐서 慶州 雁鴨池의 發掘 調査가 진행되었는데, 1975년경에 안압지의 호안석축에서 발견되었다. 발견 당시에는 南山新城碑 제6비(秦弘燮, 1976 ≪三國時代의 美術文化≫, P.167) 또는 제7비로(黃壽永, 1976 〈金石文의 新例〉 ≪韓國文化≫5) 소개되었으나 그 뒤에 南山新城碑인지 아니면 다른 축성비인지 여부에 의문을 표시한 견해들이 나왔다.(金昌鎬, 1983 〈新羅中古 金石文의 人名表記(Ⅱ)〉 ≪歷史教育論集≫4. 田中俊明, 1984 〈新羅の金石文 -第五碑 · 第七碑-〉 ≪韓國文化≫6卷 3號. 權悳永,1985 〈新羅 外位制의 成立과 그 機能〉 ≪韓國史研究≫50 · 51合 등.) 이 자료를 명활산성비로 본 견해도 있다.(朱甫暾, 1987 〈雁鴨池 出土 碑片에 관한 一考察〉 ≪大丘史學≫27)

53) 이 밖에도 雁鴨池 등에서 木簡이 출토되어 금석문 연구에 큰 도움이 되고 있다. 지금까지의 木簡에 대한 연구 개요는 李成市, 1991 〈韓國の木簡〉 ≪しにか≫2-5에 잘 정리되어 있다. 통일전 신라의 木簡 자료로 二聖山城出土의 木簡과 慶州 月城 垓字出土의 木簡(7세기)은 지방 제도 연구에 중요한 자료이다. 후자는 아직까지 학계에 보고되지 못하고 있고, 전자에 대해서는 다음과 같은 연구가 나와 있다.
漢陽大學校 · 京畿道, 1992 ≪二聖山城≫(3次發掘報告書).
朱甫暾, 1991 〈二聖山城 出土의 木簡과 道使〉 ≪慶北史學≫14.

위와 같은 많은 자료들을 전부 다 다루었으면 좋겠지만 여기에서는 비문의 내용에 따라 비를 나눈 것을 토대로 해서 몇개의 대표적인 예들을 골라서 검토해 보기로 하겠다.

제Ⅱ장에서는 금석문에 대한 석독과 분석을 그 성격에 따라 몇가지로 나누어서 검토해 보기로 하겠다.

첫번째로, 拓境 관련 금석문 자료들을 조사해 보고자 한다. 먼저 赤城碑 부분에 대한 여러 선학들의 견해들을 두루 참조해서 현지 조사와 탁본을 중심으로 판독문제를 살펴 보겠고, 비문의 단락에 대한 여러 업적을 중심으로 새로 발견된 봉평비 등의 금석문 자료와 비교해 가면서 비문의 구성 문제를 검토하겠다. 적성비의 전체에 나오는 인명 표기를 전부 분석하겠으며, 전체의 적성비 명문을 모두 해석하여 전체적인 내용이 무엇인지를 조사해 보겠다. 다음으로 昌寧碑 부분에서는 지금까지의 여러 판독을 중심으로 현지 조사와 今西탁본 등을 참조해 판독 문제를 검토하겠고, 이를 바탕으로 昌寧碑 전반부에는 어떠한 내용이 적혀 있으며, 그 단락을 어떻게 나눌 수가 있는지를 살펴 보겠고, 이른바 구조적인 분석 방법을 통해 전반부에 존재하는 모든 관직명을 찾도록 노력하겠고, 마지막으로 통일전 新羅의 금석문 자료 가운데에서 유일하게 창녕비에만 나오는 上大等 문제를 검토해 보겠다.

두번째로, 巡狩碑 관련 금석문 자료들을 조사해 보고자 한다. 먼저 北漢山碑 부분에서는 북한산비의 판독을 현지 조사와 고탁본에 근거해 선학들의 판독문과 비교해 가면서 검토하겠고, 북한산비는 비문 자체가 파실이 심해 비의 원형을 알 수가 없으므로 그 복원을 마운령비 등과 비교로 시도하겠고, 북한산비의 전체 내용이 부엇인지를 조사해 보겠다. 북한산비에 나오는 「甲兵之德」·「覇主」란 구절을 신라와 가야 지역의

金昌鎬, 1992 〈二聖山城 출토의 木簡 年代 問題〉 ≪韓國上古史學報≫10.

李道學, 1993 〈二聖山城 出土 木簡의 檢討〉 ≪韓國上古史學報≫12.

고분에서 출토되는 甲冑 자료와 비교해서 해석해 보고자 한다.

다음 磨雲嶺碑 부분에서는 인명이 표기되어 있는 陰面을 지금까지 선학들의 판독문을 중심으로 판독 문제를 살펴보겠고, 磨雲嶺碑에 대한 인명 표기에 대한 분석과 함께 그 내용이 거의 비슷한 黃草嶺碑의 인명 분석을 시도해 보고자 한다.

세번째로, 力役 관련 금석문에 대해 조사해 보고자 한다. 먼저 永川菁堤碑 丙辰銘 부분에서는 지금까지 선학들의 판독문을 중심으로 현지 조사와 탁본에 근거해 판독 문제를 검토하겠다. 이를 바탕으로 인명 표기를 분석하겠고, 인명 분석에 기초하여 丙辰銘의 건립 연대 문제를 冷水里碑 · 鳳坪碑 등과 비교해서 살펴보기로 하겠다.

다음 明活山城作城碑 부분에서는 명활산성비의 판독 문제를 살펴보고, 비문의 인명 표기에 대해 검토하겠고, 전체적인 단락의 구분과 아울러 비의 전문을 해석하겠다. 비문에 적힌 築城 공사의 시작과 종료 날짜를 중심으로 이 시기의 力役 집단의 동원 문제나 受作 거리 문제 등을 명활산성과 남산신성이 包谷式山城이란 점에 근거해 築城 순서 등에 대해서도 접근해 보기로 한다.

제Ⅲ장에서는 금석문 자료를 통해 신라의 중앙 六部 문제와 地方 統治에 대해 접근해 보고자 한다. 먼저 部名의 사용 시기 부분에서는 신라 금석문에서 部名은 언제부터 사용되기 시작했으며, 언제까지 사용되었다가 소멸되었는지 살펴 보겠다. 종래에는 신라에서 部名이 사용된 시기를 520년의 律令 공포와 ≪三國史記≫에 기록된 681년의 文武王 遺詔와 관련시켜 왔다. 최근의 냉수리비 출현으로 520년 이전에 이미 부명이 사용되었음을 알 수 있게 되었다. 신라의 금석문 자료에서 部名의 사용 시기는 냉수리비의 건립 연대와 직결된다. 이 비의 인명 분석을 바탕으로 건립 연대 문제를 중점적으로 검토해 部名의 사용 시기 문제를 살펴 보겠다. 部名의 소멸 시기에 대해서도 7세기 금석문 자료를 중심으로 검토해 보겠다.

다음은 신라 왕실의 소속부 부분에서는 蔚州川前里書石의 原銘과 追銘의 분석으로 이에 대해 접근해 보겠다. 이 명문의 판독을 선학들의 견해와 현지 조사를 통해 검토하겠고, 이 명문에 나오는 妹·友·妹王 등의 용어가 명문의 주인공인 沙喙部徙夫知葛文王의 입장에서 적힌 점을 전제로 하여 이 명문에 인명과 내용을 분석하겠으며, 단락의 구분과 함께 비문 전체의 해석을 시도해 보고자 한다.

다음은 地方官에 대해 살펴 보겠다. 신라 금석문에서는 昌寧碑에 州와 郡이 나오고, 남산신성비에 郡과 村(城)이 나와서 이 시기의 지방 제도는 州-郡-村(城)으로 編制됨은 쉽게 상정이 되지만 郡과 村(城)의 長이 무엇인지에 대해서는 다양한 견해들이 있어 왔다. 선학들의 가설들이 이 시기의 금석문 자료와 비교할 때 성립될 수 있는지 여부를 昌寧碑·南山新城碑·赤城碑 등의 자료를 통해 검토해 보고자 한다.

다음은 村의 內部 구조 부분에 대해서 살펴 보기로 하겠다. 명칭에 가장 많이 나오는 南山新城碑 제1·2비의 인명과 明活山城作城碑 등의 인명을 비교하여 기초 조직부분을 검토하겠다. 또 이들 금석문 자료에 나오는 上人 집단을 여러 가지 각도에서 분석하겠고, 최근에 들어와 문제가 되고 있는 大邱戊戌銘塢作碑에 나오는 村이 自然村인지 아니면 行政村인지 여부를 新羅 民政文書에 나오는 自然村의 인구수나 당시의 郡의 數와 비교해서 검토하겠고, 村主가 村을 떠난 존재인가 아니면 村主가 村의 行政的인 실무자인가를 南山新城碑 등을 통해서 살펴보기로 하겠다.

이상과 같은 필자의 시도는 6세기 신라 금석문 연구에 있어서 초보적인 작업이므로 앞으로 보다 높은 안목과 새로운 자료의 출현에 따라 상당한 부분이 수정 보완될 것으로 기대하며, 본고가 앞으로 통일전 신라 금석문 연구에 있어서 몇개의 징검다리 역할이라도 할 수 있기를 바랄 뿐이다.

제Ⅱ장

金石文의 繹讀과 分析

1
拓境 관련 金石文

1) 丹陽赤城新羅碑

1978년 1월 단국대학교 학술조사단에 의해 丹陽赤城新羅碑(이하 적성비라 부름)가 발견되었다. 그 뒤에 관계 전문가에 의해 비문 전체에 대한 면밀한 검토가 행해졌으며, 이에 대한 종합적인 연구 성과도 발표되었다.[1] 이에 따라 신라 중고의 지방 제도, 관등 문제, 율령 제도 등 중요한 사실들이 본 비문에 나타나 있음을 알게 되었다. 비문의 연구에 있어서 가장 중요한 것은 그 성격의 규명이다. 적성비를 拓境碑, 按據碑, 宣撫碑, 巡狩碑 등으로 부르고 있으나[2] 아직까지 건비 이유 등에 대한 뚜렷한 결론은 없는 것 같다. 대개 신라가 적성 지방을 새로 영토로 편입하고 지방민에게 恩典을 준 것이 그 중요한 내용으로 알려져 있다.

위와 같은 선학들의 연구 성과에 대한 타당성 여부를 조사해 보고자 한다. 그러기 위해서 먼저 이 비문의 판독에 대해 조사해 보겠고, 다음으로 비문의 단락 구분에 대해 살펴 보겠고, 그 다음으로 비문의 인명

---

1) 檀國大學校 史學會, 1978 ≪史學志≫12, −丹陽赤城碑特輯號−.
2) 武田幸男, 1979 〈眞興王代における新羅の赤城經營〉 ≪朝鮮學報≫93, p.2참조.

표기에 대해 분석하여 비문 전체의 해석을 시도해 보고자 한다.

(1) 비문의 판독

적성비의 판독은 글자의 자획이 뚜렷하고, 비면이 잘 다듬어져 글자로 오인될 수 있는 흠집이 별로 없어서 거의 의견의 일치를 보이고 있다. 몇 군데에 걸쳐서 조금씩 견해의 차이가 있는 부분에만 설명해 보기로 하자.

제①행에 「3」번째 글자를 「年」자로 추독한 견해가 있다.[3] 평양석각에 「丙戌十月中」의 예에서 보면[4] 潤△月, 十一月, 十二月 등이 복원될 가능성도 있어서 따르기 어렵다.

제②행의 「1-4」번째에는 「支沙喙部」로 복원한 견해가 있다.[5] 「1」번째에는 支자의 복원은 제①행의 伊干支의 支에 해당되므로 틀림없다. 沙喙部의 복원에는 다른 견해도 있으나[6] 지금까지 발견된 금석문 전체의 예에서 보면 喙部는 들어갈 수가 없고, 本彼部 등의 출신은 17 관등 중 제4위인 波珍干支의 관등을 가진 예가 없으므로 沙喙部가 타당할 것이다.

제③행의 「1-3」번째에는 「支居朼」이 복원될 수가 있다.[7] 여기에 거칠부란 인명의 복원을 반대한 근거는 불확실하고[8], 오히려 적성비의 건립 연대를 550년 전후로 보려는 의도와 관련이 있는 듯하다.[9]

---

3) 武田幸男, 1979 〈앞의 논문〉, p.9.

4) 金昌鎬, 1987 〈中原高句麗碑의 再檢討〉 ≪韓國學報≫47, p.147 참조.

5) 李基白, 1978 〈丹陽赤城碑 發見의 意義와 赤城碑 王敎事部分의 檢討〉 ≪史學志≫12, p.23.

6) 武田幸男, 1979 〈앞의 논문〉, p.34.

7) 金昌鎬, 1983 〈新羅 中古 金石文의 人名表記(I)〉 ≪大丘史學≫22, P.3.

8) 朱甫暾, 1984 〈丹陽新羅赤城碑의 再檢討〉 ≪慶北史學≫7, p.39.

9) 木村 誠, 1992 〈朝鮮における古代國家の形成〉 ≪新版 古代の日本≫2, p.118에서도 적성비의 건립 연대를 545년 전후로 보고 있다.

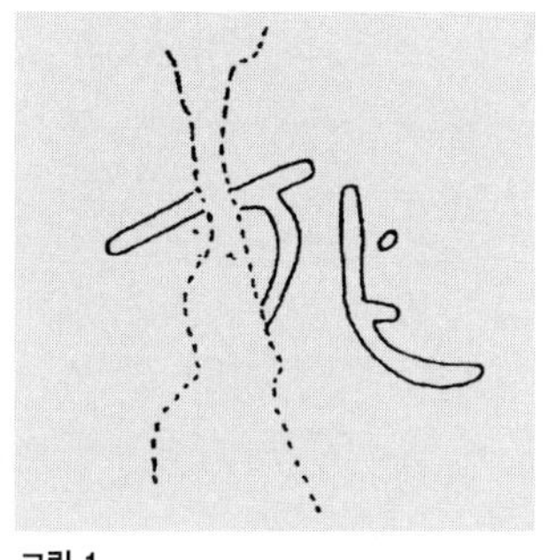

그림 1

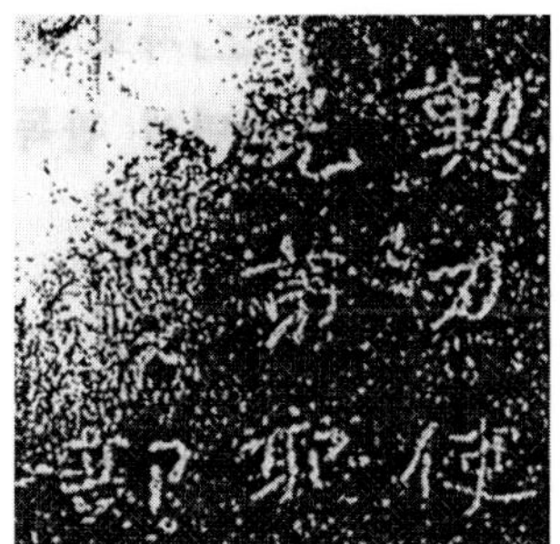

그림 2

제④행과 제⑤행의 「1 · 2」번째 글자는 비편에 따라 각각 城在와 阿干으로 복원할 수가 있다.[10] 이에 따라 高頭林을 고구려계 인명으로 본 견해가 무너지게 되었다.

제⑥행의 「1-3」번째 글자는 「鄒文村幢主沙喙部導設智及干支」란 인명과 「勿思伐城幢主使人」이란 직명에 근거해 「城幢主」로 복원할 수가 있다.[11]

제⑦행의 「8」번째 글자는 漢 武梁祠石闕銘의 예에 따르면 痛자일 가능성도 있으나 여기에서는 단정을 유보한다. 제⑦행의 「13」번째 글자는 「作」[12] 또는 「死」[13]로 읽어 왔으나 정확히 접합된 비문에서 보면 死자가 (**그림 1** 참조) 분명하다.

제⑩행의 「9」번째 글자는 뒤의 後者란 말에 대응되는 前자의 복원이 타당하다.[14]

제⑪행의 「1」번째 글자는 後者가 「公兄鄒文村巴珍婁下干支」란 인명을 가리키므로 兄자가 복원 되어야 한다.[15] 제⑪행의 「11」번째 글자는

10) 武田幸男, 1979 〈앞의 논문〉, P.6.

11) 李基白, 1978 〈앞의 논문〉, P.28.

12) 南豊鉉, 1978 〈丹陽赤城碑의 解讀 試考〉 ≪史學志≫12, p.14 등.

13) 鄭求福, 1978 〈丹陽新羅赤城碑 內容에 대한 一考〉 ≪史學志≫12, p.124.

14) 南豊鉉, 1978 〈앞의 논문〉, p.20.

「葉」자로 읽는 견해도 있으나[16] 여기에는 모르는 글자로 한다.

제⑭행의 「12」번째 글자를 「女」자로 바꾸어 읽는 견해도 있으나[17] 비문 자체에 나타난 서체로는 又자가 확실하다.

제 17행의 「9」번째 글자는 弟자로 읽어 왔다. 이 글자 자체는 第자로 표기되어 弟자로 읽을 수 있다. 「8」번째 글자인 兄자와 함께 이 글자를 연결시켜서 읽으면 兄第가(**그림 2** 참조) 된다. 이는 兄弟와 같은 것으로 이 시기에 弟자는 第로 표기됨을 알려주는 자료이다.

제 18행의 「6-9」번째 글자를 「道使本彼」로 복원한 견해가 있다.[18] 「奈弗耽郝失利大舍」의 직명이 道使일 가능성은 있으나 출신부가 本彼部란 것은 마운령비 · 창녕비 · 봉평비 등의 本彼部 출신 인명과 비교할 때 따르기 어렵다.[19] 제 19행의 「1-5」번째에는 「村幢主使人」을 복원하고 있으나[20] 「(鄒文)村(道使)」 등의 관직이 올 가능성도 있다.

제 22행의 「12」번째 글자는 대부분 之자로 읽어 왔다.[21] 비문 자체의 제⑧ · ⑩ · ⑬ · ⑮행에 각각 나오는 之자와 서체상 차이가 있을 가능성도 크나,[22] 이 차이점은 비석 자체의 흠집이었을 가능성도 있어서 「之」자로 본 견해에 따르겠다.

선학들의 판독 결과를 참조하면서 판독한 비의 전문을 제시하면 다음 쪽과 같다.

---

15) 南豊鉉, 1978 〈앞의 논문〉, p.20.
16) 南豊鉉, 1978 〈앞의 논문〉, p.14.
17) 朱甫暾, 1984 〈앞의 논문〉, p.13.
18) 朱甫暾, 1984 〈앞의 논문〉, p.13.
19) 金昌鎬, 1985 〈丹陽 赤城碑文의 구성〉 ≪伽倻通信≫11 · 12合, p.21.
20) 朱甫暾, 1984 〈앞의 논문〉, p.13.
21) 南豊鉉, 1978 〈앞의 논문〉, p.14.
22) 檀國大學校史學會, 1978 ≪앞의 책≫, p.74.

(2) 단락의 구분

먼저 선학들의 견해부터 일별해 보기로 하자.

이 비의 단락 구분에 대해 종결사인 之자 등을 기준으로 하여 비문의 전체를 나눈 견해가 있다.[23] 여기에서 비문을 구성하고 있는 文(sentence)의 수를 11개로 보고, 그 경계가 된 10곳을 다음과 같이 제시하였다.[24] 즉 제①행의 「王敎事」, 제⑥행의 「節敎事」, 제⑦행의 「使死人」, 제⑧행의 「許利之」, 제⑩행의 「去使之」, 제⑪행의 「分與」, 제⑬행의 「佃舍法爲之」, 제⑮행의 「合五人之」, 제⑯행의 「使人事」, 제⑱행의 결락된 부분의 어느 곳 등이다. 물론 위의 10곳은 文이 끝나는 부분을 가리키고 있다. 이와 같은 文의 구성 파악은 그 뒤의 적성비 내용 분석에 많은 영향을 주었다. 11개의 文을 나눈 것을 토대로 하여 비문을 내용에 따라 다음과 같이 3단락으로 나누었다.

제1단락은 처음부터 제⑮행의 「合五人之」까지로 「王敎事」의 내용이다.

제2단락은 제⑮행의 「別敎」부터 제18행의 결락된 부분의 어느 곳까지로 「別敎」의 내용을 담고 있다.

제3단락은 제⑱행의 결락된 부분의 어느 곳에서부터 비문의 끝까지로 비건립 당시 현장에 직접 참여한 사람들이다.

위의 견해 가운데 1 · 2단락으로 나눈 것은 뒤의 연구자가 아무도 따르지 않고 있는 실정이다. 특히 제⑥행 「節敎事」이하의 분석은 앞부분과 달리 분석이 철저하지 못한 것 같다. 이 점은 비문 자체의 文意를 충분하게 파악하지 못한 데에 그 원인이 있는 듯하다.

---

23) 南豊鉉, 1978 〈앞의 논문〉.

24) 南豊鉉, 1979 〈丹陽新羅赤城碑의 語學的 考察〉 ≪檀國大論文集≫13에서는 제⑥행의 「節敎事」와 ⑩행의 「(前)者更赤城烟去使之」를 다시 새로운 文을 만들어 모두 13개의 文으로 나누고 있다. 그러나 여기에는 전체적인 단락에 대해서는 뚜렷한 언급이 없다.

㉒	㉑	⑳	⑲	⑱	⑰	⑯	⑮	⑭	⑬	⑫	⑪	⑩	⑨	⑧	⑦	⑥	⑤	④	③	②	①	
△	△	△	△	△	△	△	△	△	△	△	(兄)	△	△	△	△	城	阿	城	支	支	△	1
△	△	△	△	△	△	△	△	△	△	△	△	△	△	△	△	幢	干	在	居	沙	△	2
△	△	△	△	△	△	△	△	△	△	△	△	△	△	△	△	主	支	軍	杔	喙	△	3
△	△	△	△	△	△	△	△	△	△	△	△	△	△	△	△	喙	鄒	主	夫	部	△	4
△	△	△	△	△	△	△	△	△	△	△	△	△	△	△	中	部	文	等	智	豆	月	5
△	△	△	△	△	△	△	合	弗	△	△	△	△	△	△	作	助	村	喙	大	彌	中	6
△	△	△	△	△	△	懷	五	兮	△	△	△	△	△	△	善	黑	幢	部	阿	智	王	7
△	△	△	△	△	兄	懃	人	女	△	△	△	△	△	△	△	夫	主	比	干	彼	教	8
智	△	△	△	△	弟	力	之	道	使	△	△	(前)	△	△	懷	智	沙	次	支	珍	事	9
大	人	人	勿	部	耶	使	別	豆	法	子	異	者	公	△	懃	及	喙	夫	內	干	大	10
烏	石	勿	思	奈	如	人	教	只	赤	刀	△	更	兄	△	力	干	部	智	禮	支	衆	11
之	書	支	伐	弗	此	事	自	又	城	只	耶	赤	鄒	許	使	支	導	阿	夫	喙	等	12
	立	次	城	耽	白	若	此	悅	佃	小	國	城	文	利	死	節	設	干	智	部	喙	13
	人	阿	幢	郝	者	其	後	利	舍	女	法	煙	村	之	人	教	智	支	大	西	部	14
	非	尺	主	失	大	生	國	巴	法	烏	中	去	巴	四	是	事	及	沙	阿	夫	伊	15
	今	書	使	利	人	子	中	小	爲	禮	分	使	珍	年	以	赤	干	喙	干	叱	史	16
	皆	人	人	大	耶	女	如	子	之	兮	與	之	妻	小	後	城	支	部	支	智	夫	17
	里	喙	那	舍	小	子	也	刀	別	撰	雖	後	下	女	其	也	勿	武	高	大	智	18
	村	部	利	鄒	人	年	爾	羅	官	干	然	者	干	師	妻	爾	思	力	頭	阿	伊	19
			村	文	耶	小	次	兮	賜	支	伊	公	支	文	三	次	伐	智	林	干	干	20

한편 위의 견해와는 다른 방향에서 적성비에 나오는 지방민에 관한 분석이 행하여졌다.[25] 이 견해는 적성비의 지방민에 대한 최초의 본격적인 인명 분석이란 점에서 그 의의가 크다. 여기에서는 제⑥행의 「節教事」이하에서 제⑮행의 「合五人之」까지를 6개의 문단으로 나누었다.

첫째 문단은 제⑥행의 「赤城也尓次」에서 부터 제⑦행의 「是以」앞까지.

둘째 문단은 「是以」로부터 제⑧행의 「許利之四年」까지.

세째 문단은 「小女師文」으로부터 제⑫행의 상단부 결락된 부분까지.

네째 문단은 제⑫행의 결락된 부분에서 제⑭행의 상단 부분까지.

25) 鄭求福, 1978 〈앞의 논문〉.

다섯째 문단은 제⑭행의 상단부 결락된 부분에서 제⑮행의 상단부 결락된 부분까지.

여섯째 문단은 제⑮행의 상단 결락된 부분에서 「合五人之」까지.

이 6개의 문단 인명 분석 근거를 여섯째 문단에 나오는 「合五人之」에서 찾았다. 곧 「合五人之」의 「五人」을 위의 6개 문단내에서 찾았는데, 別教에 의해 恩典을 받은 也尔次의 妻는 「五人」의 대상에서 제외시켰다. 그래서 연소한 子 · 女만을 추출하여 다음과 같이 제시하였다.

(1) 也尔次小女師文
  ① 外位를 받음
  ② 赤城更烟을 면제 받음
  ③ 父의 재산을 모두 물려 받음

(2)-(3) △△△子刀只, 小女烏禮兮
  ① 外位 撰干支를 각각 받음
  ② 別官이 되어 佃舍六家를 받음

(4) △弗兮 女道豆只
  ① 外位만 받음

(5) 悅利巴 小子刀羅兮
  ① 外位만 받음

또 也尔次, 刀只, 烏禮兮의 父, △弗兮, 悅利巴는 모두 赤城人으로 也尔次와 함께 형제 관계가 있는 듯하며, 그들의 신분은 일반 百姓이었으며, 이들이 모두 죽었기 때문에 본인 당사자에게는 전혀 포상되지 않고, 恩典이 妻 · 子에게만 베풀어졌다고 주장하였다. 그러나 제⑨행에

「公兄鄒文村巴珍婁下干支」가 나오고 있어서 刀只 이하의 출신지를 모두 赤城으로 보기는 어려울 것이다. 또 개인의 연령이나 성별의 구분 표시인 小子 · 女 · 女子는 인명의 뒤에 붙고 있어서[26] 위와 같이 인명을 분석하는 것은 재고의 여지가 있는 듯하다.

적성비에 나오는 小子 · 女 · 小女 등이 붙는 인명을 也尒次와 혈연 관계에서 파악하려는 것은 그뒤의 견해에도 영향을 주었다. 신라의 赤城經營이라는 시각에서 이 비의 구성을 파악한 견해가[27] 바로 그것이다. 여기에서는 비문의 단락을 끊는 근거로 다음의 두 가지에 유의하였다. 「敎」자가 대구분의 첫부분을 지칭하며, 「之」자는 소구분의 끝을 지칭하는 것이라고 보아 다음과 같이 비문을 나누었다.

A. 王敎 관계 부분

(一) 受敎 高官의 인명(제①행 「王敎事」-제⑥행 「及干支」)

(二) 적성 경영의 실제(제⑥행 「節敎事」-제⑮행 「五人之」)

(三) 적성 방식의 선포(제⑮행 「別敎」-제17행 「小人耶」?)

B. 立碑 관계(자 인명) 부분 (제⑱ 행?-제㉒행 「大烏之」

이러한 대구분의 A(二)를 다시 다음과 같이 세분하고 있다.

가. 적성인(也尒次)의 공적(제⑥행 「赤城」-제⑦행 「使死人」)

나. 妻(및 妾)에의 恩典(제⑦행 「是以後」-제⑧행 「許利之」)

다. 師文 등에의 恩典(제⑧행 「四年」-제⑬행 「爲之」)

라. △弗兮 등에의 恩典(제⑬행 「別官」-제⑮행 「五人之」)

이 가운데 「다」 부분을 또 다시 세분하고 있다.

---

26) 武田幸男, 1979 〈앞의 논문〉, p.23.

27) 武田幸男, 1979 〈앞의 논문〉.

a. 제⑧행 「四年」-제⑩행 「去使之」: 강제적인 비상시의 노역 방식.

b. 제⑩행 「後者」-제⑪행 「中分與」: 개별 경영적인 신라 방식.

c. 제⑪행 「雖然」- 제⑬행 「爲之」: 집단적인 적성=고구려의 방식.

이 견해에 있어서 적성비의 단락을 나눈 것은 「敎」·「之」 등에 근거했으나 자체의 인명 분석과는 일치하지 않고 있다.[28] 제⑩행의 前者와 後者가 뚜렷이 누구를 지칭하는지도 밝히지 않고서 제⑧행에서 제⑬행까지를 a·b·c로 나누어 노역 방식을 구분한다든가 또는 前者와 後者란 말이 이들보다 앞에 있는 구절을 가리켜야 하는 데에도 이들 보다 뒤에 나오는 구절을 가리키는 것으로 보고 있다.[29] 특히 b속에 있는 後者는 분명히 a란 구절 속에 포함되어 있어서 a와 b를 뚜렷이 구별할 수가 없을 것이다. 또 제⑦행에서 제⑮행까지에 나오는 小子·小女 등이 붙는 인명을 모두 也尔次의 가족으로 보고 있다. 그러나 제⑨행·⑫행에 外位를 갖는 뚜렷한 인명이 나오고 있어서 따르기 어렵다. 특히 제⑨행에 나오는 인명은 출신지가 鄒文村이나 也尔次의 출신지가 赤城인 점과 달라서 더욱 그러하다. 제⑧행의 「9」번째 글자도 妻자가 아니고 전체 글자 모습으로 볼 때 앞에 어떤 변이 있었던 것임이 새로 복원되어 있는 적성비에서 뚜렷이 확인되었다.[30] 또 也尔次의 자식수를 9명으로 본 점이나 그의 자식중 五人에게만 따로이 은전을 내리는 점은 이 견해가 안고 있는 약점의 일단면으로 판단된다.

적성비의 내용 파악에 가장 중요한 점은 비문을 전체적인 시각에서 단락을 나누는 것이다. 적성비의 단락을 나누는 데에는 비석의 상단부

28) 武田幸男, 1979 〈앞의 논문〉, P.11의 第一表· P.17의 第二表· P.27의 第三表와 전기한 비문의 구성은 일치하지 않고 있다.

29) 이 견해에서는 後者가 누구인지를 뚜렷이 명기하지 않았으나 烏禮兮撰干支로 보는 것 같다.

30) 金昌鎬, 1989 〈丹陽赤城碑의 재검토〉 ≪嶺南考古學≫6, p.65.

가 파실되고 없어서 상당한 어려움이 있으나 비문 구성이 유사한 봉평비와 비교해서 나누면 어느 정도 구분이 가능할 것 같다. 우선 설명의 편의를 위해 단락의 구분을 제시하면 다음과 같다.

제1단락은 처음부터 제⑥행의 「助黑夫智及干支」까지 이다. 여기의 인명은 모두 王京人으로 王教事를 받은 사람들이다.

제2단락은 제⑥행의 「節教事」로부터 제⑬행의 「……赤城佃舍法爲之」까지이다. 여기에 나오는 사람들은 王으로부터 節教事를 받았다.

제3단락은 제⑬행의 「別官賜」로부터 ⑮행의 「合五人之」까지이다. 이들 五人은 신라에서 別官賜를 받은 사람들이다.

제4단락은 제⑮행의 「別教」로부터 제 18행의 상단부 파실된 몇 글자까지이다. 이 부분은 적성비의 성격을 잘 알 수 있는 가장 중요한 부분이다.

제5단락은 제 18행의 상단부 파실된 부분에서부터 제 20행의 「阿尺」까지이다. 이 부분은 王京人과 地方民으로 구성되어 있다.

제6단락은 그 나머지이다. 이 부분만이 立碑 관계자의 인명들이다.

위와 같은 단락의 구분은 종래에 王教事 부분과 立碑 관계 부분으로 나누어 王教事에 나오는 9명의 王京人에 초점을 맞추어 비문을 해석한 것과 차이가 있다. 종래에는 뚜렷한 근거도 없이 적성비를 적성의 공략하는 데에 착목하여 마치 적성 공략을 기념하여 적성비를 세웠던 것으로 이해하여 왔다.[31] 이 같은 관점의 타당성 여부를 검토해 보자.

제1단락 가운데 앞의 「△△△△月中」은 비석의 세운 연대와 관계된다. 이 가운데 「中」자에 대해서는 中氣說 · 中旬說 · 助詞說 등이 있어 왔으나 순흥 고분의 묵서명 · 명활산성작성비 등의 발견으로 中氣說 · 中

31) 가장 대표적인 견해가 武田幸男, 1979 〈앞의 논문〉이다. 여기에서는 赤城經營의 指導層 · 推進層으로 나누어서 비문을 분석하고 있다. 가령 昌寧碑에 나오는 20여명의 大等집단도 昌寧 經營의 지도층이라고 생각할 수는 없을 것이다.

旬說은 무너지게 되었다.[32] 뒤이어서 王教事를 받은 9명이 나열되어 있다. 王教事를 받은 9명의 역할은 직접 赤城까지 오지 못한 국왕의 일을 대신한 것이지[33] 직접 적성 공략에 참가하였다고는 생각되지 않는다. 이들이 적성을 새로 공략했다면 동원된 군인의 인원, 전투의 경과, 뚜렷한 적군의 표시 등이 기록되어야 할 것이다. 적성비에는 그러한 것들이 없다. 종래처럼 적성이 고구려의 땅인데, 也尔次의 도움을 받아서 새로 공략했다고 한다면 당시 신라에서 동원된 부대명이 뚜렷하게 기록되어야 할 것이다. 적성비에는 군대와 관련된 구절이 전혀 없어서 적성의 공략 내지 경영이란 시각은 재고가 요망된다. 이에 대한 뚜렷한 근거는 비문의 해석에서 찾아야 될 것이다. 이에 대해서는 후술하고자 한다.

제2단락은 節教事를 받은 내용이 기록되어 있다. 이 節教事의 부분은 赤城也尔次 등의 功績과 그에 따르는 恩典이다. 이 단락은 다시 9개의 작은 단락으로 나누어진다. 이 부분들은 인명과 관련이 크므로 뒤에서 분석하기로 한다.

제3단락은 別官賜의 내용이다. 여기에서 別官賜란 새로 官等(外位)을 주는 것이라기 보다는 앞의 節教事에서 恩典을 받지 못한 그 다음 부류의 赤城 지방 사람에게 내리는 恩典으로 생각된다. 제 2단락에서 節教事가 恩典과 연결되듯, 別官賜의 '官'도 관등이나 관직을 지칭하는 것은 아니라고 생각된다. 만약에 別官賜에서 官자가 官等이나 官職이 될려고 하면 「……弗兮女」의 경우는 여자의 인명이므로 신라 중고의 인명 표기

---

32) 金昌鎬, 1989 〈乙未銘順興壁畵 古墳의 築造 年代〉 ≪釜山市立博物館 年報≫11 참조.

33) 진흥왕의 즉위에 대해서는 ≪三國史記≫의 7세설과 ≪三國遺事≫의 15세설이 있다. 현재의 학계에서는 대개 진흥왕이 7세에 즉위하여 처음에 母后 金氏의 섭정을 받았으나, 551년에 '開國'이라 改元하면서 親政을 시작한 것으로 이해되고 있다.(李丙燾,1976 ≪韓國古代史硏究≫, p.669. 李基白, 1978 ≪新羅時代의 國家佛教와 儒教≫, p.70. 村上四男, 1978 ≪朝鮮古代史硏究≫, p.86 등) 위의 견해는 赤城碑에 진흥왕이 親臨한 사실이 없는 점에서 볼 때 더욱 타당할 것이고, 伊史夫 등은 당시에 진흥왕을 대신해 적성에 와서 진흥왕 역할을 했던 것으로 이해된다.

에서 女子가 官等이나 官職을 가진 예가 없기 때문에 납득이 어렵다.

제4단락은 別敎의 내용이다. 이 단락을 해석하면 '別敎'를 내린다. 이 이후로부터 나라에 也尒次처럼 ……懷懃力使人의 일을 하면, 만약에 其生子·女子가 年少해도 ……하고 우리의 兄弟(동포)이다. 이 같은 것(파실된 부분임)을 아뢰는 사람(白者)은 大人(어른)이든 小人(아이)이든 …… (恩典을 내리겠다)가 된다. 이 단락에서 보면 赤城也尒次는 신라에 지극히 중요한 무엇을 알리고 죽어서 신라왕으로부터 그의 妻 등이 節敎事의 恩典을 받았다고 추정된다.

여기에서 짚고 넘어가야 할 것은 王敎事·節敎事·別敎의 관계이다. 王敎事는 신라의 고관들이 王命을 직접 받았을 때(과거)를 나타내고, 節敎事는 立碑 당시의 상황(현재)을 나타내고, 別敎는 앞으로 일(미래)의 기록으로 해석할 수도 있다.[34] 王敎事를 받은 사람은 王京에 있던 大衆等뿐만 아니라 적성 가까이의 임지에 있던 高頭林城在軍主等·鄒文村幢主·勿思伐城幢主도 포함되어 있으므로 이들이 모두 경주에까지 와서 王敎事를 받았다고는 생각되지 않는다. 오히려 王敎事를 받은 지방관들에게 어떤 날짜에 赤城에 모이라는 연락이 가서 赤城에서 大衆等과 만나서 王의 대리인에 의해 王敎事가 선포되고 다시 節敎事·別敎가 내렸다고 보아야 할 것이다. 王敎事의 내용은 비문에 전혀 언급이 없다. 節敎事도 비문에 뚜렷한 언급이 없으나 赤城 근처의 사람들에게 주는 恩典임은 쉽게 짐작이 간다. 別敎는 적성 근처의 사람들에 대해 장차 어떻게 신라에 협조해야 되는지를 밝힌 것이지만 節敎事의 恩典이 없이는 그 내용의 이해가 불가능하다. 王敎事의 내용이 가장 중요하다면 어떻게 그에 대한 언급이 전혀 없을까? 또 王敎事의 내용도 비문에 나타나 있지 않았을까? 결국 王敎事·節敎事·別敎에서의 敎는 전부가 신라왕

34) 朱甫暾, 1984 〈앞의 논문〉, pp.14-15.

이 내린 것이다. 그 내용은 꼭 같으나 받는 대상에 따라 王教事 · 節教事 · 別教로 달리 표현되었을 뿐이다. 王教事와 節教事는 신라왕의 명령(은전)을 수여하는 입장과 받는 입장의 차이일 뿐이다. 別教는 王教事와 節教事에서 행하여진 恩典을 한 본보기로 삼아서 赤城 근처의 사람들에게 앞으로 신라에 어떻게 협조하라는 것이다. 이 別教의 내용이 적성비에서 가장 핵심을 이루고 있다. 물론 別教의 실질적으로 구성하고 있는 것은 동전의 표리 관계와 같은 王教事와 節教事이다.

제5단락은 王京人과 地方民으로 구성되어 있다. 이들은 王教事와 節教事와 別教의 행사에 참가한 사람들이다.

제 6단락은 모두 立碑 관계자로 모두가 王京人이다.

이상에서 보면 적성비의 건비 이유가 단순히 伊史夫 등의 赤城 공략과 관련지울 수가 없다.[35] 적성비에서 적성 공략이 설득력이 있으려 하면 고구려와 공방전 이야기, 신라에서 동원된 내용을 명칭과 인원수 등도 적성비에 적혀 있어야 된다. 적성비에서는 王教事의 내용과 節教事의 내용을 분리하여 이해하여 왔으나 전술한 바와 같이 이는 다같이 신라의 당시 국왕이 내리는 것이다. 적성비에 있어서 王教事와 節教事는 꼭 같은 내용을 받는 대상자에 따라 달리 표현하였다. 이러한 관계를 간과하고서 적성 공략이란 개념을 설정한 듯하다. 적성비에서 王教事를

---

35 朱甫暾, 1987〈新羅 中古期 6停에 대한 몇 가지問題〉≪新羅文化≫3 · 4合, pp.33-39에서는 적성비의 大衆等과 창녕비의 2종의 △大等을 大幢의 지휘관(將軍)으로 보고 있다.(이에 대한 비판은 李文基, 1988 〈新羅 軍事組織 研究의 成果와 課題〉≪歷史教育論集≫12, p.168 참조) 적성비의 大衆等과 창녕비의 2種의 △大等을 동일한 차원에서 분석해 大幢 將軍으로 본 것은 숫자가 5라는 데에 기인했을 뿐, 뚜렷한 근거를 가진 분석이 아니다. 적성비의 大衆等 자체가 大幢 將軍이라면 창녕비에 나오는 20여명의 大等도 大幢 將軍으로 보아야 될 것이다. 특히 창녕비의 경우 당시 신라의 모든 大等이 창녕까지 왔다고는 생각되지 않는다. ≪三國史記≫, 眞興王23年條에 「九月 加耶叛 王命異斯夫討之 斯多含副之… …」가 나와서 561년에 異斯夫도 살아있었음이 틀림없었다. 창녕비에는 그의 이름이 보이지 않고 있다.

받은 사람들은 국왕을 대신하여 그 지방민에게 節敎事라는 恩典을 시행하고, 別敎까지 내려서 적성 지역의 한 사건을 본보기로 삼아 장차 변경 지역 주민이 해야할 기본적인 방향을 제시한 것이다.

(3) 인명의 분석

적성비에 있어서 인명 표기는 제1단락인 제①행에서 제⑥행까지에 가장 많이 나온다. 이 부분의 인명 분석을 시도해 보자.

먼저 제①·②행의 「大衆等喙部伊史夫智伊干支」가 한 사람의 인명 표기이다. 大衆等은 직명, 喙部는 출신부명, 伊史夫智는 인명, 伊干支는 관등명이다.

다음 제②행의 「沙喙部豆彌智波珍干支」가 한 사람의 인명 표기이다. 직명은 앞사람과 같아서 생략되었고, 沙喙部는 부명, 豆彌智는 인명, 彼珍干支는 관등명이다.

다음 제②·③행의 「喙部西夫叱智大阿干支」가 한 사람의 인명 표기이다. 직명은 생략되었고, 喙部는 부명, 西夫叱智는 인명, 大阿干支는 관등명이다.

다음 제③행의 「居朼夫智大阿干支」가 한 사람의 인명 표기이다[36]. 직명은 생략되었고, 부명은 앞 사람과 같은 喙部라서 생략되었다. 居朼夫智가 인명, 大阿干支는 관등명이다.

다음 제③행의 「內禮夫智大阿干支」가 한 사람의 인명 표기이다. 직명과 출신부명은 앞 사람과 같아서 생략되었고, 內禮夫智는 인명, 大阿干支는 관등명이다.

다음 제③·④행의 「高頭林城在軍主等喙部比次夫智阿干支」가 한 사람의 인명 표기이다. 高頭林城在軍主等이 직명, 喙部는 출신부명, 比次

36) 이 복원에 비판적인 견해도 있다.(朱甫暾, 1984 〈앞의논문〉 등)

夫智는 인명, 阿干支는 관등명이다.

다음 제④ · ⑤행의 「沙喙部武力智阿干支」가 한 사람의 인명 표기이다. 직명은 高頭林城在軍主等으로 앞 사람과 같아서 생략되었고, 沙喙部는 출신부명, 武力智는 인명, 阿干支는 관등명이다.

다음 제⑤행의 「鄒文村幢主沙喙部導設智及干支」가 한 사람의 인명 표기이다. 鄒文村幢主는 직명, 沙喙部는 출신명, 導設智는 인명, 及干支는 관등명이다.

다음 제⑤ · ⑥행의 「勿思伐城幢主喙部助黑夫智及干支」가 한 사람의 인명 표기이다. 勿思伐城幢主는 직명, 喙部는 출신부명, 助黑夫智는 인명, 及干支는 관등명이다.

이 부분은 뒤의 **표 1**에서 보는 바와 같이 적성비의 인명 표기는 일정한 법칙을 갖고 있다. 곧 직명은 동일한 경우에 생략되며, 부명은 동일한 직명 내에 한하여 생략되는 이른바 적성비식 인명 표기이다[37]. 이 같은 인명 표기 방식은 북한산비, 마운령비 등 수많은 신라의 6세기 금석문에 나타나고 있다.

표 1에 나타난 직명에 대해 몇 가지의 검토를 해 보자. 우선 大衆等이란 직명에 대해서는 여러가지 견해가 있다. 大衆等을 大等과 같은 것으로 보거나,[38] 大衆等을 진흥왕 親政 이전의 신라 최고의 정치 조직으로 보면서 伊史夫가 이를 통솔하는 上大等과 같은 것으로 추측하거나[39] 大衆等 5인 중 1명은 兵部令, 나머지 4명은 대당 소속의 장군으로 본 것[40] 등이다.

다음 高頭林城在軍主等 · 鄒文村幢主 · 勿思伐城幢主란 직명에서 高頭林城을 안동, 鄒文村을 의성, 勿思伐城을 상주에 각각 비정한 견해가

37) 金昌鎬, 1985 〈丹陽赤城碑의 구성〉 ≪伽倻通信≫11 · 12合, p.18. 참조.

38) 李基白, 1978 〈앞의 논문〉, p.26.

39) 武田幸男, 1979 〈앞의 논문〉, pp.14-15.

40) 朱甫暾, 1984 〈앞의 논문〉, pp.24-30.

있다.[41] 이는 안동, 의성, 상주의 옛이름이 각각 古昌, 召文, 沙伐인 점을 音相以에 근거해 추정한 듯하다. 제⑨행의 「公兄鄒文村巴珍婁下干支」를 통해 보면, 의성은 鄒文村이므로 의성 출신의 지방민이 赤城에서 赤城民과 같이 은전을 받는 것은 이상하다. 현재에 충북 단양 영춘에 소재한 온달성으로 가는 길목에 '고두름재' 라고 불리는 고개가 있다. 이 지명에 근거할 때 高頭林城은 온달성일 가능성도 있다.[42] 鄒文村과 勿思伐城은 역시 소백산맥 이북의 신라 영토 내에 존재했다고 추정된다.

제2단락인 제⑥행부터 제⑬행까지에는 인명과 함께 은전과 관계되는 구절이 나오고, 비문 파실이 심해 정확한 단락을 나누기 어렵다. 선학들의 견해를 참조하고, 古式 吏讀에 유의하여, 구조적으로 분석할 때 다음과 같이 9개의 소단락으로 나누어진다.

(1) 節敎事

(2) 赤城也尓次…… 中作善△懷懃力使死人是以後其妻三…… 許利之

(3) 四年小女師文……

(4) 公兄鄒文村巴珍婁下干支……

(5) (前)者更赤城烟去使之

(6) 後者公(兄)…… 異△耶國法中分與雖然伊……

(7) …… 子刀只小女

(8) 烏禮兮撰干支

(9) …… 使法赤城佃舍法爲之

먼저 「節敎事」에서 節자는 平壤城石刻에 근거해 지휘 · 감독으로 보았으나,[43] 川前里書石 乙卯銘 · 塢作碑 등의 예에 근거하면 때를 나타내

---

41) 武田幸男, 1979 〈앞의 논문〉, p.19.

42) 金昌鎬, 1984 〈金石文으로 본 新羅 中古의 地方官制〉 ≪歷史敎育論集≫6, p.14.

는 것이[44] 확실하다. 「節教事」는 '그 때에 教하신 일이다. 또는 그 때에 (…… 에게) 教를 내리셨다.' 정도로 해석할 수가 있다. 물론 節教事의 대상은 제⑬행의 「……使法赤城佃舍法爲之」까지이므로 「節教事」는 여기에서 '그 때에 (……에게) 教를 내리셨다.' 로 풀이해야 될 것이다.

다음 「赤城也尔次……」의 부분은 인명이다. 赤城은 출신지명, 也尔次는 인명이다. 뒤이어 외위명이 올 것이나 파실되고 없다. 또 인명으로 생각되는 것은 「其妻三……」이다. 이는 천전리서석 추명의 「其王妃只沒尸兮妃」와 유사하다. 其자는 也尔次를 가리킨다. 其妻란 也尔次의 妻이고, 그 뒤의 「三……」는 也尔次의 妻의 인명이다. 이 부분은 '赤城也尔次가 中作善△懷懃力하여 使死人이다.(죽은 사람이다) 이후에 其妻인 三……에게 ……를 許利한다' 로 해석된다.

다음 「四年小女師文……」에 대해 조사해 보자. 「四年小女」에서 四年은 인명, 小女는 전형적인 인명 표기의 관등명에 해당되는 것으로, 四年이 성별 · 연령별의 구분을 나타내는 것이다 「師文……」에서 師文은 성별 · 연령별 구분 표시는 파실되고 없다. 그 뒤의 파실된 부분에 형제 또는 자매 관계로 짐작되는 四年과 師文에게 주어진 恩典이 기록되었을 것이다.

다음 「公兄鄒文村巴珍婁下干支」는 전형적인 신라 중고의 인명 표기이다. 公兄은 직명, 鄒文村은 출신지명, 巴珍婁는 인명, 下干支는 외위명이다. 그 뒤에 파실된 부분에 巴珍婁에게 주는 恩典이 기록되었을 것이다.

다음 「(前)者更赤城烟去使之」를 검토해 보자. 여기에서 (前)者란 제 ⑧행의「四年小女師文……」를 가리킨다. 이 구절을 해석하면 '(前)者는 바꾸어서(고쳐서)(또는 다시) 赤城烟에 가게 하였다' 가 될 것이다.

다음 「後者公(兄)……異△耶國法中分與雖然伊……」에서 後者는 뒤이어 나오는 公자에 근거할때 「公兄鄒文村巴珍婁下干支」를 가리키는 것

43) 南豊鉉, 1978 〈앞의 논문〉, p.18.
44) 南豊鉉, 1979 〈앞의 논문〉, p.21.

이 분명하다. 이 구절은 '後者인 公(兄)巴珍婁下干支는 다른……이다.[45] 國法에 (따라) 分與하지만……' 정도가 될 것이다.

다음 「……子刀只小女」에서 子자는 앞에 한 글자가 더 있는지도 모르겠으나 성별 · 연령별을 나타내는 것으로, 인명의 뒤에 오는 말이다. 물론 子자로 보아 앞의 인명은 남자이다. 「刀只小女」에서 刀只는 인명, 小女는 성별 · 연령별의 구분을 나타내는 말이다.

다음 「烏禮兮撰干支」에서 烏禮兮는 인명, 撰干支는 외위명이다.

다음 「……使法 赤城佃舍法爲之」는 앞의 「……子刀只小女」와 「烏禮兮撰干支」에 모두 해당되는 은전이다. 이 구절은 해석하기 어려우나 '……赤城佃舍法을 ……使法하였다' 정도가 될 것이다.

제3단락은 「別官賜△△△△△弗兮女道豆只又悅利巴小子刀羅兮△△△△△合五人之」이다. 이 부분의 인명 분석 근거는 끝에 나오는 「合五人之」의 五人이다. 이 단락의 전반부와 후반부에 각각 5자씩의 파실된 부분이 있어서 인명 분석을 어렵게 만들었다. 또 「道豆只又悅利巴」가 한 사람의 인명 표기인지 아니면 두 사람의 인명 표기인지도 문제이다. 「道豆只又悅利巴」가 한 사람의 인명일 경우에는 合五人은 「△△△△」, 「△弗兮女」 · 「道豆只又悅利巴小子」 · 「道羅兮△」 · 「△△△△」로 나눌 수밖에 없다. 이 경우에 과연 두 번의 「△△△△」에 인명+연령별의 표시 부분이 복원 될 수 있을지가 의문이다. 이러한 문제점 때문에 「都豆只又悅利巴」를 두 사람 곧 道豆只(小子) · 悅利巴(小子)로 볼 수도 있다. 이 때에는 「△弗兮女」 · 「道羅兮△」와 합칠 경우, 4사람이 되어 남은 한 사람이 파실된 부분중 앞부분에 복원되는지 아니면 뒷부분에 복원되는지가 문제이다. 「合五人」의 앞에 다른 은전과 관련된 구절이 없다고 보았을 때 뒷부분에 복원될 수도 있을 것 같다.

---

45) 만약에 제⑪행의 「異△耶」의 △가 기왕의 견해처럼 葉자이라면 巴珍婁下干支가 異葉이므로 '赤城사람이 아니다' 라는 뜻일 가능성도 있다.

제4단락에서의 인명 표기는 也尔次가 있으나, 이는 이미 제2단락에 나온 것이다. 제⑩행의 「其生子女子年少」에서 其자가 가리키는 것이 무엇인지가 궁금하다. 이는 제⑮행의 「別敎」이후 제⑯행의 「其」자 앞에서 찾아야 한다. 그렇다면 '이후에 나라에 也尔次와 같이 ……懷懃力使人'을 지칭할 것이다. 其자는 당연히 也尔次를 가리키게 된다.

제5단락에 인명에 대해 검토해 보자. 종래에는 제5단락도 立碑 관계자의 인명으로 보아 왔으며, 이들의 성격을 전혀 알 수가 없었다. 봉평비의 발견으로 적성의 恩典 행사에 참가한 사람들임이 분명하게 되었다. 여기에는 봉평비와 마찬가지로 왕경인과 지방민으로 구성되어 있다.[46] 이들의 인명을 분석해 보자. 먼저 제18행에서 「……部奈弗耽郝失利大舍」까지가 한 사람의 인명 표기이다. 직명은 파실되었고, 부명은 喙部 아니면 沙喙部로 추정되며[47], 奈弗耽郝失利는 인명, 大舍는 관등이다. 다음 제 ⑱ · ⑲행에서 「鄒文村……」에서 鄒文村은 직명에 붙는 지명이고, 출신지명, 인명, 관등명은 파실되고 없다.[48] 다음 제20행 「…人勿支次阿尺」에서 「……人」은 직명, 勿支次는 인명, 阿尺은 외위명이다.

제6단락의 인명을 분석해 보자. 먼저 제 ⑳ · ㉑행에서 「書人喙部……」에서 書人은 직명, 喙部는 출신지명, 인명과 경위명은 파실되고 없다. 제 21행의 「……人石書立人非今皆里村△△△△△△△△智大烏

46) 봉평비와 적성비를 대비해 보면 立碑관계자 바로 앞에 의례 행사에 참가한 王京人과 地方民이 나오고 있다.

47) 朱甫暾, 1984 〈앞의 논문〉, pp.7-13에서는 本彼部로 보고 있다.

48) 朱甫暾, 1979 〈新羅中古의 地方統治組織에 대하여〉 ≪韓國史研究≫23, p.19에서는 「勿思伐城幢主使人那利村…… 」를 근거로 郡의 長인 幢主가 勿思伐城뿐만 아니라 那利村도 지배한 것으로 주장하고 있다. 그런데 마운령비와 황초령비의 軍主가 喙部 출신이고 助人은 沙喙部 출신이다. 창녕비에서도 「比子伐軍主는 沙喙部 출신이고, 比子伐停助人은 喙部출신이다.」 위의 논리를 軍主와 助人에 적용하면 軍主는 喙部뿐만 아니라 沙喙部를 통치한 것이 된다. 따라서 勿沙伐城幢主使人那利村…… 」에 근거해 幢主의 지배영역을 이야기하는 것은 재고의 여지가 있는 듯하다.

之」의 인명 분석은 대단히 어렵다. 만약에 非今皆里村을 출신지명으로 보면 이 부분은 두 사람의 인명 표기가 된다. 이 부분이 두 사람의 인명 표기인 아니면 한 사람의 인명 표기인지부터 조사해 보자. 「……人石書立人非今皆里村△△△△△△△△智大烏之」의 뒷부분에서 인명을 분석해 보자. 大烏之는 관등명이다. 그러면 그 앞의 △△智는 인명이 되고, 그 앞의 △△(△)는 △(△)(部)로 복원되어 2-3자가 필요하다. 그러면 남은 부분은 「……人石書立人非今皆里村△△△(△)」이다. 여기에는 △△智大烏之의 직명과 非今皆里村 출신 지방민의 인명과 외위명이 복원되어야 하지만 그 공간이 좁다. 그렇다고 △△智大烏之의 직명을 非今皆里村 출신의 지방인과 동일하다고 보는 것은 六部 출신과 地方民 출신이 함께 갖는 職名의 예가 없어서 상상하기도 어렵다. 이러한 문제들을 해결하기 위해서는 좀 어색한 면도 있지만 「……人石書立人非今皆里村……」을 직명으로 볼 수밖에 없다. 그러면 「……人石書立人非今皆里村△△△△△△△△智大烏之」에서 「……人石書立人非今皆里村……」을 직명, 그 뒤에 부명, 「……智」가 인명, 「大烏之」는 관등명이다.

赤城碑 전체의 인명 분석을 제시하면 다음 쪽의 **표 1**과 같다.

지금까지의 분석을 토대로 적성비의 전체를 해석하면 다음과 같다.

△△年 △月에(또는△△ △△月에) 王(眞興王)이 大衆等인 喙部의 伊史夫智伊干支, (沙喙部의) 豆彌智彼珍干支, 喙部의 西部叱智大阿干支, (居枇)夫智大阿干支, 內禮夫智大阿干支, 高頭林城在軍主等인 喙部의 比次夫智阿干支, 沙喙部의 武力智阿干支, 鄒文村幢主인 沙喙部의 導設智及干支, 勿思伐城幢主인 喙部의 助黑夫智及干支에게 敎하시었다.

그 때에 赤城의 也尔次가 ……한 속에서(中)도 作善△懷懃力하여서 죽은 사람이 되었다(使死人). 以後에 其妻(也尔次의 妻)인 三△(△)에게 ……를 許利한다.

四年少女와 師文△(△)에게 (恩典을 주었고), 公兄인 鄒文村의 巴珍婁

표 1 赤城碑의 인명 분석표

職名	出身地名	人名	官等名	備考
大衆等	喙 部	伊史夫智	伊干支	
〃	(沙喙部)	豆弓弥智	波珍干支	
〃	喙部	西夫叱智	大阿干支	
〃	〃	(居柒)夫智	大阿干支	
〃	〃	內禮夫智	大阿干支	
高頭林城在軍主等	喙部	比次夫智	阿干支	
〃	沙喙部	武力智	阿干支	
鄒文村幢主	沙喙部	導設智	及干支	
勿思伐城幢主	喙部	助黑夫智	及干支	
公兄	赤城 鄒 文 村	也尒次 三△(△) 四年 師文 巴珍婁 △△(△) △只 烏禮兮	△ 小女 △(△) 下干支 (△)子 小女 撰干支	六家
		…… △弗兮 道豆只又悅利巳 道禮兮 ……	△(△) 女 小子 △ △(△)	合五人
		奈弗耽郝失利 …… …… 勿支次	大舍 …(외위) …(외위) 阿尺	기타 참가자
書人 …人石立人非今皆 里村…	喙部 △(△)部	…………… …………… 智	…(경위) 大烏之	立碑 관계자

(이 때에 立碑 관계자는) 書人인 喙部의 ……, ……人石書立人非今皆里村……인 △(△)의 ……智大烏之이다.

下干支에게 (恩典을 주었고), 前者(四年少女와 師文△(△)에 고쳐서(또는 다시) 赤城에 가게 하였고, 後者인 公(兄인 鄒文村의 巴珍婁下干支에게)는 國法에 따라 分與하였지만 ……, △△△(△)子刀只人女와 烏禮兮撰干支는 赤城佃舍法을 ……使法하였다고 (眞興王께서) 教을 내리시었다.

별도로 △△△△, △弗兮女, 道豆只又悅利巴小子, 道羅兮△, △△△△의 合五人에게 官을 내리었다.

別教 하시기를 (또는 별도로 教를 내리시기를) 이 以後로 부터 也尒次와 같이 ……(新羅를 위하여) 懷懃力使人事하다가 (죽더라도) 만약에 그가 (也尒次가) 낳은 아들과 딸이 나이가 적거나 많거나 (구체적인 恩典을 내리겠으며), 그들은 (우리 新羅의)兄弟이다. 이것을 아뢰는 者가 大人(어른)이거나 小人(어린이) 이거나 (관계없이 포상을 하겠다).

(이 때에 참가한 사람은) △(△)部의 奈弗耽郝失利大舍,鄒文(村)……, 勿思伐城幢主使人인 那利村의 ……, ……人인 勿支次阿尺이다.

2) 昌寧眞興王 拓境碑

삼국 통일 이전의 신라에서는 그 당시인이 남긴 많은 금석문 자료가 있다. 그 가운데에서 가장 글자수가 많은 자료로 昌寧眞興王 拓境碑(이 昌寧碑라 부름)를 들 수가 있다. 창녕비 자체는 발견 당시부터 비의 성격 파악에 중요한 전반부의 중간 부분이 파실되어 그 내용을 추정하는데 많은 어려움이 따르고 있다. 위와 같은 여러가지 여건이 불충분함에도 불구하고 많은 연구 성과가 나왔다.

창녕비 자체는 현재의 비면 상태가 발견 당시보다 글자의 마멸이 훨씬 심해 현지조사 등은 그렇게 큰 의미가 없는 상황까지 와 있다. 창녕비 연구의 가장 기초가 되는 것은 판독 작업이므로 국립중앙박물관 소장의 이른바 유리원판 사진,[49] 국립동경박물관 소장의 탁본[50], 天理大

도서관 소장의 창녕비 탁본[51] (今西文庫) 등의 조사를 하였다. 이와 아울러 선학들의 판독 성과를 두루 참조하여 창녕비의 판독문을 작성하였다. 이 판독문을 중심으로 창녕비 전반부의 해석과 함께 上大等에 대한 문제를 검토해 보고자 한다.

(1) 비문의 판독

창녕비는 현재 발견 당시 보다도 비문의 보존상태가 대단히 나빠져서 오래된 탁본이나 사진 등에 의존할 수밖에 없다. 지금까지 제시된 여러 선학들[52]의 견해를 두루 참조해서 판독을 해 보기로 하자.

먼저 제①행은 모두 24자이다. 「9」·「10」번째에는 원래부터 글자가 없었던 것으로 판단된다[53] 「1」번째 글자인 亲자는 六朝體로 기재된 것으로 辛자가 분명하다. 「22」번째 글자는 智자로 읽는 견해에[54] 따르겠다.

제②행은 모두 26자이다. 「8」번째 글자를 思자로 읽는 견해도[55] 있으나 글자의 자획으로 볼 때 恩자가 옳다. 「9」번째 글자는 救자로 읽는 견해도[56] 있으나 赦자로 읽는 쪽이[57] 글자 자체의 자획에 가깝다. 「15」·

---

49) 이 사진은 국립중앙박물관 관계자 여러분의 협조로 구득하게 되었다.

50) 사진 이 사진은 東京國立博物館, 1992 ≪伽耶文化展≫, p.119에 공개되었다. 필자는 4장으로 된 동일한 크기의 확대사진을 갖고 있다.

51) 今西文庫의 창녕비 탁본은 1992년 7월 15일과 10월 6일 두 차례에 걸쳐서 조사하였다.

52) 今西 龍, 1933 ≪新羅史研究≫.
葛城末治, 1978 ≪朝鮮金石攷≫.
盧鏞弼, 1990 〈昌寧 眞興王巡狩碑 建立의 政治的 背景과 그 目的〉 ≪韓國史研究≫70.
盧重國, 1991 〈昌寧 眞興王巡狩碑의 調査와 判讀〉 ≪한국고대사연구회 회보≫20, p.12.
이 가운데 노용필의 판독문은 앞의 논문의 p.38과 pp.51-54 사이에 같은 논고에서조차 상당한 차이가 있고, 충남대와 단국대 박물관 소장의 탁본을 들고 있지만 이들은 1970년 이후에 채택된 것이다. 1914년 2월 27일 촬영의 국립중앙박물관 소장 사진 이용은 대단히 주목되는 바, 이 사진이 곧 본고에서 이야기하는 유리 원판 사진으로 판단된다.

53) 이 부분은 ≪朝鮮金石總覽≫ 上, p.7에서는 원래에는 글자가 있는 것으로 보고 있다. 盧鏞弼, 1990 〈앞의 논문〉, p.38과 p.51에서도 「10」번째 글자를 「新」자로 읽고 있다.

54) 葛城末治, 1978 ≪앞의 책≫, p.116.

55) 盧鏞弼, 1990 〈앞의 논문〉, p.38.

「16」번째 글자는 종래에 판독되지 못한 글자들이지만 최근에 四方으로 읽는 견해가[58] 나왔다. 여기에서는 이 견해에 따른다. 「18」번째 글자는 校자나[59] 改자로[60] 읽는 견해가 각각 있어 왔으나 모두 따르기 어려워 여기에서는 모르는 글자로 본다.

	㉗	㉖	㉕	㉔	㉓	㉒	㉑	⑳	⑲	⑱	⑰	⑯	⑮	⑭	⑬	⑫	⑪	⑩	⑨	⑧	⑦	⑥	⑤	④	③	②	①	
1												沙	珍	干	△	屈	△	法	其	△	△	使	而	取	古	事	辛	1
2										等	沙	尺	利	沙	智	珍		△	餘	煞	塩	与	巳	利	△	末	巳	2
3								軍	大	喙	喙	干	△	喙	一	智	于	△	少	之	河	外	土	除	△	△	年	3
4						上	城	主	等	居	刀	喙	次	都	尺	大	時	人	小	難	川	村	地	林	△	△	二	4
5				西	使	州	軍	沙	喙	七	下	比	公	設	干	一	△	与	事	不	△	主	彊	△	不	立	月	5
6				阿	大	行	主	喙	末	夫	智	叶	沙	智	喙	伐	△	上	如	滅	教	審	域	△	△	△	一	6
7				郡	等	使	喙	登	得	智	及	△	尺	沙	△	干	△	△	者	△	以	照	山	△	△	△	日	7
8		奈	爲	使	沙	大	福	△	智	一	尺	△	干	尺	△	沙	△	△	△	△	△	故	林	△	△	恩	立	8
9	智	末	人	大	喙	等	登	△	△	尺	干	智	喙	干	夫	喙	△	△	△	△	△	△	封	△	△	赦		9
10	述	書	喙	等	春	沙	智	智	尺	干	沙	沙	△	沙	智	△	△	△	△	△	△	△	△	△	△	△		10
11	干	人	德	喙	夫	喙	及	沙	干	△	喙	尺	△	喙	述	△	△	△	△	△	△	△	△	△	△	△	寡	11
12		沙	文	比	智	宿	尺	尺	沙	△	△	本	智	△	干	智	△	△	△	△	△	△	△	△	△	△	人	12
13		喙	兄	尸	大	欣	干	干	喙	夫	△	滬	沙	△	沙	一	△	△	△	△	△	△	志	△	△	△	幼	13
14		導	奈	智	奈	智	甘	漢	七	智	智	末	尺	智	喙	伐	智	△	△	△	△	△	△	△	△	△	年	14
15		智	末	大	末	及	文	城	聴	一	及	△	喙	一	另	干	葛	△	△	△	△	△	△	△	△	四	承	15
16		奈	比	奈	喙	尺	軍	軍	智	尺	尺	智	△	吉	力	△	文	△	△	△	△	△	△	△	△	方	基	16
17		舍	子	末	就	干	主	主	及	干	干	及	述	干	智	△	王	△	△	△	△	△	△	△	△	△	政	17
18		村	伐	沙	舜	喙	沙	喙	尺	沙	喙	尺	智	沙	辺	折	△	△	△	△	△	△	也	△	△	△	委	18
19		主	停	喙	智	沙	喙	竹	干	喙	鳳	干	沙	喙	干	夫	△	此	上	河	△	海	大	△	△	△	輔	19
20		夬	助	須	大	叱	心	夫	四	△	安	喙	尺	忽	喙	智	△	以	大	△	△	州	等	△	△	△	弼	20
21		聴	人	斤	舍	智	麥	智	方	力	智	△	干	利	小	一	△	△	等	△	△	白	与	△	及	後	後	21
22		智	喙	夫	于	奈	夫	沙	軍	智	△	△	喙	智	里	尺	者	△	与	△	△	田	軍	此	普	地	△	22
23		述	覓	智	抽	末	智	尺	主	△	△	△	△	一	夫	干	漢	看	古	△	△	畓	主	△	捨	土	△	23
24		干	薩	奈	悉	下	及	干	比	△	△	△	△	△	智	△	△	其	奈	△	△	△	幢	与	山	△	△	24
25		麻	智	△	支	州	尺	碑	子	△	△	△	△	△	△	△	△	身	末	△	△	△	主	△	△	陜	△	25
26		叱	大	旨	河	行	干	利	伐	△	△	△	△	△	△	△	△	受	典	之	人	世	道	△	心	也	△	26
27																									谷			27
	㉗	㉖	㉕	㉔	㉓	㉒	㉑	⑳	⑲	⑱	⑰	⑯	⑮	⑭	⑬	⑫	⑪	⑩	⑨	⑧	⑦	⑥	⑤	④	③	②	①	

56) ≪朝鮮金石總覽≫, p.7.

57) 葛城末治, 1978 ≪앞의 책≫, p.116.

58) 盧重國, 1991 〈앞의 논문〉, p.12.

59) 今西 龍, 1933 ≪앞의 책≫, p.468.

60) 盧重國, 1991 〈앞의 논문〉, p.12.

제③행은 모두 27자이다. 다른 행이 행당 26자로 가지런히 기록되어 있지만 이 행만은 27자로 1자가 더 적혀 있다. 「21」번째 글자는 人자로 읽는 견해가 새로 나왔지만[61] 종래의 及자설이[62] 옳다. 「27」번째 글자는 㕣식으로 적혀 있는 바, 이 글자가 谷자라면[63] 임신서기석 제④행의 「14」번째 글자와 갓머리 부분을 제외할 때 꼭 같다.[64]

제④행은 모두 26자이다. 「4」번째 글자는 村자[65] 또는 林자로[66] 읽어 왔다. 후자가 타당하다. 「26번째 글자는 종래에는 모르는 글자로 보아 왔으나 최근에 와서 州자로 읽는 견해가[67] 제시되었다. 창녕비의 州자는 제22행에 두번 나오는데 본 글자와는 서체상의 차이가 너무도 뚜렷하여 州자설은 재고되어야 할 듯하다. 여기에서는 三十의 그 당시 글자인 卅로 본다.

제⑤행은 모두 26자이다. 「9」번째 글자는 기왕의 견해에[68] 따라 封자로 읽는다. 「14」번째 글자는 최근에 와서 제시된 志자설에[69] 따른다.

제⑥행은 모두 26자이다. 「7」번째 글자는 照자로 읽는 견해에[70] 따른다. 「8」번째 글자는 故자로[71] 읽는다.

제⑦행은 모두 26자이다. 「1」번째 글자는 대개 山자로 읽어 왔으나[72]

---

61) 盧重國, 1991 〈앞의 논문〉, p.12.

62) 今西 龍, 1933 ≪앞의 책≫, p.468.
葛城末治, 1978 ≪앞의 책≫, p.116.

63) 이 글자는 今西 龍, 1933 ≪앞의 책≫, p.468 이래로 대개 谷자로 읽어 왔다.

64) 임신서기석의 이 글자는 容자로 판단된다. 이 때에 임신서기석의 이 부분 해석이 문제가 되나 필자는 창녕비의 예처럼 이 부근에 부정의 뜻을 가진 글자가 한글자 빠진 것으로 보는 쪽이 타당할 듯하다.

65) 今西 龍, 1933 ≪앞의 책≫, p.468.

66) 葛城末治, 1978 ≪앞의 책≫, p.116.

67) 盧重國, 1991 〈앞의 논문〉, p.12.

68) 今西 龍, 1933 ≪앞의 책≫, p.468.

69) 盧鏞弼, 1990 〈앞의 논문〉, p.38.

70) 盧鏞弼, 1990 〈앞의 논문〉, p.38.

71) 今西 龍, 1933 ≪앞의 책≫, p.468.

여기에서는 山밑에 나머지의 자획이 더 있는 것으로 읽어서 모르는 글자로 본다. 「25」번째 글자는 道자로 읽어 왔으나[73] 여기에서는 모르는 글자로 읽는다.

제⑧행은 모두 26자이다. 「1」번째에는 원래부터 4자획이 없었던 것으로 보는 견해와[74] 者자로 읽는 견해가[75] 있다. 여기에서 원래에는 자획은 있었으나 모르는 글자로 본다. 「6」번째 글자는 滅자로 읽는 견해에[76] 따른다. 「16」번째 글자는 心자로 읽는 견해도[77] 있으나 여기에서는 모르는 글자로 본다. 「19」번째 글자는 阿자[78] 또는 河자로[79] 읽는 견해가 있다. 여기에서는 후자에 따른다.

제⑨행은 모두 26자이다. 「6」번째 글자는 知자[80] 또는 如자로[81] 읽는 견해가 있다. 여기에서는 후자에 따른다. 「7」번째 글자는 者자[82] 또는 都자로[83] 읽는 견해가 있으나 여기에서는 者자로 읽는다. 「18」번째 글자는 以자로 읽는 견해도[84] 있으나 여기에서는 모르는 글자로 읽는다.

제⑩행은 모두 26자이다. 「2」, 「3」번째 글자는 모르는 글자로 본다. 「19」번째 글자는 此자로 읽는 견해에[85] 따른다. 「20」번째 글자는 以자로

72) 今西 龍, 1933 ≪앞의 책≫, p.468.
73) 今西 龍, 1933 ≪앞의 책≫, p.468.
葛城末治, 1978 ≪앞의 책≫, p.116.
74) 盧重國, 1991 〈앞의 논문〉, p.12.
75) 葛城末治, 1978 ≪앞의 책≫, p.116.
76) 盧鏞弼, 1990 〈앞의 논문〉, p.38.
77) 今西 龍, 1933 ≪앞의 책≫, p.468.
78) 今西 龍, 1933 ≪앞의 책≫, p.468.
79) 盧重國, 1991 〈앞의 논문〉, p.12.
80) 今西 龍, 1933 ≪앞의 책≫, p.468.
81) 盧鏞弼, 1990 〈앞의 논문〉, p.38.
82) 今西 龍, 1933 ≪앞의 책≫, p.468.
83) ≪朝鮮金石總覽≫, p.7.
84) 盧重國, 1991 〈앞의 논문〉, p.12.
85) 葛城末治, 1978 ≪앞의 책≫, p.116

읽는 견해에 따른다.

제⑪행은 모두 26자이다. 「1」번째 글자를 爵자[86] 또는 罰자로[87] 읽어 왔으나 여기에서는 모르는 글자로 본다. 「2」번째 부분은 원래부터 글자가 없는 공란이다. 「3」번째 글자는 天자[88] 또는 于자로[89] 읽어 왔으나 후자가 옳다. 「14」번째 글자는 村자[90] 또는 智자로[91] 읽어 왔으나 후자에 따른다.

제⑪행부터는 인명 표기이므로 글자 판독에 대한 설명은 판독문의 제시로 대신하고자 한다. 설명의 편의를 위해 창녕비의 전문을 제시하면 다음 쪽과 같다.

(2) 비문의 단락

창녕비에 있어서 제①행부터 제11행의 「1」번째 글자까지의 단락을 나누는 것은 대단히 어렵다. 이 부분에 쓰여진 총글자 260자 가운데 120자 가량이 겨우 읽혀졌다. 판독된 글자는 전체의 50%에도 못미치고 있고, 읽혀지지 않는 글자가 비문 가운데 부분에 집중적으로 모여 있는 상황에서 단락의 구분 시도는 모험이라고 판단된다.

이러한 어려운 상황 속에서도 「也」, 「兮」, 「之」 등의 終尾詞를 기준으로 창녕비의 앞부분을 10개 문장으로 나누어서 다음의 **표 2**처럼 5개의 단락으로 나눈 견해가[92] 있다.

뒤의 **표 2**은 봉평비, 적성비 등의 새로운 신라시대 금석문의 발견에

86) 今西 龍, 1933 ≪앞의 책≫, p.468.
87) ≪朝鮮金石總覽≫, p.7.
88) ≪朝鮮金石總覽≫, p.7.
89) 盧鏞弼, 1990 〈앞의 논문〉, p.38.
90) ≪朝鮮金石總覽≫, p.7.
91) 盧重國, 1991 〈앞의 논문〉, p.12.
92) 盧鏞弼, 1990 〈앞의 논문〉, p.42.

표 2 창녕비 전반부의 단락 구분표

段落의始終 / 段落의순서	~부터		~부터		주요내용
	行	字	行	字	
1	①	1	①	8	建立 時期
2	①	10	③	14	建立 배경
3	③	15	⑤	18	土地 등 經濟관련 업무 담당 체계의 수립
4	⑤	19	⑧	26	經濟관련 범죄에 처벌 규정 명시
5	⑨	1	⑪	1	經濟관련 범죄에 처벌의 체계 및 감독권의 소재 명시

고무되어 창녕비 전반부를 敎事 부분으로 단정하는 점의 타당성 여부이다. 창녕비 전반부를 해석하는 데에 있어서 봉평비, 적성비 등의 금석문도 중요하지만 시기적으로 보다 가까운 북한산비, 황초령비, 마운령비에 나오는 관계 부분도 중요하다고 판단된다. 창녕비 보다 앞선 시기의 금석문만을 중요시하고 나중의 자료를 전혀 참작하지 않은 점은 위의 **표 2**에 갖고 있는 하나의 취약점으로 생각된다.

주지하는 바와 같이 창녕비 자체에서 제⑪행을 경계로 해서 앞부분에는 여러 가지의 역사적인 기사가 적혀 있고, 뒷부분에는 인명 표기가 적혀 있다. 이렇게 인명 표기 부분과 그렇지 않은 부분으로 나누어진 금석문의 기재 형식이 봉평비나 적성비에서는 찾을 수가 없다. 오히려 그러한 예를 황초령비와 마운령비에서 찾을 수가 있다. 특히 마운령비의 경우는 비의 음기에만 인명표기를 적고 있고, 비의 앞면에는 이른바 記事가 적혀 있다. 전문이 거의 다 남아 있는 마운령비의 앞부분을 봉평비나 적성비의 예에 따라 敎事라 부를 수는 없다. 창녕비 자체는 비문에 적힌 내용의 형식으로 따질 때 봉평비나 적성비보다는 마운령비에 가깝다고 판단된다.

봉평비나 적성비는 모두 그 당시 특정 지역에서 일어난 어떤 조그마한 사건을 중심으로 세워진 것이다. 마운령비나 황초령비는 그 내용의 거의 같은 점에서 보면 봉평비나 적성비에서와 같이 어떤 특정사건과 관련된 내용이 핵심을 이룬다고 말하기가 어렵다. 오히려 마운령비나 황초령비에 적힌 내용은 봉평비나 적성비에서와 같이 특정 사건에 대해 기재한 것이 아니라 황초령비와 마운령비에서와 같이 보다 일반적인 내용이 적혀 있었던 것으로 추정된다. 이렇게 볼 때 창녕비 앞부분을 教事라고 단정하기에는 보다 더 확실한 자료의 밑받침이 필요하다고 판단된다.

그러면 창녕비 전반부에는 도대체 어떠한 내용이 적혀 있었는지를 검토해 보기로 하자. 이 문제에 대한 접근은 창녕비 자체의 글자 파실이 많아서 상당한 모험이 뒤따르겠지만 시도해 보고자 한다.

제1단락은 쉽게 나눌 수가 있다. 제①행은 「辛巳年二月一日立」의 부분으로 창녕비의 건립시기를 나타내주고 있다. 이는 '진흥왕 22년(561) 2월 1일에 비를 세운다' 라는 뜻이다.

제①행의 「11」번째 글자부터 제⑪행의 「1」번째 글자까지가 과연 몇 개의 단락으로 나눌 수 있을런지가 궁금하다. 이 부분에서 눈에 쉽게 들어오는 중심 구절이 3가지가 있다. 이들 3개의 중심 구절을 중심으로 크게 3단락으로 나눌 수도 있을 듯하다. 제일 먼저 들어오는 것은 제①행의 「寡人」이란 부분으로 이는 진흥왕을 가리키고 있음은 두말할 필요도 없다. 다음으로 눈에 띄는 부분은 제⑤ · ⑥행의 「大等與軍主幢主道使與外村主」란 구절이다. 그 다음으로 눈에 들어 오는 부분은 제⑨ · ⑩행의 「上大等與古奈末典法△△人與上……」의 구절이다.

창녕비의 전반부는 「寡人」, 「大等與軍主幢主道使與外村主」, 「上大等與古奈末典法△△人與上……」의 3구절이 그 중심이 되고 있다. 이들 구절들은 모두 진흥왕이나 당시의 중앙과 지방의 관리 등을 가리키고 있어서 전반부에서 이들 구절의 앞뒤에 3구절의 역할들이 기록되어 있었다고 해석해도 좋을 듯하다. 그렇다면 창녕비의 전반부는 크게 4단락으로 나눌 수가 있다.

제1단락은 앞에서 살펴 본 바와 같이 창녕비의 건립 시기가 적힌 부분이다.

제2단락은 寡人인 진흥왕의 업적이 적혀 있다. 恩赦를 내리는 일, 四方에……을 하는 일 등이 구체적으로 적혀 있다.

제3단락에는 「大等與軍主幢主道使與外村主」의 白田 · 畓 · 河川 등의 경제적인 관리에 관계되는 중요한 업무가 나열되어 있는 듯하다.

제4단락에는 「上大等與古奈末典法△△人與上……」의 임무가 기록되어 있는 것으로 추정되지만 전후의 글자 파실이 너무 심해서 그 구체적인 내용은 전혀 알 수가 없다.

(3) 上大等 문제

창녕비 제⑨행에는 上大等이란 직명이 나온다. 이 부분중 上大等의 바로 앞글자를 以자로 새로 읽어서 ……以上大等으로 해 ……以上과 大等으로 끊어서 上大等 자체의 존재를 부정할 수도 있다. 이렇게 되었을 때에도 문제는 쉽게 끝나지 않는다. '……以上은 ……하라(이다)' 로 연결되는 쪽이 자연스럽지 '……以上은 「大等與軍主幢主道使與外村主」의 일이다' 로 연결시키는 것은 부자연스럽다. 오히려 이 때에는 以上 부분의 임무 또는 일들을 「大等與軍主幢主道使與外村主」의 뒤에 돌려서 문장을 구성하는 쪽이 보다 자연스럽다. 창녕비 제⑨행의 「18」번째 글자가 以자인지 여부를 아직까지 단정할 수가 없어서 여기에서는 종래처럼 上大等으로 끊어 읽는다.

창녕비에 나오는 上大等은 이 시기의 문헌 기록에도 나온다. ≪三國史記≫卷38, 職官志上에 「上大等或云 上臣 法興王十八年始置」란 기록과 ≪三國史記≫卷8, 新羅本記, 法興王十八年條의 「拜伊飡哲夫爲上大

等 摠知國事 上大等官始於此 如今之宰相」이란 구절이 그것이다. 이들 문헌 자료에 근거해서 上大等을 신라의 宰相으로 보아 왔다.[93] 摠之國事했다는 上大等에 대해 大等회의에서 의장 역할을 하는 것으로 보아 왔고, 나아가서는 和白회의에서 의장으로 해석해 왔다.

그런데 신라 法興王 18年(531) 이후의 금석문인 적성비, 창녕비, 북한산비, 마운령비, 황초령비 등에서는 한결같이 上大等의 인명 표기가 나오지 않고 있다. 이 시기의 법흥왕 21년(534)부터 眞智王 1년(576)까지 43년간은 ≪三國史記≫에도 上大等의 임명에 대한 기록이 전혀 없어서 법흥왕 18년(531)의 上大等 설치 기록에 회의를 표시한 견해조차[94] 나오고 있다.

적성비의 건립에 대해서는 여러가지 견해가 있지만[95] 대체로 545년 전후에서 551년 사이로 건립된 것으로 보고 있다. 또 진흥왕의 즉위에 대해서는 ≪三國史記≫의 15세설과 ≪三國遺事≫, 王曆의 7세설이 있다. 이 가운데 학계에서는 대개 창녕비 제①행의 「寡人幼年承基政委……」란 구절에 근거해 7세설을 지지하고 있다.[96] 적성비의 건립을 551년으로 보아도 551년 당시에 진흥왕은 18세로 아직 성년이 되지 못했으므로 적성비 자체에는 上大等의 인명 표기가 나와야 될 터이지만 실제로는 그렇지가 않다. 이러한 의문점 자체가 이 시기의 신라에 있어서 ≪三國史記≫에 나오는 上大等의 존재 자체를 부정할 수는 없지만 하나의 조그만 문제 제기는 될 수가 있다.

이러한 의문점을 창녕비 자체로 돌아가 검토해 보기로 하자. 창녕비에 있어서 제 ⑨ · ⑩행의 「上大等與古奈末典法△△人與上……」의 부분

93) 李基白, 1974 ≪新羅政治社會史研究≫, pp.91-93.

94) 末松保和, 1954 ≪新羅史の諸問題≫, p.320.

95) 朱甫暾, 1984 〈丹陽新羅赤城碑의 再檢討〉 ≪慶北史學≫7, pp.36-42 참조.

96) 李丙燾, 1976 ≪韓國古代史研究≫, p.669.

은 창녕비 제⑤ · ⑥행의 「大等與軍主幢主道使與外村主」와 서로 대비가 되므로 上大等, 古奈末典, 法△△人, 上……를 모두 직명으로 볼 수가 있다. 이들 직명이 과연 창녕비에 나오는지 여부를 검토키 위해 창녕비의 인명을 분석해 제시하면 **표** 3과 같다.

표 3과 제⑤ · ⑥행의 「大等與軍主幢主道使與外村主」와 서로 비교하여 동일 직명을 찾는 많은 노력이 있어 왔다.[97] 그 가운데 大等, 軍主, 村主의 경우는 쉽게 찾아졌으나 幢主와 道使의 경우는 그렇지가 못했다. **표** 3과 창녕비⑤ · ⑥행을 대조해 보면 제⑤ · ⑥행의 직명중에서 **표** 3에 大等, 軍主, 村主는 나오지만 幢主와 道使는 나오지 않고 있다.

이제 **표** 3과 제⑨ · ⑩행의 「上大等與古奈末典法△△人與上……」의 부분을 서로 비교해 보자. 古奈末典, 法△△人, 上……의 직명이 **표** 3에는 없다는 사실을 쉽게 알 수가 있다. 上大等의 경우는 **표** 3에서 두 번이나 나오는 「△大等」이 우선 그 대상으로 주목된다. 제⑨ · ⑩행의 上大等과 **표** 3의 「△大等」이 동일 직명이려고 하면 앞서 살펴 본 ≪三國史記≫의 기록과의 마찰점의 해결이 문제이다. 이 부분은 우선 접어 두고서 논의를 진행해 보기로 하자.

표 3의 △大等과 제⑨ · ⑩행의 上大等이 동일하다고 할 때에 上大等과 大等과의 관계가 문제이다. 지금까지 大等들의 모임에서 그 주재자를 上大等으로 보아온 점에서 보면 **표** 3의 기재 순서 자체가 문제가 된다. **표** 3에서는 △大等이란 직명이 大等보다 나중에 적혀 있다. 上大等의 上자를 지금까지처럼 大等들의 제일 윗사람으로 보아야만 될까? 최근에 밝혀진 바에 따르면 남산신성비와 명활산성작성비에는 上人들이 존재하며 이들은 축성 관계 금석문에서만 나오고 있다. 이 上人 집단에는 上大等식의 그 주재자가 城使上(남산산성비 제1비), 作上人(남산산성비

97) 이 문제는 신라 중고의 지방 통치 조직과 직결되는 것으로 이 방면의 연구자에 의해 다양한 견해가 나왔다.

표 3 창녕비의 인명 분석표

職名	部名	人名	官等名
(大等)		屈珍智	大一伐干
〃	沙喙	△△智	一伐干
〃	(喙)	(居)折〔夫〕智	一尺干
〃	(喙)	(内禮夫)智	一尺干
〃	喙	(比次)夫智	匝干
〃	沙喙	另力智	匝干
〃	喙	△里夫智	(大阿)干
〃	沙喙	都設智	(阿)尺干
〃	沙喙	△△智	一吉干
〃	沙喙	忽利智	一(吉)干
〃	喙	珍利△次公	沙尺干
〃	喙	△△智	沙尺
〃	喙	△述智	沙尺干
〃	喙	△△△智	沙尺干
〃	喙	比叶△△智	沙尺干
〃	本波	夫△智	及尺干
〃	喙	△△智	(及尺)干
〃	沙喙	刀下智	及尺干
〃	沙喙	△尸智	及尺干
〃	喙	鳳安智	(及尺)干
△大等	喙	居七夫智	一尺干
〃	喙	△未智	一尺干
〃	沙喙	吉力智	△△干
△大等	喙	未得智	〔一〕尺干
〃	沙喙	七聰智	及尺干
四方軍主 比子伐軍主	沙喙	登△△智	沙尺干
漢城軍主	喙	竹夫智	沙尺干
碑利城軍主	喙	福登智	沙尺干
甘文軍主	沙喙	心麥夫智	及尺干
上州行使大等	沙喙	宿欣智	及尺干
〃	喙	次叱智	奈末
下州行使大等	沙喙	春夫智	大奈末
〃	喙	就舜智	大舍
于抽悉支河西阿郡使大等	喙	比尸智	大奈末
〃	沙喙	盾兵夫智	奈末
旨爲人	喙	德文兄	奈末
比子伐停助人	喙	覓旨	大奈末
書人	沙喙	導智	奈舍
村主		智	述干
〃		麻叱智	述干

* 관등명중 奈舍는 大舍의 잘못으로 판단된다.

제 2비)로 나타나 있을 뿐이다.

창녕비 전반부에서 보면 진흥왕을 가리키는 용어인 寡人이 제①행이 나오고, 다음에는 제⑤ · ⑥행에 「大等與軍主幢主道使與外村主」란 구절이 나오고, 그 다음에는 제 ⑨ · ⑩행에 「上大等與古奈末典法△△人與上……」이란 구절이 나온다. 위의 전반부에 나오는 순서에 따르면 上大等보다 大等의 역할이 중요할 가능성도 있고 나아가서는 上大等과 大等과의 관계에 대한 지금까지의 통설과도 다른 가능성이 엿보이기도 한다.

적성비, 창녕비, 북한산비, 황초령비, 마운령비에서 上大等의 인명 표기가 단 1예도 없는 점에서 보면, 오히려 **표 3**에 두 번이나 나오는 △大等이 上大等일 가능성도[98] 고려되어야 할 것이다. 이러한 점은 앞으로 관계 금석문 자료의 출현과 함께 그 타당성 여부가 가려지겠지만, 여기에서는 창녕비 자체에서 볼 때 종래에 생각해왔던 上大等과는 다를 가능성이 있는 上大等이 창녕비에 존재하고 있다는 점을 지적해 두고자 한다.

이제 제⑨ · ⑩행 「上大等與古奈末典法△△人與上… …」의 부분으로 돌아가서 조사해 보자. 古奈末典, 法△△人은 중앙 관직과 관련된 직명으로 판단된다. 古奈末典과 法△△人의 역할을 구체적으로 알 수 있는 길은 없다. 제⑤ · ⑥행의 「大等與軍主幢主道使與外村主」의 구절과 비교할 때 지배 체제에서의 명령 계통과 역할이 달랐을 가능성도 엿보인다. 上……의 부분이 축성관련 금석문에 반드시 나오는 上人 집단과 관련될 가능성도 있어서 앞으로 신중히 검토해야 될 부분으로 판단된다.

98) 이에 대해서는 末松保和, 1954 ≪앞의 책≫, p.320에서 창녕비에 나오는 두번의 △大等을 上大等으로 추정한 바 있으나, 李基白, 1974 ≪앞의 책≫, p.76에서 부정된 바 있다.

2
巡狩 관련 金石文

1) 北漢山眞興王巡狩碑

北漢山眞興王巡狩碑(이하 北漢山碑라 칭함)는 19세기에 한 금석학자에 의해 발견되어 ≪金石過眼錄≫에 판독과 연구 결과가 잘 소개되어 있다.[99] 이 비석 자체가 신라 진흥왕 때 만들어졌다고 밝힌 점은 당시로서는 대단한 학문적인 성과였다. 비문의 연구에 있어서 신라인의 인명 표기가 직명·부명·인명·관등명의 순서로 적힌다는 사실에 대해서는 당시로서는 인지되지 못했다.[100] 그 당시까지 알려진 고신라의 금석문은 황초령비와 북한산비뿐인 점과 최근의 적성비 발견 당시에도 지명인 高頭林을 인명으로 본 점 등에서 보면[101] 오히려 당연한 결과이었는지도 모르겠다. 이 비는 최초로 발견되고 나서, 100년 가까이가 지나서야 다시 연구되기 시작했고,[102] 1914년 창녕비가 발견되고 나서 본격적인 검

99) 中央大學校 永信아카데미韓國學硏究所, 1986 ≪韓國學≫34에 수록된 韓銀本의 ≪金石過眼錄≫ 참조.

100) 李基東, 1984 ≪新羅 骨品制社會와 花郞徒≫, p. 385.

101) 武田幸男, 1979 〈眞興王代における新羅の赤城經營〉 ≪朝鮮學報≫93에서 처음으로 적성비에 나오는 高頭林이 지명임이 밝혀졌다.

토가 시작되었다.[103] 1929년 마운령비가 발견되면서 북한산비 자체는 신라 진흥왕순수비 가운데 하나로 보이면서 인명 표기에만 관심이 집중되었을 뿐, 그 내용에 대한 검토는 거의 시도된 적이 없었다.

여기에서는 먼저 북한산비를 고탁본[104]과 현지 조사[105]를 통해 판독문을 작성하였다. 다음으로 비문 자체의 내용을 해석해 비문을 몇 개의 단락으로 나누고, 단락 마다 어떤 내용이 적혀 있었는지를 검토하겠다. 마지막으로 비문중에 나오는 甲兵에 대해 고신라 병제사의 입장과 고고학적인 관점에서 몇가지 문제를 제기해 보고자 한다.

(1) 비문의 판독

북한산비에 대한 판독은 다른 금석문에 비해 비교적 일찍이 제시되었다.[106] 그 이후에 많은 선학들에 의해 북한산비의 판독이 시도되었다.[107] 북한산비의 비면은 파실이 심해서 1행당 전체 글자수를 잘 알 수가 없다. 북한산비의 복원은 황초령비를 참조해 시도된 바 있다.[108] 이 당시에는 황초령비 자체도 상단부의 파실로 정확한 복원이 어려웠다.[109] 북한산비와 황초령비의 상단부 복원에 단서가 되는 마운령비가 발견되었다.[110] 여기에서는 북한산비의 판독에 앞서서 마운령비에 기초하여 비문

---

102) 內藤虎次郎, 1911 〈新羅眞興王巡境碑考(1 · 2)〉 ≪藝文≫2-4 · 6.

103) 今西 龍, 1933 ≪新羅史硏究≫, pp.411-488.

104) 天理大 圖書館 소장의 今西文庫中의 북한산비 탁본 사진을 이용하였다. 1992년 10월6일 天理大 도서관 소장의 창녕비와 북한산비의 탁본을 조사하였다.

105) 1992년 6월 11일과 12일에 걸쳐서 국립중앙박물관에 진열중인 북한산비를 조사하였다.

106) 본 고에 수록된 김정희의 북한산비 판독문 참조.

107) 今西 龍, 1933 ≪앞의 책≫, pp.445-446.
葛城末治, 1978 ≪朝鮮金石攷≫, pp.149-150.

108) 今西 龍, 1933 ≪앞의 책≫, pp.445-449.

109) 今西 龍, 1933 ≪앞의 책≫, p.418에서는 황초령비의 1행당 글자수를 36자로 복원하고 있다.

110) 崔南善, 1930 〈新羅眞興王の在來三碑と新出現の磨雲嶺碑〉 ≪靑丘學叢≫2.

의 복원 문제부터 검토해 보기로 하겠다.[111]

북한산비의 복원에 대해서는 창녕비 · 마운령비와 함께 연구되어 1행당 32자로 복원한 견해가 있다.[112] 그 근거는 황초령비였다.[113] 황초령비 제⑤ · ⑥행의 「巡狩管境訪採(?)民心以欲勞△有忠信精誠△△△△△△△△△△國盡節有功之徒可賞爵物」을 북한산비 제⑤ · ⑥행의 공란에 복원하면 제⑤행은 「如有忠信精誠△△△」가 되나 제⑥행의 앞부분에「△△△△△△國盡節有功之」의 13자가 들어가야 된다. 그런데 실제로 복원에서는 제⑥행에 「△△△△國盡節有功之」의 10자만 복원하고 있다.[114] 이 마멸된 부분은 그 뒤에 발견된 마운령에 따라 「才超察厲勇敵强戰爲國盡節有功之」로 바로 잡아졌다.[115] 이 「才超察-有功之」의 15글자를 북한산비의 제⑤ · ⑥행에 배치해야 된다. 비문의 크기에 따른 글자의 복원을 따질 때 제⑥행의 앞부분에는 기왕의 견해처럼[116] 「敵强戰爲國盡節有功之」의 10자 밖에 들어갈 공간이 없다.[117] 그러면 「如有忠信精誠」의 다음에 복원할 수 밖에 없다. 그러면 북한산비의 행당 글자수는 34자가 된다.

이제 비문의 판독에 들어가 보자. 그러면 제①행부터 판독해 보자.

제①행은 모두 23자이다[118]. 「11」번째 글자는 大자로 판독한 견해도

111) 金昌鎬, 1984 〈金石文으로 본 新羅 中古의 地方官制〉 ≪歷史敎育論集≫6, p. 7에서는 북한산비를 복원한 바가 있다. 거기에서는 현지 조사를 하지 않아서 윗부분에만 글자를 복원하였다.

112) 今西 龍, 1933 ≪앞의 책≫, pp.445-446.

113) 今西 龍, 1933 ≪앞의 책≫, pp.447-448.

114) 今西 龍, 1933 ≪앞의 책≫, p.446.

115) 崔南善, 1930 ≪앞의 논문≫, p.85.

116) 今西 龍, 1933 ≪앞의 책≫, p.446.

117) 이 부분의 글자 공간에 대해서는 1992년 6월 12일과 13일에 걸쳐서 실시한 비문의 현지 조사와 국립 중앙박물관 소장의 고탁본(유물번호 6876, 1919년 이전의 구입)의 조사에 근거하였다.

118) 葛城末治, 1978 ≪앞의 책≫, pp.149-150에 실린 판독문은 각 행이 너무 어긋나있다. 제① · ②행은 두 자씩 위로 올라가 있고, 제③ · ⑦ · ⑧ · ⑨ · ⑩행은 모두 한자씩 위로 올라가 있다.

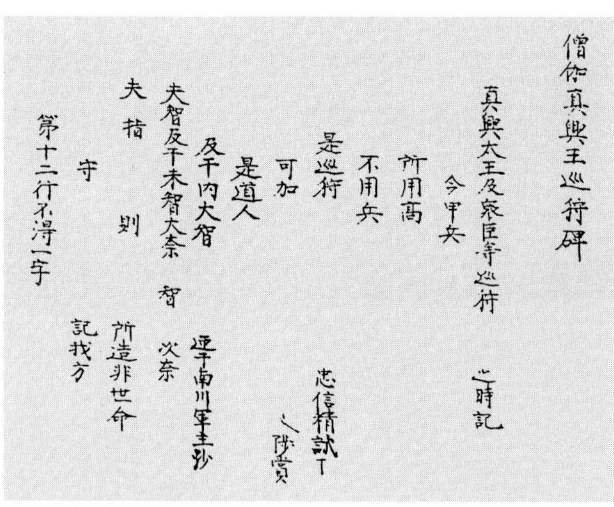

僧伽真興王巡狩碑
真興太王及衆臣等巡狩 之時記
今甲兵
所用高
不用兵
是巡狩 忠信精誠丁
可加 之陟賞
是道人
及干内大智 亞干南川軍主沙
夫智及干未智大奈 智 次奈
夫 指 則 所造非世命
守 記我方
第十二行不得一字

그림 3 金正喜의 北漢山碑 판독문

있으나[119] 太자가 분명하다. 「19」·「20」번째 글자는 자흔이 불확실하지만 황초령비, 마운령비에 근거할 때 각각 管, 境자로 추독된다.[120]

제②행은 모두 34자이다. 「13」번째 글자수는 今자로 읽는 견해도 있으나[121] 대부분의 판독자들은 㑒자로 읽고 있다.[122] 「16」번째 글자는 之자이다.[123] 「17」번째 글자를 德자로 판독한 견해가[124] 있어서 여기에서는 이에 따르기로 한다. 「18」·「19」번째 글자는 각각 知·之자로 보이기도 하나 단정할 수가 없다. 「20」번째 글자는 年이다.

제③행은 모두 34자이다. 「11」번째 글자는 기왕의 판독대로[125] 之자로 읽는다. 「15」번째 글자는 祀자인지 禮자의 이체인 礼자인지 불분명하나

119) 劉燕庭, 1922 ≪海東金石苑≫上, p.36.
120) 今西 龍, 1933 ≪앞의 책≫, p445참조.
121) 본 고에 인용된 김정희의 북한산비 판독문 참조.
122) 今西 龍, 1933 ≪앞의 책≫, p.445 등.
123) 今西 龍, 1933 ≪앞의 책≫, p.445.
劉燕庭, 1976 ≪앞의 책≫, p.36.
124) 今西 龍, 1933 ≪앞의 책≫, p.445.
125) 劉燕庭, 1976 ≪앞의 책≫, p.36.

기왕의 판독처럼[126] 祀자로 읽는다. 「16」·「17」번째 글자는 각각 西, 嶽자로 읽는 견해가 있으나[127] 고탁본 등에 근거할 때 따르기 어렵다.

제④행은 모두 34자이다. 고탁본 등에 근거할 때 「10」번째 글자는 耀자로 본다.[128] 「11」번 째 글자는 德자다.[129] 「15」번째 글자는 故자이다.

제⑤행은 모두 34자이다. 「17」-「20」번째 글자는 마운령비나 황초령비에 따라 각각 採, 民, 心, 以자로의 복원이 가능하다. 「21」·「22」번째 글자를 복원한 견해도[130] 있으나 탁본 사진[131]에서 각각 欲자와 勞자로 읽을 수가 있다. 「23」번째 글자는 마운령비에 따를 때 賚자로 복원된다. 「30」-「34」번째 글자는 마운령비에 근거할 때 각각 才, 超, 察, 厲, 勇자로의 복원이 가능하다.

제⑥행은 모두 34자이다. 「1」-「10」번째 글자는 마운령비에 근거할 때 각각 敵, 强, 戰, 爲, 國, 盡, 節, 有, 功, 之자의 복원이 가능하다. 「11」번째 글자는 徒자[132]와 復자로[133] 읽는 견해가 있어 왔으나, 자흔이나 마운령비·황초령비에 따를 때 전자가 타당하다. 「14」·「15」번째 글자는 황초령비·마운령비를 참조하고 글자 자체의 자흔으로 보면 각 賞자와 爵자로 읽을 수가 있다.

제⑦행은 모두 26자이다. 「12」번째 글자는 見자[134] 또는 足자로 읽는 견해가[135] 있으나 자흔에서 보면 見자가 옳을 것 같다. 「23」번째 글자는

---

126) 今西 龍, 1933 ≪앞의 책≫, p.445 등.
127) 許興植, 1984 ≪韓國金石全文≫古代篇, p.42.
128) 劉燕庭, 1976 ≪앞의 책≫, p.37.
129) 今西 龍, 1933 ≪앞의 책≫, p.445 등.
130) 今西 龍, 1933 ≪앞의 책≫, p.446.
131) 今西 文庫 소장의 북한산비 탁본을 찍은 사진에 근거하였다.
132) 劉燕庭, 1976 ≪앞의 책≫, p.37.
133) 今西 龍, 1933 ≪앞의 책≫, p.446.
葛城末治, 1978 ≪앞의 책≫, p.149.
134) 今西 龍, 1933 ≪앞의 책≫, p.446 등.
135) 今西 龍, 1933 ≪앞의 책≫, p.446.

刻자[136] 또는 刊자로 읽고 있으나[137] 刊자가 좋을 듯하다. 「25」번째 글자는 詠자[138] 또는 誌자로 읽고[139] 있으나 詠자로 읽는다.

제⑧행은 모두 34자이다. 「1」-「8」번째 글자까지는 적성비 · 마운령비와 대비시킬 때 隨, 駕, 大, 等, 喙, 居, 杝, 夫자의 복원이 가능하다.[140] 「9」 · 「10」번째 글자는 기왕의 견해처럼[141] 智자와 一자로 복원한 것에 따른다. 「14」번째의 글자는 각각 大자[142] 또는 夫자로 읽는 견해[143]가 있으나 후자가 옳다. 「21」번째 글자는 另자로 판독된다. 「22」번째 글자는 마운령비에 따르면 力자에 복원이 가능하다.[144] 「31」번째 글자는 喙자의 복원이 가능하다.

제⑨행은 모두28자이다. 「1」 · 「2」번째에는 南川軍主의 관등명이 들어가야 된다. 「8」번째 글자에는 북한산비의 자체의 인명 표기가 적성비식이므로[145] 喙자의 복원이 가능하다. 「3」-「7」번째 글자에는 직명이 들어가야 되는바, 창녕비 등을 참조할 때에 「△△(使大等)」의 복원이 가능하다.[146] 「9」 · 「10」번째에는 마운령비에 근거할 때 각각 比, 知자의 복원이 가능하다. 「19」번째 글자는 末자로 읽는 견해가 있으나,[147] 이는 상황

136) 今西 龍, 1933 ≪앞의 책≫, p.446.
137) 劉燕庭, 1976 ≪앞의 책≫, p.37.
138) 今西 龍, 1933 ≪앞의 책≫, p.446.
139) 葛城末治, 1978 ≪앞의 책≫, p.149.
140) 金昌鎬, 1983 〈新羅 中古 金石文의 人名表記(I)〉 ≪大丘史學≫22, p.23.
141) 葛城末治, 1978 ≪앞의 책≫, p.150.
142) 본 고에 인용된 김정희의 북한산비 판독문 참조.
143) 今西 龍, 1933, ≪앞의 책≫, p.446.
144) 이 부분은 김유신 장군의 할아버지인 武力智迊干의 인명 표기 일부이다.
145) 고신라 금석문의 인명 표기는 대부분이 이 방식으로 기재되어 있는 바, 이에 대해서는 金昌鎬, 1983 〈앞의 논문〉 및 金昌鎬, 1985 〈丹陽 赤城碑文의 구성〉 ≪伽倻通信≫11 · 12合, p.18. 참조.
146) 金昌鎬, 1984 〈앞의 논문〉, p.9.
147) 今西 龍, 1933 ≪앞의 책≫, p.446.
葛城末治, 1978 ≪앞의 책≫, p.149.

판단에 따른 것일 뿐임으로 따르기 어려워 여기에서는 모르는 글자로 본다. 「29」·「30」번째에도 본래부터 글자가 있었다고 본 견해도 있으나[148] 비문 자체 등으로 볼 때 따르기 어렵다.

제⑩행은 모두 34자이다. 「11」번째 글자는 夫자로 읽는다. 「12」번째 글자는 川자로 읽는 견해가 있으나[149] 무슨 글자인지 알 수가 없다. 「13」번째 글자를 指 등으로 읽는 견해가[150] 있으나 여기에서는 모르는 글자로 본다. 「29」번째 글자는 世자[151], 里자[152], 卄자[153] 등으로 읽는 견해가 있으나 여기에서는 世자로 읽는다. 「30」번째 글자를 命자로 읽는 견해와[154] 원래부터 글자가 없었던 것으로 보는 견해가[155] 있다. 여기에서는 命자로 읽는다.

제⑪행은 모두 30자 이상으로 판단되나 그 정확한 글자의 총수를 알 수가 없다. 「14」번째 글자는 巡자로 읽는 견해에[156] 따른다. 「16」번째 글자는 見자로 읽는 견해[157]도 있으나 이는 따르기 어렵다. 「22」번째 글자를 石자로 읽는 견해[158]가 있으나 여기에서는 따르지 않는다. 「28」·「29」·「30」번째 글자를 기왕의 견해[159]에 따라 각각 万, 代, 名자로 복원한다. 이상의 판독에 따라 북한산비의 전문을 제시하면 다음 쪽과 같다.

---

148) 劉燕庭, 1976 ≪앞의 책≫, p.37.
149) 今西 龍, 1933 ≪앞의 책≫, p.446.
150) 葛城末治, 1978 ≪앞의 책≫, p.149.
151) 今西 龍, 1933 ≪앞의 책≫, p.446참조. 단, ≪海東金石苑≫上에서 世자로 읽었다고 적기한 점은 잘못되었다.
152) 葛城末治, 1978 ≪앞의 책≫, p.149. 이 견해는 非里를 지명으로 보려는 상황 판단에 근거한 것으로 전혀 설득력이 없다. 金昌鎬, 1983 〈앞의 논문〉, p.28에서 이 설을 지지한 적이 있으나 철회한다.
153) 劉燕庭, 1976 ≪앞의 책≫. p.37.
154) 劉燕庭, 1976 ≪앞의 책≫, p.37.
155) 葛城末治, 1978 ≪앞의 책≫, p.149.
156) 劉燕庭, 1976 ≪앞의 책≫, p.37.
157) 葛城末治, 1978 ≪앞의 책≫, p.150.
158) 葛城末治, 1978 ≪앞의 책≫, p.150.
159) 今西 龍, 1933 ≪앞의 책≫, p.446.

(2) 비문의 내용

북한산비의 내용은 비문 자체에서 표시된 것에 따를 때 크게 4단락으로 나누어진다.[160] 제1단락은 제①행만으로 구성되며, 비문의 제목에 해당되는 부분이다. 제2단락은 제②행부터 제⑦행까지로 비문 자체의 가장 핵심적인 내용을 담고 있는 본문에 해당된다. 제 3단락은 제⑧·⑨행으로 진흥왕의 隨駕人名이 나열되어 있다. 제4단락은 제⑩·⑪행으로 북한산비 건립 이후의 미래에 관계되는 내용을 담고 있을 것으로 추측된다.

제1단락에 해당되는 제①행의 앞부분에는 비의 건립 연대에 대한 부분이 기록되어 있었으나 파실되었다. 지금까지는 북한산비의 건립 연대를 561년에서 568년 사이[161]로, 또는 568년 등[162]으로 본 견해가 있어 왔다. 마운령비·황초령비의 인명 표기를 북한산비와 비교할 때 동일인의 관등이 꼭 같기 때문에 같은 시기에 건립된 것[163]으로 보인다. 창녕비에서는 比知夫智及干과 未智大奈의 인명이 나오지 않고 있어서 북한산비 자체의 연대가 568년일 가능성이 크다. 그런데 比知夫智及干과 未智大奈의 경우 북한산비에서는 使大等이란 직명을 갖고 있다가 마운령비에서는 大等의 직명을 갖고 있어서 북한산비의 건립 연대가 568년이라도 마운령비의 건립 달인 8月 이전으로 추정하고자 한다.

제2단락은 비문 자체에 파실이 심하여 대체적인 내용도 알기가 어려

---

160) 비문 자체의 외형에 의해 단락이 나누어짐에 대해 크게 주목할 필요가 있다.

161) 李丙燾, 1976 〈眞興王의 偉業〉 ≪韓國古代史研究≫, pp.679-682.

162) 葛城末治, 1978 ≪앞의 책≫, p.151. 여기서는 비문의 南川軍主를 ≪三國史記≫ 眞興王29年條의 「冬十月廢北漢山州 置南川州」란 구절에 근거해 비의 건립 연대를 568년 10월 이후로 보았다. 이는 일찌기 나온 바 있는 추사의 견해(金正喜, 〈眞興二碑攷〉≪阮堂先生全集≫1)와 유사하다.

163) 金昌鎬, 1983 〈新羅 中古 金石文의 人名表記(I)〉 ≪大丘史學≫22, p.28참조. 단 여기에서 필자는 마운령비와 북한산비에 동일한 지명인 「非里」가 나온점에 근거해 북한산비의 연대를 568년일 가능성이 크다고 추정한 바 있으나, 철회한다.

⑪	⑩	⑨	⑧	⑦	⑥	⑤	④	③	②	①	
△	△	△	(隨)	△	(敵)	△	△	△	△	△	1
△	△	△	(駕)	△	(強)	△	△	△	△	△	2
△	△	△	(大)	△	(戰)	△	△	△	△	△	3
△	△	△	(等)	△	(爲)	△	△	△	△	△	4
△	△	(使)	(喙)	△	(國)	△	△	△	△	△	5
△	△	(大)	(居)	△	(盡)	△	△	△	△	△	6
△	△	(等)	(札)	△	(節)	△	△	△	△	△	7
△	△	(喙)	(夫)	△	(有)	△	△	△	△	△	8
△	△	△	(智)	△	(功)	△	△	△	△	眞	9
△	△	△	(一)	△	(之)	△	耀	△	△	興	10
△	夫	夫	尺	△	徒	是	德	之	言	太	11
△	△	智	干	見	可	巡	不	所	△	王	12
△	△	及	內	道	加	狩	用	用	令	及	13
巡	△	干	夫	人	(賞)	管	兵	高	甲	衆	14
守	空	未	智	△	(爵)	境	故	祀	兵	臣	15
△	幽	智	一	居	物	訪	△	△	之	等	16
△	則	大	尺	石	以	(採)	△	△	德	巡	17
△	△	奈	干	窟·	△	(民)	△	△	△	狩	18
△	△	△	沙	△	△	(心)	△	△	△	(管)	19
△	△	△	喙	△	心	(以)	△	△	年	(境)	20
刊	△	△	另	△	引	欲	強	如	△	之	21
△	△	奈	(力)	△	登	勞	建	相	△	時	22
△	劫	沙	智	刊	△	賚	文	戰	△	記	23
△	初	喙	通	石	衆	如	大	之	霸		24
歲	立	屈	干	詠	路	有	淂	時	主		25
記	所	丁	南	辞	過	忠	人	新	設		26
我	造	次	川		△	信	民	羅	△		27
万	非	奈	軍		城	精	△	太	賞		28
代	世		主		陟	誠	△	王	施		29
名	命		沙		△	(才)	△	△	△		30
(△)	△		(喙)		△	(超)	△	△	△		31
(△)	△		△		△	(察)	△	△	△		32
(△)	△		△		△	(厲)	△	△	△		33
(△)	△		△		△	(勇)	△	△	△		34

워 상당한 모험이 따르지만 가능한대로 비문의 내용을 추정해 보고자 한다. 이 단락에서 주목되는 부분은 제②행의 「……令甲兵之德… … 霸

主設△賞施……」란 구절이다. 이는 甲兵의 德에 覇主가 되었다는 뜻을 담고 있으며, 신라 중고의 병제 문제와 관련된 부분이므로 뒤에서 상세히 검토하고자 한다. 제③행의 「所用高祀……」의 부분도 북한산 비봉등에서의 祭祀와 관련된 의식을 행하였음을 알 수가 있다.[164] 냉수리비와 봉평비의 「殺牛」 의식과도 통하는 점이 있다. 제③행과 제④행의 「……相戰之時新羅太王…… 耀德不用兵故…… 强建文大得人民……」은 '相戰之時에 新羅太王은 ……했다. (新羅太王의) 德은 빛나고 兵(군사)를 사용하지 않았다. 그러므로 ……强建文大得했고, 人民이 ……했다' 로 해석된다. 제⑤행과 제⑥행의 「是巡狩管境訪採民心以欲勞賚如有忠信精誠才超察厲勇敵强戰爲國盡節有功之徒加賞爵物以……」의 부분은 마운령비와 황초령비에도 나오는 상투적인 문구로 그 대의는 '巡狩管境하여 民心을 訪採하여, 忠信하고 精誠하고 才超하고 察厲하고 勇敵하고 强戰하고 爲國盡節有功之徒에게 賞爵을 可하고자 한다' 는 뜻이다. 제⑦행의 「……見道人△居石窟……刊石詠辭」은 '道人[165](승려)을 보니 石窟에 살고 있었다. 돌을 깍아서 辭를 詠한다' 로 해석된다.

제3단락은 인명 표기 부분이다. 이에 대한 분석을 해보자.

---

164) 이 祭祀 부분은 한국고대사에 있어서 중요한 몫을 차지하고 있는바, 이에 대해서는 관계 전문가의 후고를 기다린다.

165) 道人에 대해서는 辛鍾遠, 1987 〈「道人」使用例를 통해 본 南朝佛敎와 韓日關係〉 ≪韓國史硏究≫59 참조. 황초령비와 마운령비에 나오는 두명의 沙門道人인 法藏 · 慧忍이 북한산비에 나오는 道人과 동일인일 가능성도 있는 듯하다.
1992년 8월 20일 북한산 비봉의 현지 조사를 하였다. 지금 서 있는 비는 1972년 8월16일에 국립중앙박물관으로 이건하고 나서 세운 모조품이다. 왜 북한산의 비봉에 비를 진흥왕이 세웠을까 하는 의문을 갖고서 현지에 가 본 결과 한강 유역이 잘 내려다 보이는 지역이고 북쪽 지역을 잘 볼 수가 없었다. 곧 북한산비는 한강 유역의 확보라는 자신감을 갖고 세운 것으로 판단되었다. 그리고 비봉 근처에서 石窟을 찾으려고 애를 썼다. 그 결과 藥師殿을 주목하고 혼자서 현지 조사에 의의를 찾았지만 이에 대해서는 이미 선학의 구체적인 언급이 있음을 한 불교사 연구자의 교시로 알게 되었다.(李弘稙, 1959 〈僧伽寺 雜考〉≪鄕土서울≫)

먼저 「(大等喙居札夫智一)尺干」에서 大等은 직명, 喙은 출신부명, 居札夫智는 인명, 一尺干은 관등명이다.

다음 「內夫智一尺干」는 한 사람의 인명 표기이다. 직명과 출신부명은 앞 사람과 같아서 생략되었고, 內夫智는 인명, 一尺干은 관등명이다.

다음 「沙喙另(力)智迊干」에서 직명은 大等으로 생략되었고, 沙喙은 출신부명, 另力智는 인명, 迊干은 관등명이다.

다음 「南川軍主沙喙△△△△△」가 한 사람의 인명 표기이다. 南川軍主는 직명, 沙喙은 출신부명, △△△는 인명, △△는 관등명이다.

다음은 「△△△△△△△△夫智及干」를 분석할 차례이다. 이 인명 자체에는 직명이 포함되지 않는 것으로 해석하면 두 사람의 인명 표기가 된다. 앞의 사람은 △는 출신부명, △△△는 인명, △△는 관등명이고, 뒤의 사람은 △△夫智는 인명, 及干은 관등명이다. 이렇게 되면 未智大奈 이하의 3사람도 전부 南川軍主란 직명을 갖게 된다. 南川軍主는 6사람이 되는 결과가 생기고 만다. 따라서 「△△△△△△△△夫智及干」에서 이 가운데에는 직명이 포함되어 있다고 판단된다. 이 때에 이 직명은 4사람이 모두 공통으로 갖게 된다. 그러한 직명을 6세기 新羅 金石文 자료에서 찾으면 창녕비의 使大等 밖에 없다. 그러면 「△△△△△△△△夫智及干」는 「△△(使大等)△△△夫智及干」로 복원 된다. 「△△(使大等)△△△夫智及干」에서 △△(使大等)은 직명, △는 출신부명(마운령비와 비교할 때 喙로 복원됨), △△夫智(마운령비와 비교할 때 比知夫智로 복원됨)는 인명, 及干은 관등명이다.

다음 「未智大奈」에서 직명과 부명은 앞 사람과 같아서 생략되었고, 未智는 인명, 大奈는 관등명이다.

다음 「△△△奈」에서 직명과 부명은 앞 사람과 같아서 또 생략되었고, △△△는 인명, 奈는 관등명이다.

다음 「沙喙屈丁次奈」에서 직명은 앞 사람과 동일하여 생략되었고, 沙

喙는 출신부명, 屈丁次는 인명, 奈는 관등명이다.

지금까지의 인명 분석을 알기 쉽게 제시하면 다음의 **표 1**과 같다.

표 1 北漢山碑의 隨駕人名

職名	部名	人名	官等名
(大等)	(喙)	(居柒夫智)	一尺干
〃	〃	內夫智	一尺干
〃	沙喙	另(力)智	迊干
南川軍主	沙喙	△△△	△△
△△(使大等)	(喙)	(比知)夫智	及干
〃	〃	未智	大奈
〃	〃	△△△	奈
〃	沙喙	屈丁次	奈

제4단락은 제⑩·⑪행으로 북한산비 건립 이후의 미래에 대해 적혀 있었다고 추측될 뿐 너무도 파실이 심해서 그 내용을 전혀 짐작할 수도 없다.

(3) 甲兵 문제

북한산비에 있어서 제②행의 「令甲兵之德……覇主設△賞施……」와 제④행의 「……耀德不用兵(故)……强建文大得人民……」이란 구절을 볼 때 신라 중고의 군사 제도의 관련된 중요한 자료로 보인다. 이 가운데 갑병이란 말의 뜻이 문제이다. 북한산비의 갑병이란 단어에 대해서는 지금까지 신라의 병제 연구자들이 전혀 주목한 바 없다.[166] 甲兵이란 말은 북한산비와는 관계가 없이 신라의 私兵 연구와 함께 문헌에 나오는 자료에 대해서만 검토된 적이 있다.[167] 설명의 편의를 위해 우선 관계 구절을 적기하면 다음과 같다.

166) 지금까지의 신라 병제 연구자들도 북한산비의 甲兵 존재를 전부 간과하고 있다.
167) 李基白, 1957 〈新羅 私兵考〉 ≪歷史學報≫9. 1974 ≪新羅政治社會史硏究≫에 재수록.

宰相家不絶祿 奴僮 三千人 甲兵牛馬猪稱之 畜牧海中山 須食乃射 息穀米于人 償不滿庸爲奴婢(≪新唐書≫卷220, 新羅傳)

위의 기사는 대체로 신라 하대에 관한 기록으로 인정되고 있다. 여기에 나오는 갑병에 대해서는 무장한 군대 곧 사병으로 해석한 견해와[168] 武器로 해석한 견해가 있다.[169] 奴僮 三千人, 甲兵, 牛, 馬, 猪는 宰相家인 당시 중앙의 대귀족의 재산 가운데 하나였다. 갑병을 무기로 해석한 것은 奴 三千人을 私兵으로 보기 위한 상황 판단에 따른 것으로 판단된다. 갑병 자체가 무기로만 단정할 수 없음은 다음의 사료에서도 분명하다.

其文字甲兵同於中國 選人壯健者悉入軍 烽戍邏 俱有屯管部伍(≪隋書≫卷81,新羅傳)

이 기록의 甲兵을 무기로 볼 수는 없다. ≪新唐書≫, 新羅傳에 나오는 甲兵도 무장한 군대로 해석하는 것이 오히려 더 좋을 듯하다. 더구나 북한산비에 나오는 「令甲兵之德……覇主設△賞施……」란 구절에서 甲兵은 무기라기 보다는 무장한 군대에 훨씬 가깝다고 판단된다.[170]

북한산비에 나오는 甲兵이 무장을 한 군대 곧 투구와 갑옷을 입은 군대를 가리킨다고 볼 때 이 시기의 고고학적인 연구에 중요한 의의를 지니게 된다. 지금까지 신라 · 가야 고분 가운데 동래 복천동 · 합천 옥전 · 고령 지산동 등에서 많은 양의 갑주 자료가 출토되었다.[171] 이렇게

168) 白南雲, 1933 ≪朝鮮社會經濟史≫, p.438. 이 견해에 대한 요약은 李基白, 1974 ≪앞의 책≫, p.256에 따랐다.

169) 李基白, 1974 ≪앞의 책≫, p.256.

170) 이 부분의 정확한 해석은 글자의 파실이 심해 대단히 어렵지만 '甲兵之德에 (몇년……에) 覇主가 되어 기준을 세워 (……에게) 賞을 베풀다' 로 짐작된다.

171) 宋桂鉉, 1988 〈三國時代 鐵製 甲冑의 硏究-嶺南地域 出土品을 中心으로-〉, 慶北大學校 大學院 考古人類學科 碩士學位論文 참조.

영남의 많은 지역에서 갑주 자료가 고분에서 출토되고 있지만 신라의 서울이었던 경주의 고분에서는 갑주 자료가 화려한 부장품에 비해 대단히 빈약하다[172]. 그 이유가 무엇인지에 대해 검토해 보기로 하자.

먼저 甲冑를 착장하고 싸우는 전사 집단이 따로 있었을 가능성을 상정할 수가 있다.[173] 고령 지산동 고분군, 쌍책 옥전 고분군, 동래 복천동 고분군, 함양 백천리 고분군 등에[174] 많은 갑주 자료가 출토되었다. 이들 유적 중 신라 적석목곽분에서 출토된 토기들과 친연 관계가 큰 동래 복천 고분군을 중심으로 살펴 보자, 복천동 10 · 11호분에서는 主室(11호분)과 부곽(10호분)에서 모두 갑주가 출토되었다. 10호분(부곽) 출토의 갑주는 10호분에 순장된 주피장자의 家臣 또는 家奴의 것으로 비기마용으로 원보고자는 해석하고 있다.[175] 이 논리에 따르면 부곽인 10호분 출토의 馬冑나 마구류도 순장자의 것으로 보아야 될 것이다. 그렇게 보면 주피장자는 馬冑나 마구류가 없게 되는 문제가 생긴다. 복천동 10호분 출토의 갑주, 마주, 마

172) 고고학에서는 유물 자료를 중시하기 때문에 갑주 자료로만 볼 때 가야쪽이 신라쪽 보다 우세한 전투력이 있었다고 판단할 수도 있으나, 실제로는 신라가 가야를 정복했다.

173) 이 시기의 신라 적석 목곽분 가운데 금관 등이 출토되는 대형분에서 갑주 자료가 나오지 않은 점에 근거하였다.

174) 이들 유적의 갑주 자료에 대해서는 宋桂鉉, 1988 〈앞의 논문〉참조.
최근에 들어와 脛甲을 臂甲으로 본 견해가 나오고 있다.(申敬澈, 1989 〈三韓 · 三國 · 統一新羅時代의 釜山〉 ≪釜山市史≫第一卷 p.425참조) 이 점은 복천동 11호분 출토의 예에 따를 때 그럴 가능성도 있으나 천마총 · 황남대총 · 달서 34호분 등의 예에 의할 때 재고의 여지가 있는 듯하다. 먼저 이 유물의 양쪽 옆에 붙어 있는 두개의 4각형으로 생긴 철판의 부위가 너무 좁은 점이다. 이렇게 좁아서는 팔 자체를 전부 가릴 수가 없고, 창칼을 쥐고 싸울 때 머리 위로 손을 들면 팔뚝의 밑부분은 전혀 보호할 수가 없다. 다음으로 달서 34호분의 유물 출토 상태는 교란되었을 가능성도 있다는 점이다. 그 다음으로 이 자료의 원류가 되는 안양 효민둔 진묘의 예(이 자료는 馬甲으로 보는 견해도 있음)를 볼 때 팔에 사용되었을 가능성은 거의없다. 이상과 같은 이유에서 필자는 이 유물을 脛甲으로 보고자 한다. 또 短甲을 전부 보병용으로 보는 견해(鄭澄元 · 申敬澈, 1982 ≪東萊福泉洞古墳群Ⅰ≫ p.153. 申敬澈, 1989 〈앞의 논문〉, p.414 및 p.425 등)도 재고의 여지가 있는 듯하다. 가령 덕흥리 고분의 행렬도(朝鮮畵報社 出版部, 1985 ≪高句麗壁畵古墳≫ 圖版 60)에서 馬甲과 馬冑를 착장한 말을 탄 사람은 개갑이 아니고 단갑을 입은 것으로 추정된다.

175) 鄭澄元 · 申敬澈, 1982 ≪앞의 책≫.

구류 등 모두를 주피장자의 것으로 보아야 위의 문제점이 해결된다.

복천동 11호분 출토의 금동관은 그 모양이 좀 특이하지만 신라식인 山字形系로 판단된다.[176] 경주를 포함하여 복천동, 창녕 교동, 경산 임당동·조영동, 대구 비산동, 성주 성산동 등 신라계 금동관이 고분의 주인공 신분이 문제이다.[177] 금동관이나 금관은 그 지역의 중심이 되는 고분에서 출토되고 있지만, 그 정확한 신분적인 접근은 실마리 조차도 잡지 못하고 있다.[178] 그런데 냉수리비에 나오는 「七王等」이란 구절에서 왕자가 葛文王뿐만 아니라 干支가 붙은 관등을 가고 있는 사람들까지도 가리키고 있어서 신라의 경위중 一伐干, 伊干, 迊干, 波珍干, 大阿干, 阿干, 一吉干, 沙干, 及干과 외위중 嶽干, 述干, 高干, 貴干, 撰干, 上干, 干의 관등명을 가졌던 신분은 금동관을 착장했을 가능성이 있다고 추정된다.

---

176) 복천동 11호분 출토의 금동관을 가야식으로 보기도 하지만 공반된 토기나 유물 자체의 관찰에 근거할 때 역시 신라식인 出字形系로 보는 것이 옳을 듯하다.

177) 최근에 들어와 이들 지역 가운데 일부에 대해 북부 지역의 가야 문화란 용어를 쓰면서 고고학적인 고찰(金鍾徹, 1988, 〈北部地域 伽倻 文化의 考古學的 考察- 高靈·星州·大邱를 중심으로-〉 ≪韓國古代史硏究≫1)이 나온 바 있으나 현재 한국학계의 고고학적인 연구 성과와는 다소의 거리가 있는 듯하다.

178) 신라와 가야의 금관과 금동관에 대해서는 朴普鉉에 의한 일련의 연구가 있다. (1987, 〈樹枝形立華飾冠의 系統〉 ≪嶺南考古學≫4 등)
고신라의 출자형 금관중 古式(금관총 등의 예)은 出字의 양쪽 끝부분이 벌어지는 경향이 있고, 新式(천마총 등)은 出字의 양쪽 끝부분이 똑바로 서 있는 것이 대부분이다. 이 점에 대해서는 영남대학교 박물관 양도영의 교시를 받았다.
또 금관과 신라 신분제에 접근에 대한 지금까지 연구 방법에 관한 문제에 대해서는 金昌鎬, 1991 〈慶州 皇南洞 100號墳(劍塚)의 재검토〉 ≪韓國上古史學報≫8, p.80참조.
申敬澈, 1989 〈앞의 논문〉, p.432에서는 '신라왕릉이 분명한 황남대총 남분, 금관총, 금령총에서 삼루환도대도가 매납되어 있다는 점에서도 입증되고 있기 때문이다' 라고 해서 황남대총, 금관총, 금령총을 신라의 왕릉으로 보고 있으나 이에 대한 고고학적인 근거는 전혀 제시하지 않고 있다. 가령 황남대총의 경우 북분의 夫人帶銘 端金具가 고분 부장자의 신분과 직결된다면 6세기초의 蔚州 川前里書石에 대비할 때 太王妃나 葛文王妃도 아니라고 판단된다. 최근에 발굴한 양산 금조총에서 신라의 고분 중 가장 화려한 태환이식이 나왔지만 그 고분의 크기는 대단히 적어서 신라 신분제에 대한 많은 문제점이 노정되고 있다. 금령총을 신라왕릉으로 보는 것은 현재의 고고학적인 성과와는 다소의 간격이 있는 듯하다.

그렇다면 신라의 적석목곽분중 금관이나 금동관을 부장한 유구에서 갑주 자료가 출토되어야 하지만 실제로는 그렇지가 않다.

다음으로 동래 복천동 4호분에서 소형분이었지만 토기 · 철제 무기와 함께 三角板革綴短甲이 출토되었으므로[179] 경주의 소형분에서 갑주 자료가 나올 가능성에 대해 검토해 보자. 신라의 적석목곽분 155기 가운데 30여기가 발굴 조사되어 나머지의 적석목곽분 전부를 발굴해 보아도, 갑주 자료의 출현은 지금까지의 예에 비추어 보면 기대하기가 어렵다. 그렇다면 적석목곽분보다 작은 규모의 무덤에 갑주 자료가 나올 가능성이 남게 된다. 1973년에서 1974년까지 시행된 미추왕릉 지구 정화 사업의 일환으로 이곳의 수많은 소형분이 발굴 조사되었고,[180] 1985년에 실시된 경주시 황오동과 인왕동을 지나는 월성로 일대의 하수구 공사때에도 많은 소형분들이 발굴 조사되었으나[181] 이들 석관묘나 옹관묘에서 갑주 자료의 출토가 거의 없다. 위의 두 차례에 걸친 발굴 결과에 따르면 경주의 소형분에서도 대형분인 적석목곽분과 마찬가지로 갑주 자료가 출토되지 않는다고 판단된다.

그 다음의 가능성은 신라인 가운데 특히 경주에 거주하던 원신라인은 장법에서 갑주를 부장하지 않았다고 해석하는 것이다. 4세기의 갑주가 출토된 정래동 고분의[182] 전통은 황남동 109호 3 · 4곽 황오리 54호 乙棺, 인왕동 C군 1호분, 월성로 10-1호 등 몇몇 고분에서만 잔존하고 있을뿐[183]이다. 따라서 수많은 고신라의 크고 작은 고분에서는 갑주를 부장하지 않는 장법을 갖고 있었을 가능성도 고려해야 될 듯하다.

---

179) 申敬澈 · 宋桂鉉, 1985 〈東萊 福泉洞 4號墳과 副葬遺物〉≪伽倻通信≫11 · 12合.

180) 文化財管理局 慶州史蹟管理事務所, 1975 ≪慶州地方 古墳發掘調査報告≫1.
文化財管理局 慶州史蹟管理事務所, 1980 ≪慶州地方 古墳發掘調査報告≫2.

181) 國立慶州博物館 · 慶北大學校 博物館, 1990 ≪慶州市 月城路古墳群≫.

182) 崔鍾圭, 1983 〈慶州九政洞 一帶 發掘調査〉≪博物館新聞≫131.
崔鍾圭, 1983 〈瓦質土器の検討と意義〉≪古代を考える≫34.

183) 宋桂鉉, 1988 〈앞의 논문〉, p.68.

신라의 고분에서는 아직까지 가야 지역의 여러 나라에 비해 갑주 자료가 거의 출토되지 않고 있는 점 때문에 문헌에서나 고고학에서 신라의 軍制 복원에 큰 걸림돌이 되어 왔다.[184] 고구려의 경우는 갑주의 실물 자료가 거의 없는 데에도 불구하고 안악3호분, 약수리 고분 등의 벽화에서 重裝騎兵이나 重裝步兵의 존재가 인정된다.[185] 백제의 경우도 갑주에 관한 실물 자료가 거의 없는 데에도 불구하고 최근에 들어와 이에 관한 의욕적인 견해가 나오고 있어서[186] 그 자료가 어느 정도 가시권에 들게 되었다. 또 ≪三國史記≫에 백제 近肖古王 26년(371년)에 고구려왕 斯由(故國原王)를 평양성에서 화살에 맞아 죽게 한 기록에 있는 점에서 보면 백제 군대에도 안악3호분 등의 고구려 벽화에 보이는 중장한 기병이나 보병이 있었다고 판단된다. 마찬가지 논리로 신라의 경우도 고구려나 백제와 치열한 전투를 벌리고 있었던 당시에 있어서 중장한 기병이나 보병이 없었다고 단정하기는 어렵다.[187] 이에 관한 좋은 증거가 북한산비에 나오는 갑병이란 구절이다.

북한산비가 건립된 해인 568년 당시에 있어서 중국은 위진 남북조시대이다. 이 시기의 중국은 중장기병이 전투에서 중요한 역할을 했다고 한다.[188] 중장기병이 兵農一致를 기초로 하는 府兵制의 전국적인 보급과 함께 중요한 전환을 맞는 시기는 뒷날에 唐太宗이 된 李世民이 이끌던 농민군이 隋의 중장기병을 무찔렀던 때부터이다.[189] 이 때부터는 輕裝騎兵이 전투에서 중요한 역할을 하게 된다. 7세기 후반의 신라에 있어서 통일 전쟁과 함

---

184) 이 점에 대한 정확한 해명이 고신라 병제 연구에 중요한 몫을 차지함은 두말 할 필요가 없는 듯하다.

185) 掘田啓一, 1979 〈高句麗壁畫古墳にみる武器と武裝-特に安岳3號墳と藥水里壁畫古墳を中心に-〉 ≪橿原考古學研究所論集≫4.

186) 申敬澈, 1989 〈伽倻의 武具와 馬具 -甲冑와 등자를 중심으로-〉 ≪國史館論叢≫7에서 최초로 백제의 등자와 갑주 등에 대해 의욕적인 견해가 제시되었다.

187) 최근에 昌原文化研究所에서 발굴 조사한 咸安 고분의 馬甲은 그 좋은 증거일 것이다. (洪性彬 · 金柱憲, 1993〈咸安 말갑옷(馬甲) 出土古墳 發掘調查概報〉 ≪文化財≫26)

188) 楊泓, 1986 ≪中國古兵器論叢≫增訂本, pp.94-104.

께 중국의 전투 방법과 병장기 등이 곧바로 전달되어 수많은 변화를 겪게 되는데,[190] 이것들은 크게 볼 때 이와 궤를 같이 하는 것으로 판단된다.

5-6세기의 신라에 있어서 중장의 군대가 있었다고 했을 때 그들이 전투에서 어떤 방법으로 싸웠는지가 궁금하다. 신라 · 가야 지역의 중장기병은 槍을 가지고 적진을 돌파하는 사르마티아식으로 추정한 견해가[191] 있다. 이러한 槍 문제와 관련한 고고학적인 연구가 최근에 나왔다.[192] 여기에 의하면 동래 복천동 10 · 11호분, 함양 백천리 1-3호분, 고령 지산동 45호석실, 성주 성산동 1호분, 성산동 2호분, 경주 황남동 109호 1곽, 식리총, 금령총, 호우총, 은령총 등에서 창의 끝부분에 붙는 준의 존재가 알려지고 있다. 이들 유적에서 출토된 자료를 가지고 복원한 창의 길이는 250cm, 310cm, 380cm, 412cm-425cm로 長槍을 사용하고 있으므로[193] 고신라에서 중장기병이나 중장보병의 존재 가능성을 신중히 검토해야 되지 않을까 하는 의문을 제시해 두고자 한다.[194]

지금까지 북한산비에 대해서 살펴 본 내용을 간단히 요약하여 제시하면 다음과 같다.

먼저 북한산비를 선학들의 판독을 중심으로 고탁본과 현지 조사를 통

---

189) 小林謙一, 1990 〈步兵と騎兵〉 ≪古代史復元≫7. -古墳時代の工藝-, p.151.

190) 7세기 후반의 신라 병제의 수많은 변화에 대해서는 이미 李文基, 1991 ≪新羅中古期軍事組織 硏究≫, 慶北大學校 大學院 史學科 文學博士學位請求論文에도 몇군데 산견되는 바, 그 이유에 대한 해명은 없다. 7세기 전반 수 · 당의 고구려 침입, 7세기 후반의 삼국 통일 전쟁 등의 이유뿐만이 아니라 중국 자체에서 이미 변화되어 시행된 병제의 변화와도 밀접한 관련이 있었을 것이다.

191) 門田誠一, 1988 〈古代伽倻の戰士〉 ≪考古學と技術≫ -同志社大學 考古學シリーズⅣ-, p.513.
穴澤和光, 1990 〈古墳文化と鮮卑文化〉 ≪季刊 考古學≫33, pp.30-33.
穴澤和光, 1991 〈五胡十六國の考古學(下)〉 ≪古代學評論≫2, p.88.

192) 崔鍾圭, 1988 〈鐏考〉≪古代硏究≫1,
門田誠一, 1988 〈앞의 논문〉.

193) 崔鍾圭, 1988 〈앞의 논문〉, pp.97-101.

194) 신라 병제에 있어서 ≪書經≫, 牧誓序에 나오는 「武王戎車三百兩 虎賁三百人」의 虎賁과 같은 최선봉의 돌격대는 5세기경에 철제갑옷이나 목제갑옷 등으로 중무장 했을 가능성이 크다.

해 판독문을 조사하고, 황초령비와 마운령비와의 비교 검토로 새로 전체적인 모습을 복원하였다. 곧 비문은 모두 11행이고, 제①행은 23자, 제②·③·④·⑤·⑥행은 각각 34자, 제⑦행은 26자, 제⑧행은 34자, 제⑨행은 28자, 제⑩행은 34자, 제⑪행은 30자 또는 34자로 전체 총글자수는 345자 내지 349자이다.

다음으로 북한산비의 내용에 대해 검토하였다. 비문 자체의 표시된 외형에 따를 때 북한산비는 크게 4단락으로 나누어진다. 제1단락은 제①행만으로 구성되며, 비문의 제목에 해당되는 부분이다. 제2단락은 제②행부터 제⑦행까지로 비문 자체의 가장 핵심적인 내용을 담고 있는 부분으로 「甲兵」·「覇主」·「所用高祀」·「不用兵」·「道人」 등의 내용이 나와 그 대체적인 뜻을 짐작할 수가 있다. 제3단락은 제⑧·⑨행으로 진흥왕의 隨駕人名이 나열되어 있다. 제4단락은 제⑩·⑪행으로 북한산비 건립 이후의 미래에 관계되는 내용을 담고 있는 것으로 추측될 뿐이다.

그 다음으로 갑병 문제에 대해 살펴 보았다. 북한산비에 있어서 제②행의 「令甲兵之德……覇主設△賞施……」와 제④행의 「……耀德不用(故)……强建文大得人民……」이란 구절로 볼 때 고신라의 병제와 관련된 중요한 자료로 추정된다. 여기에 나오는 갑병이란 구절을 문헌 자료와 고고학적인 자료 등을 통해 5-6세기 신라에 있어서 중장한 기병이나 보병이 실제로 존재하지 않았을까하는 의문을 제기하였다.

2) 磨雲嶺眞興王巡狩碑

磨雲嶺眞興王巡狩碑(이하 마운령비라 칭함)는 원래 咸鏡南道 利原郡 東面 寺洞에 소재한 萬德山 福興寺의 뒤에 솟아있는 雲施山(雲霧山)의 산꼭대기에 세워졌다고 전해진다. 현재에는 咸興歷史博物館에 옮겨져서 보존되고 있다. 마운령비에 대한 최초의 기록은 17세기 전반 韓百謙

이 지은 ≪東國地理志≫에 「新羅眞興王……咸興黃草嶺及端川 亦有巡狩碑 則東沃沮亦有時爲新羅所奪有矣」라고 언급되어 있다. 이와 같은 소개에도 불구하고 마운령비는 현지 조사가 실시되지 않고서 이 비의 존재 자체에 대한 의문이 계속 제기되어 왔다.[195]

1929년 崔南善에 의해 비가 조사되어 그 다음해에 이 비의 전문이 소개되고 널리 알려지게 되었다.[196] 그 뒤에 이 비에 대해서는 몇가지 연구 성과가 나왔다.[197] 최근에 들어와 직명을 중심으로 비문의 전체적인 내용에 대한 연구 성과가 나왔고,[198] 발견당시인 1929년에 촬영된 사진 자료가 공개되었다.[199]

여기에서는 먼저 마운령비의 판독을 이체 문자를 중심으로 살펴 보고, 다음으로 인명의 분석을 하겠고, 그 다음으로 이 비와 내용이 비슷한 황초령비의 인명을 분석해 보고자 한다.

(1) 비문의 판독

陽面부터 문제가 되는 글자만을 설명하기로 하자.

제①행에서 「11」번째 글자는廾으로 판독해 왔으나[200] 이 글자에 해당

---

195) 申景濬·金正喜 등 많은 조선 후기 학자들이 이 비에 대해 언급하고 있다. (崔南善, 1930 〈新羅眞興王の在來三碑と新出現の磨雲嶺碑〉 ≪靑丘學叢≫2 참조)

196) 崔南善, 1930 〈앞의 논문〉.

197) 前間恭作, 1931 〈眞興碑につきて －靑丘學叢第二號崔南善氏眞興王碑論文につき同氏に寄せたる書翰－〉 ≪東洋學報≫19－2.
末松保和,1930 〈咸南萬德山に發見せられた新羅眞興王の戊子巡狩碑〉 ≪朝鮮≫176.
姜萬吉, 1955 〈眞興王碑의 隨駕臣名硏究〉 ≪史叢≫1.
강철종, 1979 〈磨雲嶺眞興王巡狩碑의 發見經緯에 대한 一管見〉 ≪全北史學≫3.

198) 李文基, 1982 〈新羅 眞興王代의 臣僚組織에 대한 一考察〉 ≪大丘史學≫20·21合.
李道學, 1992 〈磨雲嶺 眞興王巡狩碑의 近侍隋駕人에 관한 檢討〉 ≪新羅文化≫9.
盧鏞弼, 1993 〈磨雲嶺碑의 '客' 硏究〉 ≪國史館論叢≫48.

199) 종래에 공개된 마운령비 사진은 그 선명도에 문제가 있어서 이용이 불가능했으나 盧鏞弼, 1993 〈앞의 논문〉, P.170의 사진은 탁본지가 붙은 사진으로 대단히 상태가 좋다.

200) 崔南善, 1930 〈앞의 논문〉, P.85.

되는 부분은 파실되고 없어서 이 글자는 읽을 수가 없다. 「26」번째 글자인 銘자의 경우도 확인이 불가능하나 종래의 판독에[201] 따르겠다.

제③행에서 「3」번째 글자인 風자는 凬으로 적혀 있다. 「11」번째 글자인 玄자는 𤣥으로 적혀 있다. 「19」번째 글자는 兢자로 兢으로 적혀 있다. 「25」번째 글자인 號자는 号로 적혀 있다.

제④행에서 「2」번째 글자인 修자는 脩으로 적혀 있다. 「24」번째 글자인 兢은 兢으로 적혀 있어서 競자로 읽은 예도 있다.[202]

제⑤행에서 「9」번째 글자인 恩은 恩으로 적혀 있다. 「14」번째 글자인 冥은 冥으로 적혀 있다. 「20」번째 글자인 合은 合으로 적혀 있다. 「22」번째 글자인 因은 囙으로 적혀 있다.[203]

제⑥행에 「12」번째 글자는 安자와 구분이 힘이 들지만 交자이다.

제⑦행에서 「26」번째 글자인 欲자는 欲로 적혀 있다. 앞부분인 谷자 부분은 창녕비나 임신서기석에서는 谷으로, 울주천전리서석에서는 谷, 마운령비나 황초령비에서는 只로 적혀 있다. 명활산성작성비와 남산신성비 제9비에서는 㕣로 적혀 있다.제⑧행에서는 「9」번째 글자인 才자는 𠂇로 적혀 있어서 丈자로 오해될 수도 있다.

제⑨행에서 「2」번째 글자는 확인이 불가능하나 종래대로 爵자로[204] 읽었다. 「7」번째 글자는 勞자로 읽는 견해가 있으나[205] 그 근거는 불확실하고 글자의 자획으로 보아서 종래의 效가 타당하다.

제⑩행에서 「12」번째 글자인 向자는 向으로 표기되어 있다. 「21」번째 글자인 因자는 囙로 표기되어 있다.

다음은 陰面에 적힌 글자들의 판독을 검토해 보기로 하자.

201) 崔南善, 1930 〈앞의 논문〉, P.85.

202) 李道學, 1992 〈앞의 논문〉, P.120.

203) 延嘉七年銘金銅如來立像의 명문에도 因자가 나오는데 이를 回로도 읽고 있다.

204) 崔南善, 1930 〈앞의 논문〉, P.85.

205) 韓國古代史社會硏究所, 1992 ≪譯註 韓國古代金石文(Ⅱ)≫, p.87.

제①행에서 「3」번째 글자는 陏에 가깝게 표기되어 있으나 이를 隨자로[206] 읽어 왔다. 여기에서도 隨자로 읽는다. 「19」번째 글자인 「杫」자는 보통 漆자와 같은 글자로 보고 있다. 漆자는 南山新城碑 제2비에서 柒로 나오고 있다.

제④행에서는 「3」번째 글자는 裏자로 읽어 왔다.[207] 글자의 자흔을 전혀 찾을 수가 없어서 여기에서는 모르는 글자로 본다. 「5」번째 글자는 從자로 従처럼 적혀 있다. 봉평비와 천전리서석 추명의 徙夫知葛文王의 徙자인 𢓊자와는 차이가 있다.[208]

제⑦행의 「5」번째 글자와 「20」번째 글자는 裏자와[209] 哀자로[210] 읽는 견해가 각각 있어 왔다. 永泰二年銘蠟石製壺의 哀자와[211] 新羅 敏哀大王石塔記의 哀와[212] 같이 「哀」의 이체로 표기되어 있어서 哀자로 읽는다. 「20」번째 글자는 哀의 이체로 판독된다.

제⑧행에서는 「4」·「5」번째에서 「并」자와 互자를 각각 새로 판독한 견해가 있다.[213] 이에 따르기로 한다. 「6」번째 글자는 「也」자일 가능성도 있으나 여기에서는 모르는 글자로 한다. 「13」번째 글자는 윗부분이 파실되어 있으나 悲부분이 남아 있어서 黃草嶺眞興王碑(이하 黃草嶺碑라 부름) 와 대비할 때 悲자로 읽는다.

선학들의 판독을 중심으로 지금까지의 살펴본 바를 더해 이 비의 전문을 제시하면 다음과 같다.

---

206) 崔南善, 1930 〈앞의 논문〉, P.85 등.

207) 崔南善, 1930 〈앞의 논문〉, P.85.

208) 徙자를 從자로 읽는 견해로는 武田幸男, 1993 〈蔚州書石谷における新羅·葛文王一族 −乙巳年原銘·己未年追銘の一解釋−〉 ≪東方學≫85, p.3 및 p.23 등이 있다.

209) 崔南善, 1930, 〈앞의 논문〉, P. 85 등.

210) 이 글자를 哀자로 읽는 견해는 황초령비를 통해 제기되었다.(辛澄惠, 1981 〈朝鮮最古の碑文を求めて〉≪高句麗の故地をたずねて≫, P.69 참조)

211) 朴敬源·丁元卿, 1984 〈永泰二年銘蠟石製壺〉 ≪釜山直轄市立博物館年報≫6, P.49.

212) 國立中央博物館, 1991 ≪佛舍利莊嚴≫, P.30.

213) 盧鏞弼, 1993 〈앞의 논문〉, P.171.

陰面								
⑧	⑦	⑥	⑤	④	③	②	①	
客	法	卒	部	大	未	智	于	1
五	知	波	△	舍	知	伊	時	2
十	吉	部	忠	△	大	干	隨	3
并	之	加	知	內	奈	沙	駕	4
互	哀	良	大	從	末	喙	沙	5
△	內	知	舍	人	及	部	門	6
△	△	小	占	喙	珎	另	道	7
△	△	舍	人	部	夫	力	人	8
△	△	△	喙	沒	知	智	法	9
△	△	△	部	丁	奈	迊	藏	10
△	△	本	與	次	末	干	慧	11
△	△	波	難	大	執	喙	忍	12
悲	未	部	大	舍	駕	部		13
智	名	莫	舍	沙	人	服	太	14
沙	吉	沙	藥	喙	喙	冬	等	15
干	之	知	師	部	部	智	喙	16
助	堂	吉	篤	非	万	大	部	17
人	未	之	支	尸	兮	阿	居	18
沙	客	及	次	知	大	干	朼	19
喙	哀	伐	小	大	舍	比	夫	20
部	內	斬	舍	舍	沙	知	智	21
舜	客	典	奈	翳	喙	夫	伊	22
知	五	喙	夫	人	部	知	干	23
奈	十	部	通	沙	另	及	內	24
末	外	夫	典	喙	知	干	夫	25

陽面										
⑩	⑨	⑧	⑦	⑥	⑤	④	③	②	①	
引	賞	勞	化	境	愼	不	夫	記	太	1
駕	爵	賚	不	廣	恐	脩	純	也	昌	2
日	物	如	周	獲	違	己	風		元	3
行	以	有	恩	民	乾	以	不		年	4
至	章	忠	施	土	道	安	扇		歲	5
十	勳	信	未	隣	又	百	則		次	6
月	效	精	有	國	蒙	姓	世		戊	7
二		誠	於	誓	天	然	道		子	8
日		才	是	信	恩	朕	乖		△	9
癸		超	歲	和	開	歷	眞		△	10
亥		察	次	使	示	數	亩		△	11
向		厲	戊	交	運	當	化		一	12
涉		勇	子	通	記	躬	不		日	13
是		敵	秋	府	宴	仰	敷		△	14
達		强	八	自	感	紹	則		△	15
非		戰	月	惟	神	太	耶		△	16
里		爲	巡	忖	祇	祖	爲		興	17
△		國	狩	撫	應	之	交		太	18
廣		盡	管	育	府	基	競		王	19
△		葥	境	新	合	纂	是		巡	20
因		有	訪	古	竿	承	以		狩	21
諭		功	採	黎	因	王	帝		△	22
邊		之	民	庶	斯	位	王		△	23
堺		徒	心	猶	四	兢	建		刊	24
矣		可	以	謂	方	身	号		石	25
		加	欲	道	託	自	莫		銘	26

(2) 인명의 분석

陽面에서부터 인명을 찾아보면 제①행의 「△興太王」이 있다. 이 부분은 황초령비의 관계 부분의 대비나 마운령비의 건립 연대가 568년인 점에 근거할 때 「眞興太王」으로 복원된다. 眞興太王은 신라 제24대 왕으로 재위 기간은 540-576년이다.

제④행에서 朕은 眞興太王을 가리킴을 쉽게 알 수가 있고, 그 뒤에 나오는 太祖는 文武王陵碑·興德王陵碑에 근거할 때 星漢王과 동일인이다. 이 太祖星漢王에 대해서는 ≪三國史記≫에서 閼智의 아들로 나오는 勢漢으로 보는 견해,[214] 味鄒王으로 보는 견해[215] 등이 있다.

陰面에 대한 인명 분석을 시도해 보자. 제①행에서 「沙門道人法藏」이 한 사람의 인명 표기이다. 沙門道人은 직명, 法藏은 인명이다.[216]

다음은 「慧忍」이 한 사람의 인명이나 직명인 沙門道人은 앞 사람과 같아서 생략되었다.

다음 「大等喙部居杋夫智伊干」이 한 사람의 인명 표기이다. 大等은 직명, 喙部는 부명, 居杋夫智는[217] 인명 伊干은 관등명이다.

다음 제①·②행에 걸쳐서 있는 「內夫智伊干」이 한 사람의 인명 표기이다. 직명인 大等과 출신부명인 喙部는 앞 사람과 같아서 생략되었고, 內夫智가[218] 인명, 伊干은 관등명이다.

제②행의 「沙喙部另力智迊干」이 한 사람의 인명 표기이다. 직명은 앞 사람과 같아서 생략되었고, 沙喙部는 출신부명, 另力智는[219] 인명, 迊干은 관등명이다.

---

214) 前間恭作, 1925 〈新羅王の世次と其の名につきて〉 ≪東洋學報≫15-2.

215) 金昌鎬, 1983 〈新羅 太祖星漢의 재검토〉 ≪歷史教育論集≫ 5 등.

216) 신라의 승려인 元曉에 대해 ≪諸師製作≫ 目錄에서는 興輪寺 法藏門人이라 했는데, 이 法藏과 동일인으로 보는 견해가 있다.(文暻鉉, 1990 〈元曉의 修道處에 대하여〉 ≪新羅文化祭學術發表會論文集≫11, p.155)

217) ≪三國史記≫ 卷44, 居柒夫傳의 주인공과 동일 인물이다.

218) 赤城碑에서 內禮夫智大阿干支, 北漢山碑에서 內夫智伊干으로 나오고, ≪三國史記≫, 居柒夫傳의 「奴夫波珍湌」, ≪三國史記≫ 眞平王 元年條의 「上大等弩居夫伊湌」으로 각각 나오고 있다.

219) 赤城碑에서는 「高頭林城在軍主等沙喙部武力智阿干支」로 나오고 있다. 이는 ≪三國史記≫에서는 金武力과 동일인으로 金官伽耶의 마지막 王인 仇亥王의 三子이고, 金庾信의 祖父이다.

다음 「喙部服冬智大阿干」까지가 한 사람의 인명 표기이다. 직명은 앞 사람과 같아서 생략되었고, 喙部는 출신부명, 服冬智는 인명, 大阿干은 관등명이다.

다음은 「比知夫知及干」이 한 사람의 인명 표기이다. 직명과 출신부명은 앞 사람과 같아서 생략되었고, 比知夫知는 인명, 及干은 관등명이다.

제③행에서 「未知大奈末」이 한 사람의 인명 표기이다. 직명과 출신부명은 앞 사람과 같아서 생략되었고, 未知가 인명, 大奈末은 관등명이다.

다음 「及珍夫知奈末」이 한 사람의 인명 표기이다. 직명과 출신부명은 앞 사람과 같아서 생략되었고, 及珍夫知가 인명, 奈末이 관등명이다.

다음 「執駕人喙部万兮大舍」가 한 사람의 인명 표기이다. 執駕人은 직명,[220] 喙部는 부명, 万兮은 인명, 大舍는 관등명이다.

다음 「沙喙部另知大舍」가 한 사람의 인명 표기이다. 직명인 執駕人은 앞 사람과 같아서 생략되었고, 沙喙部는 출신부명, 另知는 인명, 大舍는 관등명이다.

다음 「哀內從人喙部沒兮次大舍」가 한 사람의 인명 표기이다. 哀內從人이 직명,[221] 喙部가 출신부명, 沒兮次가 인명, 大舍가 관등명이다.

다음 「沙喙部非尸知大舍」가 한 사람의 인명 표기이다. 직명인 哀內從人은 앞 사람과 같아서 생략되었고, 沙喙部는 출신부명, 非尸知는 인명, 大舍는 관등명이다.

다음 제④ · ⑤행에서 「騶人沙喙部△忠知大舍」가 한 사람의 인명 표기이다. 騶人은 직명,[222] 沙喙部는 출신부명, △忠知는 인명, 大舍는 관등명이다.

---

220) 國王의 행차에 필요한 가마와 수레를 관장하는 것으로 보는 견해가 있다.(李文基, 1982 〈앞의 논문〉, PP.71-72)

221) 宮中의 사무와 國王의 侍從을 맡은 것으로 본 견해가 있다.(李道學, 1992 〈앞의 논문〉, P.123)

222) 車馬의 시중을 맡은 供奉乘師의 전신으로 보는 견해와(李文基, 1982 〈앞의 논문〉, P.72) 眞平王6年에 설치된 乘府의 전신격인 역할로 본 견해가 있다.(李道學, 1992 〈앞의 논문〉, P.124)

제⑤행에서 「占人喙部與難大舍」가 한 사람의 인명 표기이다. 占人은 직명,[223] 喙部는 부명, 與難은 인명, 大舍는 관등명이다.

다음 「藥師篤支次小舍」에서 藥師는 직명,[224] 출신부명은 없지만 황초령비에 근거할 때 沙喙部로 복원이 가능하고, 篤支次는 인명, 小舍는 관등명이다.

다음 제⑤ · ⑥행의 「奈夫通典本彼部加良知小舍」가 한 사람의 인명 표기이다. 奈夫通典은 직명,[225] 本彼部는 출신부명, 加良知는 인명, 小舍는 관등명이다.

다음 제⑥행에서 「△△本彼部莫沙知吉之」가 한 사람의 인명 표기이다. △△는 직명, 本彼部는 출신부명, 莫沙知는 인명, 吉之는 관등명이다.

제⑥ · ⑦행의 「及伐斬典喙部夫法知吉之」가 한 사람의 인명 표기이다. 及伐斬典은 직명,[226] 喙部는 출신부명, 夫法知은 인명, 吉之는 관등명이다.

제⑦행에서 「哀内△△△△△△未名吉之」가 한 사람의 인명 표기로 보고서 분석하면, 哀内△△(△)가 직명, (△)△(部)가 출신부명, (△)△未名이 인명, 吉之가 관등명이 된다. 그런데 황초령비의 이 부분은 「哀公欣平小舍△末買」로 되어 있다. 여기에서 哀자는 같고, 未와 末, 名과 買는 서로 대응이 될 수가 있다. 황초령비와의 대비 결과에 따라 마운령비의 이 부분을 복원하면 「哀内(欣平小舍)△△未名吉之」가 된다. 「哀内(欣平小舍)」가 한 사람의 인명 표기가 된다. 직명인 及伐斬典과 출신부명인 喙部는 앞 사람과 동일하여 생략되었고, 哀内(欣平)은 인명, (小舍)는 관등명이다.

다음 「△△未名吉之」가 한 사람의 인명 표기이다. 직명과 출신부명은 앞 사람과 같아서 생략되었고, △△未名이 인명, 吉之가 관등명이 된다.

---

223) 内省 소속의 供奉卜師의 전신으로 본 견해가 있다.(李文基, 1982 〈앞의 논문〉, P.72)

224) 内省 예하의 供奉醫師에 비정된다.(李文基, 1982 〈앞의 논문〉, P.72)

225) 儀式의 引導役을 맡은 引道典의 전신으로 보는 견해가 있다.(李道學, 1992 〈앞의 논문〉, P.126)

226) 구체적인 임무는 알 수가 없으나 近侍職의 하나로 추정되고 있다.

후자의 분석은 及伐斬典이란 직명을 갖는 인명의 3사람이 모두 喙部 출신인 것이 약점으로 지적된다. 여기에서는 전자를 취하여 두고자 한다.

다음 「堂來客哀內客五十外客五十并互」의 부분을 분석하는 차례이다. 이 부분은 五十이란 글자에 주목하여 분석하면 堂來客哀內客五十과 外客五十으로 나눌 수가 있다. 이 때에는 堂來客과 哀內客은 직명을 동시에 갖게 되는 경우이다.[227] 그렇지 않으면 堂來客과 哀內客 五十으로 보아서 堂來客 · 哀內客 · 外客을 동일하게 취급하는 방법이다. 이 부분의 분석은 금석문 자체에서 나온 것이라기 보다는 堂來客 · 哀內客 · 外客의 성격 규명이라는 상황 판단에서 구분되고 있는 듯하다. 최근에 새로운 자료의 공개와 함께 판독된 이 부분에는 「堂末客哀內客五十外客五十」의 윗부분에 「并互」가 붙고 있다.[228] 并互란 '아울러서 서로 (親하게 되었다)' 정도의 뜻으로 짐작되어 堂來客 · 哀內客 · 外客의 성격 규명에 상당한 도움이 되고 있다. 이들의 성격은 ≪三國志≫, 魏書, 東夷傳에 나오는 「邑君」 · 「三老」 · 「長帥」 등에 해당될 가능성도 있어서 磨雲嶺 · 黃草嶺 주변의 族長들로 판단된다.[229]

제⑧행에서 「△△△△△△悲智沙干」이 한 사람의 인명 표기이다. 沙干이란 높은 관등명을 창녕비 등의 예와 비교함과 동시에 뒤이어 나오

---

227) 이렇게 6세기 신라 금석문의 인명 표기에서 직명 2개를 동시에 갖게 되는 경우는 적성비에도 나오고 있다.

228) 盧鏞弼, 1993 〈앞의 논문〉, P.171.

229) 이 부분을 李文基, 1982 〈앞의 논문〉에서는 堂來客을 南堂과 관련된 大等 집단의 下級臣僚, 裏內客을 국왕 직속의 近侍 집단, 外客을 지방 통치와 관련된 下級臣僚로 보았다. 李道學, 1992 〈앞의 논문〉에서는 堂來客과 裏內客을 外客에 대한 內客으로 보아서 國王의 近侍 집단으로, 外客은 王宮을 제외한 政廳이나 王이 행차한 현지에서 차출한 衛兵으로 보았다.

盧鏞弼, 1993 〈앞의 논문〉에서는 신라 시대의 客은 휘하에 독자적으로 세력을 여전히 거느리고 있으면서 자신의 정치적 판단에 따라 向背를 결정하며 활동하던 인물을 지칭하는 것으로 전제하고서 堂來客은 南堂 소속의 客, 裏內客은 王宮內의 客, 外客은 地方에 있던 客으로 보았다.

는 助人이란 직명에 근거할 때 이 인명은 軍主란 직명을 가졌던 것으로 판단된다. △△(軍主)가 직명, 황초령비에 따라 복원하면 △△는 (喙部)로 복원되며, 이는 출신부명이고, 悲智는 인명, 沙干은 관등명이다.

다음 「助人沙喙部舜知奈末」이 한 사람의 인명 표기이다. 助人은 직명, 沙喙部는 출신부명, 舜知는 인명, 奈末은 관등명이다. 이상의 분석결과를 알기 쉽게 제시하면 다음의 **표 2**와 같다.

표 2 磨雲嶺碑의 인명 분석표

職名	部名	人名	官等名
沙門道人		法藏	
〃		慧 忍	
太等	喙 部	居朼夫智	伊干
〃	〃	內夫智	伊干
〃	沙喙部	另力智	迊干
〃	喙部	服冬智	大阿干
〃	〃	比知夫知	及干
〃	〃	未知	大奈末
〃	〃	及珍夫知	奈末
執駕人	喙部	万Y	大舍
〃	沙喙部	另知	大舍
哀內從人	喙部	沒Y次	大舍
〃	沙喙部	非尸知	大舍
騶人	沙喙部	△忠知	大舍
占人	喙部	与難	大舍
藥師	(沙喙 部)	篤支次	小舍
奈夫通典	本迊部	加良知	小舍
△△	本迊部	莫沙知	吉之
及伐斬典	喙部	夫法知	吉之
哀內△(△)	(△)△(部)	△未名	(吉之)
堂來客 哀內客	〕五十		
外客	五十		
△△(軍主)	(喙部)	悲智	沙干
助人	沙喙部	舜知	奈末

(3) 黃草嶺碑의 人名 분석

주지하는 바와 같이 磨雲嶺碑와 黃草嶺碑는 똑같이 陰曆으로 568년 8월 21일에 각각 마운령과 황초령에 세워졌다. 그 내용이나 隨駕人名도 비슷하다. 여기에서는 황초령비에 나오는 인명을 검토해보기 위해 황초령비의 전문부터 제시하면 다음과 같다.[230)]

⑫	⑪	⑩	⑨	⑧	⑦	⑥	⑤	④	③	②	①	
							未					5
							有	四	紹			6
						△	於	方	太	世		7
						國	是	託	祖	道		8
						盡	歲	境	之	乖	八	9
						節	次	廣	基	眞	月	10
						有	戊	獲	纂	㠯	廿	11
					△	功	子	民	承	化	一	12
				力	者	之	秋	土	王	不	日	13
				知	矣	徒	八	隣	位	敷	癸	14
				迊		可	月	國	競	則	未	15
			△	干	于	加	巡	誓	身	耶	眞	16
				喙	時	賞	狩	信	自	爲	興	17
		人	大	部	隨	爵	管	和	愼	交	太	18
	△	喙	舍	服	駕	物	境	使	恐	競	王	19
	典	部	沙	冬	沙	以	訪	交	違	△	△	20
喙	喙	與	喙	知	門	章	採	通	△	△	△	21
部	部	難	部	大	道	勳	民	府	△	帝	管	22
非	分	大	另	阿	人	効	心	△	又	王	境	23
知	知	舍	知	干	法		以	△	蒙	建	刊	24
沙	吉	藥	大	比	藏	廻	欲	△	天	号	名	25
干	之	師	舍	知	慧	駕	勞	撫	恩	莫	銘	26
助	哀	沙	哀	夫	忍	頙	△	育	開	不	記	27
人	公	喙	內	知		行	△	新	示	脩	也	28
沙	欣	部	從	及	大	△	有	古	運	己		29
喙	平	篤	人	干	等	△	忠	黎	記	以		30
部	小	兄	喙	未	喙	△	信	庶	宴	安		31
尹	舍	小	部	知	△	十	精	猶	感	百		32
知	△	△	△	△	△	四	誠	謂	神	姓		33
奈	末	奈	丁	奈	△	△	卞	道	祇	然		34
末	買	夫	次	末	夫	△	△	化	應	朕		35

제①행의 「眞興太王」·「朕」, 제③행의 「太祖」는 마운령비 부분에서 검토한 바 있다.

황초령비에서 인명이 집중적으로 나열되어 있는 부분은 제⑦행에서부터 제⑫행까지이다. 제⑦행에서 「沙門道人法藏」이 한 사람의 인명 표기이다. 沙門道人은 직명, 法藏은 인명이다.

다음 「慧忍」이 한 사람의 인명 표기이다. 沙門道人이란 직명은 앞 사람과 같아서 생략되었고, 慧忍은 인명이다.

다음 제⑦·⑧행에서 「大等喙△△△部△△△」은 마운령비와 대비할 때 「大等喙(部居札)夫(知伊干)」으로 복원된다. 大等은 직명, 喙(部)는 출신부명, (居札)夫(知)는 인명, (伊干)은 관등명이다.

제⑧행의 앞 부분중 「……力知迊干」의 앞에는 마운령비와 대비할 때 「(沙喙部另)力知迊干」으로 복원된다. 이 인명의 직명은 앞 사람과 같은 大等이나 생략되었고, (沙喙部)는 출신부명, (另)力知는 인명, 迊干은 관등명이다.

다음 「喙部服冬知大阿干」이 한 사람의 인명 표기이다. 직명은 앞 사람과 같아서 생략되었고, 喙部는 출신부명, 服冬知는 인명, 大阿干은 관등명이다.

다음 「比知夫知及干」이 한 사람의 인명 표기이다. 직명과 출신부명은 앞 사람과 같아서 생략되었고, 比知夫知는 인명, 及干은 관등명이다.

다음 「未知△奈末」이 한 사람의 인명 표기이다. 「未知△奈末」에서 △는 마운령비와 대비할 때 大자로 복원된다. 「未知(大)奈末」에서 직명과 출신부명은 앞 사람과 같아서 생략되었고, 未知는 인명, (大)奈末은 관등

---

230) 황초령비는 윗부분이 파실되고 없어서 전체의 총 글자수가 몇자인지를 마운령비와 비교로 추정할 수 밖에 없다. 제②행에의 앞에는 「夫純風不扇則」의 6자가, 제③행의 앞에는 「歷數當躬仰」의 5자가, 제④행의 앞에는 「符合竿因斯」의 5자가, 제⑤행의 앞에는 「不周恩施」의 4자가 각각 복원된다. 이들 글자와 현재에 비문에 남아있는 글자를 더하면 제②·③·④·⑤행이 모두 행당 총글자수가 35자가 된다.

명이다.

제⑨행에서 「…兮大舍」 부분은 마운령비와 대비할 때 「(執駕人喙部万)兮大舍」의복원이 가능하다. (執駕人)은 직명, (喙部)는 출신부명, (万)兮는 인명, 大舍는 관등명이다.

다음 「沙喙部另知大舍」가 한 사람의 인명 표기이다. 직명은 앞 사람과 같은 執駕人이라 생략되었고, 沙喙部는 출신부명, 另知는 인명, 大舍는 관등명이다.

다음 ⑨ · ⑩행의 「哀內從人喙部△兮次△△」가 한 사람의 인명 표기이다. 이 부분은 마운령비와 대비할 때 「哀內從人喙部(沒)兮次(大舍)」로 복원된다. 哀內從人은 직명, 喙部는 출신부명, (沒)兮次는 인명, (大舍)는 관등명이다.

제⑩행에서 「…人喙部與難大舍」의 앞 부분에는 마운령비와 대비할 때 「(占)人喙部與難大舍」로 복원된다. (占)人은 직명, 喙部는 출신부명, 與難은 인명, 大舍는 관등명이다.

다음 「藥師沙喙部篤兄小△」가 한 사람의 인명 표기이다. △는 마운령비와 대비할 때 「藥師沙喙部篤兄小(舍)」로 복원된다. 藥師는 직명, 沙喙部는 출신부명, 篤兄은 인명, 小(舍)는 관등명이다.

제⑪행에서 「…典喙部分知吉之」 부분은 마운령비와 대비할 때 「(及伐斬)典喙部分知吉之」로 복원된다. (及伐斬)典은 직명, 喙部는 출신부명, 分知는 인명, 吉之는 관등명이다.

다음 「哀公欣平小舍」가 한 사람의 인명 표기이다. 직명과 출신부명은 앞 사람과 같아서 생략되었고, 哀公欣平은 인명, 小舍는 관등명이다.

다음 제⑪ · ⑫행에서 「△末買△△」가 한 사람의 인명 표기로 추정된다. 직명과 출신부명은 앞 사람과 같아서 생략되었고, △末買가 인명, △△가 관등명으로 추정된다.

제⑫행에서 「…喙部非知沙干」이 한 사람의 인명 표기이다. 이 인명의 직명은 뒤의 助人과 沙干이 17관등 가운데 제8위로 높은 점에서 보면 軍主로 추정된다. 그러면 ……(軍主)가 직명, 喙部가 출신부명, 非知가 인명, 沙干이 관등명이다.

다음 「助人沙喙部尹知奈末」이 한 사람의 인명 표기이다. 助人은 직명, 沙喙部는 출신부명, 尹知는 인명, 奈末은 관등명이다.

지금까지 분석해 온 황초령비의 인명 분석을 제시하면 다음의 **표 3**과 같다.

표 3 黃草嶺碑의 인명 분석표

職名	部名	人名	官等名
沙門道人		法藏	
〃		慧忍	
大等	喙(部)	(居杝)夫 知	(伊干)
……	……	……	……
(〃)	(沙喙部)	(另)力知	迊干
〃	喙部	服冬知	大阿干
〃	〃	比知夫知	及干
〃	〃	未知	(大)奈末
……	……	……	……
(執駕人)	(喙部)	(万)兮	大舍
〃	沙喙部	另知	大舍
哀內從人	喙部	(沒)兮次	(大舍)
……	……	……	……
(占)人	喙部	與難	大舍
藥師	沙喙部	篤兄	小(舍)
……	……	……	……
(及伐斬)典	喙部	分 知	吉之
〃	〃	哀公欣平	小舍
〃	〃	△末買	△△
……	……	……	……
……(軍主)	喙部	非知	沙干
助人	沙喙部	尹知	奈末

3
力役 관련 金石文

1) 永川菁堤碑 丙辰銘

永川菁堤碑는 1968년 12월 新羅三山學術調査團에 의해 발견된 뒤, 학계에 소개되었다.[231] 보통 청제비라고 부르지만, 이 비의 양면에는 모두 글자가 새겨져 있으며, 그 양쪽의 비문은 각기 다른 시대의 것이다. 곧 하나는 丙辰年이란 年干支가 적혀 있는 것이고, 다른 하나는 貞元十四年이란 절대 연대가 적혀 있는 것이다. 전자가 청제를 처음으로 축제한 기념으로 새긴 築堤記라고 한다면, 후자는 청제의 파손을 새로 수리한 기념으로 새긴 修治記인 것이다.[232]

후자에 대해서는 따로 언급한 바 있다.[233] 여기에서는 전자에 대해 명

231) 芮庸海, 1968 〈新羅兩面碑〉 ≪한국일보≫, 12월 31일자.
鄭永鎬, 1969 〈永川菁堤碑의 考察〉≪考古美術≫102.
李基白, 1969 〈永川菁堤碑貞元銘의 考察〉 ≪考古美術≫102. 1974 ≪新羅政治社會史研究≫ 재수록.
盧在環 · 朴洪培, 1969 〈永川菁堤碑에 대한 小考〉 ≪매일신문≫, 9월 17일자와 9월 19일자.

232) 李基白, 1974 ≪앞의 책≫, p.281.

문의 판독과인명 분석에 근거하여 그 건립 연대 문제를 중심으로 평소의 몇가지 소견을 밝혀 보고자 한다.

(1) 비문의 판독

우선 설명의 편의를 위해 선학자들의 판독을 중심으로 본비의 전문을 제시하면 아래와 같다[234].

⑩	⑨	⑧	⑦	⑥	⑤	④	③	②	①	
衆	使	△	尺	尺	使	七	廣	塢	丙	1
杺	伊	人	支	次	人	千		△	辰	2
利	△	次	小	鄌	喙	人	二	六	年	3
只	只	弥	烏	小	△	△	淂	十	二	4
尸	尒	尒	未	舍	尺	二	高	一	月	5
△	巴	利	苐	苐	利	百	八	淂	八	6
利	伊	乃	小	述	智	八	得	鄧	日	7
干	卽	利	烏	利	大	十	上	九	△	8
支	刀	内	一	大	舍	方	三	十	△	9
徙		丁	支	烏	苐		淂	二	△	10
尒		丁		苐			作	淂	大	11
利							人			12

제①행은 모두 11자이다. 「9」번째 글자를 「邑」자로 판독해, 「△邑」을 지명으로 보아 제①·②행의 이 부분을 「△邑에 △(축조된) 大塢는……」으로 해석한 견해도 있다.[235] 또 신라 중고의 금석문에서 邑자로

233) 金昌鎬, 1983 〈永川菁堤碑 貞元十四年銘의 再檢討〉 ≪韓國史硏究≫43.

234) 李基白, 1970 〈永川菁堤碑의 丙辰銘〉 ≪考古美術≫ 106 · 107合.
石上英一, 1974 〈古代における日本の稅制と新羅の稅制〉 ≪古代朝鮮と日本≫
吳星, 1978 〈永川菁堤碑 丙辰銘에 대한 再檢討〉 ≪歷史學報≫79.
田中俊明, 1983 〈新羅の金石文 −永川菁堤碑 · 丙辰銘−〉 ≪韓國文化≫5−3.
이 판독문은 〈표 3〉의 비판과 새로운 금석문 자료의 발견으로 다시 작성하였다. 이 부분에 대해서는 뒤에서 언급하겠다.

끝나는 다른 지명의 예가 없으며, 중고의 비명은 村자 또는 城자로 끝나고 있어서 여기에서는 이 「9」번째 글자를 모르는 글자로 본다. 제①행의 마지막 글자인 「大」자와 제②행의 첫글자인 「塢」자를 합치면 大塢로 연결된다. 이 부분의 「△△△大塢」는 貞元十四年銘에 나오는 菁堤의 처음 이름일 가능성도 있을 것이다.[236)]

제②행의 전체 글자수가 11자인지 12자인지가 문제된다.[237)] 제②행의 3-5번째 글자를 六十一로 판독한 것은[238)] 타당하다. 제②행에서 「12」번째 글자를 「沢」자로 추독한 견해와[239)] 「尺」자로 판독한 견해가 있다.[240)] 병진명에서 淂의 부분을 나타내는 鄧·高·上과 비교하면, 너비를 표시하는 廣자도 尺廣 또는 沢廣이기보다는 한 글자인 「廣」자일 가능성이 있다. 제②행의 「6」·「11」번째 글자는 제③행의 「4」·「7」·「10」번째 글자와 함께 「將」자[241)] 또는 「淂」자로[242)] 읽어 왔다. 이들 글자를 전체적으로 보면 우측 부분에서 日과 寸의 사이에 一이 있어서 「淂」자로 읽어 둔다.[243)]

제③행은 모두 12자이다. 「2」번째 글자를 「卄」, 「5」번째 글자를 「高」

---

235) 田中俊明, 1983 〈앞의 논문〉, pp.39-40.

236) 金昌鎬, 1983 〈新羅中古 金石文의 人名 表記(Ⅱ)〉 ≪歷史教育論集≫4, p.3.

237) 李基白, 1970 〈앞의 논문〉, p.28에서는 11자로, 吳星, 1978 〈앞의 논문〉, p.174에서는 12자로, 田中俊明, 1983 〈앞의 논문〉, p.39에서는 12자로, 金昌鎬, 1983 〈앞의 논문(Ⅱ)〉, p.2에서는 12자로 보고 있다. 12자설 가운데 吳星은 「6」번째 글자에 모르는 글자가 하나 더 첨가되어 있다고 하였다.

238) 吳星, 1978 〈앞의 논문〉, p.2.

239) 金昌鎬, 1983 〈앞의 논문〉, p.3.

240) 田中俊明, 1983 〈앞의 논문〉, p.39

241) 田中俊明, 1983 〈앞의 논문〉, p.39.

242) 金昌鎬, 1983 〈앞의 논문〉, p.3.

243) 李宇泰, 1984 〈韓國古代의 尺度〉 ≪泰東古典研究≫1, pp.15-16에서는 이 글자를 「㝷」자로 판독하여, 이를 ≪說文解字≫에 근거해 尋자로 보고 있다.
이는 글자 자체의 판독에 근거한 것이 아니며, 伏見沖敬編 ≪書道大字典≫과 藤原楚永編, ≪六體大字典≫ 등에서는 淂자를 六朝體로 尋이나 尋으로 쓴 예가 없다. 따라서 이 글자는 尋자로 보기 어려울 것이다.

자로 읽었다.[244] 「고」자는 高로 쓰지 않고 高로 쓰는데, 적성비 제③행, 오작비 제①행 등의 예가 있다.

제④행은 모두 9자로 판독되어 왔다. 「4」번째 글자는 「삐」자로 판독되기도 했으나,[245] 글자 자체를 자세히 보면 김에 가까운 듯도 했지만 무슨 글자인지 읽을 수 없었다. 「9」번째 글자는 方자 또는 「万」자로 읽어 왔다.[246] 여기에서는 글자 자체의 판독에 근거해 「方」자로 읽는 것에 따르겠다.

제⑤행은 전부 10자로 되어 있다. 「2」번째 글자는 人자이다. 「3」번째 글자는 우측 부분의 彔만이 판독되나, 전후 관계로 볼 때 六部名의 하나인 「喙」자로 추독할 수 있다.[247] 「4」번째 글자는 「宓」자일 가능성이 있으나[248] 여기에서는 모르는 글자로 본다. 「6」번째 글자는 「利」자로 읽었다.

제⑥행의 전체 글자수를 10자[249] 또는 11자로[250] 읽은 견해가 있어 왔다. 여기서는 11자로 본다. 「1」번째 글자는 尺자로, 「2」번째 글자는 次자로 읽었다. 「3」번째 글자는 「鄒」자로, 울주천전리서석 제②행과 적성비

---

244) 金昌鎬, 1983 〈앞의 논문〉, p.3. 「2」번째 글자는 縱으로 글자를 비교하면 너무 왼쪽으로 치우치게 되어 「十」자일 가능성도 있다.

245) 李基白, 1970 〈앞의 논문〉, p.29.

246) 李基白, 1970 〈앞의 논문〉, p.29에서는 方자 또는 万자로 읽었고, 吳星, 1978 〈앞의논문〉, p.174에서는 方자로, 田中俊明, 1983 〈앞의 논문〉, p.39에는 万자로 읽었다.
이 글자를 方자로 읽어 「二百八十方」을 노동력 동원 단위로 본 것(吳星,1978 〈앞의 논문〉, p.177)은 재고의 여지가 있다. (金昌鎬, 1985 〈丹陽 赤城碑文의 구성〉≪伽倻通信≫11 · 12, p.23 참조) 나아가서 오작비의 「312人 功夫」를 道尺 11명이 각기 나누어 통솔하였다고 보아서 道尺 1人이 약 28명의 인부를 거느렸다고 추정한 견해(權悳永, 1985 〈新羅外位制의 成立과 그 機能〉≪韓國史研究≫50 · 51, p.99)도 보다 확실한 증거가 더 보충되어야 할 것이다.

247) 吳星, 1978 〈앞의 논문〉, p.178에서는 喙자로 읽었다.

248) 金昌鎬, 1983 〈앞의 논문〉, p.2에서는 灾자로 본 적이 있다.

249) 李基白, 1970 〈앞의 논문〉, p.28.
石上英一, 1974 〈앞의 논문〉, p.234.
吳星, 1978 〈앞의 논문〉, p.174.

250) 金昌鎬, 1983 〈앞의 논문〉, p.2.
田中俊明, 1983 〈앞의 논문〉, p.39.

제⑤ · ⑨ · ⑪행 등의 예가 있다.

제⑦행의 전체 글자수를 10자로 보는 견해와[251] 11자로 읽는 견해가[252] 있어 왔다. 여기에서는 후술한 바와 같이 판독을 근거로 전체 글자수를 10자로 본다. 「2」번째 글자를 「父」자로 읽기도 했으나[253] 「支」자로 보는 것이 옳을 것 같다. 「6」번째 글자를 弥丁의 두 글자로 본 견해도 있으나[254] 글자 자체에 근거하면 「苐」자일 것이다.

제⑧행은 모두 11자로 되어 있다. 「1」번째 글자를 「春」자로 판독한 견해가 있다.[255] 이렇게 볼 경우, 원비문에서 제⑦행의 「尺」자, 제⑨행의 「使」자 등 각행의 첫 글자는 모두 가지런한데 오직 제⑧행의 첫글자만이 약간 낮게 된다. 이 글자를 자세히 관찰해 보면, 초두밑 (艹)에 삼수(氵)와 두이(二)가 나란히 있고, 그 밑에 다시 날일(日)이 있는 것 같으나 무슨 글자인지는 알 수가 없다. 「4」번째 글자는 「作」자로 읽는 견해와[256] 「弥」자로 판독한 견해가[257] 있어 왔는데, 여기서는 「弥」자로 읽는다. 「9」번째 글자는 「内」자로 읽었다. 「11」번째 글자는 乎자로 읽는 것보다[258] 「丁」자로 읽는 것이[259] 타당할 것 같다.

제⑨행은 모두 9자로 되어 있다. 이들 글자는 잘 보여 판독상 다른 이견이 없는 부분이다.

---

251) 李基白, 1970 〈앞의 논문〉, p.28.
石上英一, 1974 〈앞의 논문〉, p.234.
吳星, 1978 〈앞의 논문〉, p.174.
金昌鎬, 1983 〈앞의 논문〉, p.2.

252) 田中俊明, 1983 〈앞의 논문〉, p.39.

253) 金昌鎬, 1983 〈앞의 논문〉, p.2.

254) 田中俊明, 1983 〈앞의 논문〉, p.39.

255) 田中俊明, 1983 〈앞의 논문〉, p.39.

256) 鄭永鎬, 1969 〈앞의 논문〉, p.3.

257) 田中俊明, 1983 〈앞의 논문〉, p.39.

258) 金昌鎬, 1983 〈앞의 논문〉, p.2.

259) 田中俊明, 1983 〈앞의 논문〉, p.39.

제⑩행은 모두 12자로 되어 있다. 「2」번째 글자는 「社」자로 읽어 왔으나[260] 여기서는 「礼」자로 본다. 중고 금석문에서 「礼」자의 예로는 울주 천전리서석 추명 제⑪행, 적성비 제③ · ⑫행, 남산신성비(제1비) 제⑧행 등을 들 수 있다. 「3」번째 글자는 「村」자로 판독되어 왔으나,[261] 이 글자의 왼쪽 부분은 분명히 「禾」자이고 오른쪽 부분의 「寸」자에는 「一」의 부분이 없다. 여기에서는 이 글자를 「利」자로 읽는다. 「4」번째 글자는 「只」자로 읽는 것이 좋을 것 같다. 「7」번째 글자는 「利」자이며, 「8」번째 글자는 「干」에 가깝게 적혀 있어서 「干」자로 보아야 될 것이다. 「10」번째 글자의 왼쪽 부분을 衣변으로 판독한 견해도 있으나[262] 亻변일 가능성이 크다. 이 글자는 후술하는 바와 같이 徙자로 읽는다.

(2) 인명의 분석

본비의 인명 부분은 제⑤행에서 제⑩행까지이다. 이 부분을 원보고자는 다음의 **표 1**과[263] 같이 인명 분석을 하였다.

표 1

職任	人名	官等
使△△△尺	△△	大舍第
	△△	小舍第
	述利	大烏第
△△	未△	小烏
	一支	小烏
△人△△	尓利乃利	△丁△
使△人	只珎巴伊	卽刀
衆△村	△尓利	只△△干支

260) 吳星, 1978 〈앞의 논문〉, p.174.
田中俊明, 1983 〈앞의 논문〉, p.39.

261) 李基白, 1970 〈앞의 논문〉, p.28.

262) 田中俊明, 1983 〈앞의 논문〉, p.39.

263) 李基白, 1970 〈앞의 논문〉, p.29.

표 1에 있어서 제③행의 「八」자와 「三」자는 지금까지의 인명 분석 자체에 있어 대단히 중요한 역할을 하였던 것 같다. 표 1의 전체 인명수가 8명이며, 관등에 「第」자가 붙는 인명의 수가 3명이기 때문이다. 또 여기에서는 「只珍巴伊」에서 「巴」자가 福 · 卜 · 伏 등과 함께 童의 뜻을 가지고 있으며, 흔히 인명의 끝에 붙었다는 견해에[264] 근거해 只珍巴伊를 인명으로 보아 '기돌복이'로 읽었다.[265] 그런데 중고 금석문에서는 伊자로 끝나는 다른 인명의 예가 없으며, 只珍巴伊 자체에서도 「巴」자가 인명의 끝자가 아닌 점이 문제점으로 지적될 수 있을 것이다.

표 1의 인명 분석에 따르면 「△丁△」 · 「卽刀」 · 「只△△△干支」 등의 관등명을 신라 17관등에 덧붙여서 새로 설정해야만 된다. 이러한 약점 때문에 다른 견해가 제시되었던바 표 2가[266] 그것이다.

표 2

職名	所屬	人名	官等名	
使人	△△	尺△△ △△ 述利	大舍第 小舍第 大烏第	京位 〃 〃
△△		未△ 一支	小烏 小烏	〃 〃
△人		△△尒利乃利 △丁△		
使△人		只珍巴伊 卽刀		
	衆△村	只△△△ 支△尒利	干	外位

264) 李基文, 1970 〈新羅語의 「福」(童)에 대하여〉 ≪국어국문학≫49 · 50合.

265) 李基白, 1970 〈앞의 논문〉, p.30.

266) 石上英一, 1974 〈앞의 논문〉, p.234.

표 2에서는 大舍第 · 小舍第 · 大烏第 · 小烏 · 干만을 관등명으로 보고, 표 1에서 관등명으로 본 △丁△ · 卽刀 등을 제외하였다. 그 결과 인명의 수가 11명으로 3명이나 늘어났다. 이 3명은 표 1에서는 관등명으로 보아 온 것이었다.

표 2에서도 문제점은 여전히 남아 있다. 중고 금석문에 있어서 인명은 직명 · 부명 · 인명 · 관등명의 순서로 표기된다. 「小烏未△小烏一支」로 보면, 관등명이 인명에 선행하는 특수한 예가 된다.[267] 이러한 예를 다른 중고의 금석문에서는 찾을 수 없는 것이 문제점으로 지적된다.

표 1 · 표 2에서는 제⑦행의 인명 분석 자체가 문제점을 안고 있다. 제⑦행의 첫 머리에 나오는 「尺人」이란 말은 직명으로 보인다. 그래서 제⑦행의 「尺人」을 직명, 「小烏」를 관등명, 「未第」를 인명, 「小烏」를 관등명, 「一支」를 인명으로 끊어 읽었다. 그런데 신라의 금석문에 있어서 직명이나 관등명의 경우도 인명으로 쓰인 예가 있다. 곧 창녕비의 「珍利△次公」 남산신성비의 「久匠」, 신라 화엄경사경의 「阿干」, 청제비 정원 14년명의 「上干年」 등의 예가[268] 그것이다. 이들 예에 근거하면 「尺人」을 인명으로도 볼 수 있을 것이다. 이렇게 되면, 제⑦행에서 「尺人」이 인명, 「小烏」가 관등명, 「未第」가 인명, 「小烏」가 관등명이 되어 중고 금석문의 인명 표기 순서와 일치하게 된다.

이렇게 제⑦행의 인명을 분석하여도 제일 끝부분의 「一支」란 말의 처리가 문제된다. 기왕의 견해에서는 제⑦ · ⑧ · ⑨ · ⑩행을 각각 인명 분석 단위의 근거로 삼아 표 1 · 표 2와 같이 이해하였다.[269] 사실 비문 자체

267) 이 부분의 특이함에 대해서는 李基東, 1978 〈新羅 官等制度의 成立年代 問題와 赤城碑의 發見〉 《史學志》12, p.142에서도 지적된 바 있다.

268) 金昌鎬, 1983 〈앞의 논문〉

269) 제⑦ · ⑧ · ⑨ · ⑩행을 각각 인명 분석 단위의 근거로 부적합함은 간접적으로나마 이 비의 제③ · ④행에서도 볼 수 있다. 곧 제② · ③에서 둑의 크기를 표시했으며, 「作人七千人」이란 구절을 제④행에서 시작해야 될 것이나 「作人」은 제③행의 끝에 「七千

에 있어서는 제⑦ · ⑧ · ⑨ · ⑩행의 끝나는 부분이 가지런하지 못해 그럴 가능성도 있다. 이러한 관점에서 행하여진 **표 1 · 표 2**와 같은 인명 분석은 비문 자체의 내용에 근거한 것이 아니라는 약점을 지니고 있다. 각 행을 인명 분석의 기준으로 삼을 때, 인명 관등명의 순서가 다른 인명 표기 방식과는 달라진다.

따라서 제⑦행의 「一支」는 제⑧행의 첫 부분인 「△人」과 합쳐서 직명으로 보아야 될 것이다. 이렇게 신라 중고의 금석문에서 직명이 두 행에 걸쳐서 있는 예는 남산신성비(제2비)의 「匠尺」, 적성비의 「高頭林城在軍主等」 · 「勿思伐城幢主」, 창녕비의 「比子伐軍主」 · 「碑利城軍主」 · 「下州行使大等」 · 「旨爲人」 등이 있다.

제⑧행 이하의 인명 분석은 대단히 어렵다. 출신지명과 관등명이 나오지 않아 인명 분석의 뚜렷한 기준이 없기 때문이다. 여기에서는 중고 금석문에 있어서, 지방민의 경우 인명의 어미가 夫 · 次 · 利 · 礼 · 知 · 兮 · 之로 된 예가 많은 점에[270] 근거하여 이 부분의 인명 분석을 시도해 보기로 하겠다.

제⑧행에서 앞부분의 「△人」은 직명의 일부분이다. 그 다음의 「次彌尓利乃利丙丁 兮」에서 「利」자가 인명의 어미가 된 예가 많은 점에 의해 「次彌尓利」 · 「乃利」 · 「丙丁 兮」로 끊어서 각각 인명으로 보아야 될 것이다.

제⑨행에서 첫부분의 「使伊△」에서 △자가 人자라면 직명일 가능성도 있으나 여기에서는 우선 人名으로 보아둔다. 그 다음은 「只珍巴伊」로 끊어 '기돌복이'로 풀이하고 있다.[271] 「巴」자는 福 · 伏 · 卜과 함께 「童」의 뜻이 될 수 있으나 「只珍巴伊」에서는 인명의 어미가 되지 않고 있는

人」은 제④행의 처음에 각각 나오고 있다.

270) 적성비 · 오작비 · 남산신성비 등의 지방민 인명에 의거하였다.

271) 李基白, 1970 〈앞의 논문〉, p.30.

것이 문제점으로 지적된다. 또 「伊」자로 끝난 인명의 다른 예를 중고 금석문에서는 찾을 수 없다. 제⑨행에 있어서 「巴」자와 「伊」자 사이가 다른 글자들 사이보다 조금 더 떨어져 있어서 「只珍巴」와 「伊卽刀」로 끊어서 각각 인명으로 보아 두기로 한다.[272] 「巴」자로 인명이 끝나는 예로는 적성비의 「道豆只又悅利巴」가 있다.

제⑩행의 인명 분석은 이 명문에서 가장 어려운 부분이다. 「8 · 9」번째 글자인 「干支」가 외위명일 가능성도 있기 때문이다. 이 「干支」가 외위라면 지금까지의 중고 금석문에서는 그 유례를 찾을 수 없는 한 예외적인 인명 표기가 된다. 곧 **표 2**에서와 같이 동일 직명을 가진 인명 중에서 가운데의 한 사람만이 관등명을 갖고, 앞뒤의 사람은 관등명을 갖지 못하는 특수한 예가 된다. 「干支」에 해당되는 외위명이 적성비에서는 「下干支」로 나와 있어, 干支가 외위명이라고 단정하기 어렵다. 신라 화엄경사경의 阿干 · 영천청제비 정원14년명의 上干年 등의 예로 미루어 보면 干支가 인명의 일부일 가능성도 있다. 그러나 최근의 냉수리비와 봉평비에서 干支가 외위와 경위에 공동적으로 사용됨이 분명하게 되어서 여기에서는 干支를 외위로 보고자 한다.

제⑩행의 「衆禮利只尸△利干支徙尒利」에서 앞부분의 「衆禮利」와 「只尸△利」는 인명임이 쉽게 짐작된다. 그 뒷부분인 「干支徙尒利」에서 「干支」는 외위명, 「徙尒利」는 인명이다.

최근에 들어와 새롭게 발견된 냉수리비 · 봉평비 · 명활산성작성비 등에 근거해 영천 청제비 병진명의 인명표기에 대한 새로운 견해가 나왔다.[273] 이를 알기 쉽게 제시하면 다음의 **표 3**과 같다.

제⑦행의 다섯번째 글자를 「帝(?)」자로 읽고 있으나[274] 이는 종래의

272) 金昌鎬, 1983 〈앞의 논문〉, p.4에서는 이 부분을 「只珍」 · 「巴伊」 · 「卽刀」로 끊어서 3명의 인명으로 본 바 있다.

273) 韓國古代社會硏究所編, 1992 ≪譯註 韓國古代金石文(Ⅱ)≫, p.26.

표 3

職名	部名	人名	官等名
使人	喙	夾尺𠖈智	大舍第
〃	〃	口次△	小舍第
〃	〃	述利	大烏第
〃	〃	尺支	小烏帝(?)
〃	〃	次丁	小烏一支
△人		次訢	
·		·	
·		·	
·		·	
·		·	
·		·	
·		·	
·		·	
·		尔利	干支徒

판독대로 未자가(**사진 1** 참조) 옳다.[275]

제⑩행의 열번째 글자를 徒자로 읽는 견해가 있다.[276] 이 견해에서도 이 글자 자체를 徙자의 異體인 㣙자로(**사진 2** 참조) 판독하고 있다.[277] 사실 5-6세기 신라 금석문에서 從·徒·徙자의 구분은 대단히 어렵다. 그 가운데서도 從자와 徒자의 구분은 이미 마운령비·황초령비를 통해서 확실히 알게 되었고, 徙자는 아직까지도 종종 혼란을 일으키고 있다. 지금까지 불명의 글자로 알려진 안압지 출토비의 제②행 「6」번째 글자도 徙자가 분명하다.[278]

위와 같은 비판을 참조하고 새로 현지 조사를 실시하여 다음과 같이 영천청제비 인명 분석표를 제시하면 **표 4**와 같다.

274) 韓國古代社會研究所編, 1992 ≪앞의 책≫, p.26.

275) 지금까지 모든 판독자들은 병진명의 이 글자를 未자로 읽고 있다.

276) 韓國古代社會研究所編, 1992 ≪앞의 책≫, p.27.

277) 韓國古代社會研究所編, 1992 ≪앞의 책≫, p.26.

278) 閔德植, 1992 〈新羅의 慶州 明活城碑에 관한 考察〉 ≪東方學志≫74, p.114.

사진 1　　사진 2

표 4

職名	部名	人名	官等名	備考
使人	喙	△尺△智	大舍苐	
〃	〃	△次鄒	小舍苐	
〃	〃	述利	大烏苐	
〃	〃	尺支	小烏	
〃	〃	未苐	小烏	
一支△人		次弥尒利		
〃		乃利		
〃		內丁丁		
〃		使伊△		職名일가능성도있음
〃		只尒巴		
〃		伊卽刀		
〃		衆礼利		
〃		只尸△利	干支	
〃		徙尒利		

(3) 건비 연대

이 비의 건립 연대에 대해서는 여러가지 견해가 발표되어 왔다.

원보고자는 신라에서 唐의 연호를 쓰기 시작한 것이 진덕왕 5년(651) 이란 점에 근거하여 이 비의 丙辰年을 651년 이전으로 전제하였다.[279] 또 651년보다 앞서도 536년 이전으로 올라갈 수 없다고 하면서 이 범위 안에서 丙辰年을 찾았다. 干支가 丙辰年인 해는 진평왕 18년(596)과 법흥왕 23년(536)이 있는데, 이들 가운데에서 후자로 보았다. 이렇게 보는 근거로 ≪三國史記≫, 法興王 18年조의 「春三月 命有司 修理堤防」이라고 한 것을 들고 나서, 인명의 列記에 일정한 질서가 없는 점, 경위명에 「第」자가 붙는 특이한 점, 부명이 전부에는 나타나지 않는 점 등을 부가하고 있다.

그 뒤에 신라 금석문에 나타난 관등명에 있어서의 일정한 경향을 근거로 이비의 연대를 536년으로 보충한 견해가 나왔다.[280] 그 중요한 실마리 관등명에 「第」자가 붙어 있는 점과 제⑩행의 「干支」를 앞글자와 합쳐서 「△干支」로[281] 보아 6세기 전반의 관등명(외위)으로 본 점이다. 이렇게 되어 이 비의 건립 연대를 536년으로 보는 것은 어느덧 가장 널리 받아들여지게 되었다.

최근에 이 536년설에 대한 부분적인 비판이 나왔다.[282] 그 논거는 다음과 같다.

첫째로 인명의 끝에 붙는 「知」자와 관등명의 끝에 붙는 「第」자를 동일한 성격으로 단정하기는 어렵다는 것이다. 둘째로 제⑩행의 干支란 말

---

279) 李基白, 1970 〈앞의 논문〉, p.30.

280) 武田幸男, 1977 〈金石文資料からみた新羅官位制〉 ≪江上波夫教授古稀記念論集≫ 歷史編, p.60.

281) △干支로 붙여서 관등명(외위)으로 보았지만, 냉수리비와 봉평비가 발견된 지금에 와서는 干支만을 외위명으로 보아야 된다.

282) 田中俊明, 1983 〈앞의 논문〉, p.40.

의 바로 앞글자는 「利」자임이 확실해, 이 부분을 관등명으로 보면 「干支」가 되는 바, 이러한 관등명은 지금까지 알려진 예가 없다는 것이다. 그래서 이 비의 건립 연대가 536년일 가능성이 크나 596년일 가능성도 있다고 주장하였다.

위의 지적대로 제⑩행의 「干支」를 앞글자까지 포함시켜서 관등명으로 본 것은 「干支」의 앞글자가 분명히 「利」자이고, 이 「干支」의 전후에는 관등명이 없으므로 성립되기 어려울 것이다. 인명의 끝에 붙는 「知」자를 관등명의 끝에 붙는 「第」자와 관련지우는 것도 재고의 여지가 있는 것같다.[283] 최근에 알려진 524년에 작성된 울진봉평비의 小舍帝智·小烏帝智의 帝智나 525년에 만들어진 蔚州川前里書石 原名에 나오는 大舍帝智란 관등명에서 帝智는 丙辰銘의 관등명의 끝에 붙는 「第」자와 통할 것이다. 이 점은 丙辰銘이 536년보다 아래로 내려갈 가능성을 막는 중요한 단서가 될 것이다.

이 병진명의 건립 연대를 536년이라고 단정하여도, **표 4**처럼 인명 분석이 된다면 未第小烏의 아래에 있는 지방민은 외위를 갖고 있지 않아서 이상하다. **표 4**에서 경위명을 갖고 있는 5명은 직명·부명·인명·관등명의 순서로 기재되고, 동일한 직명에 한하여 부명이 생략되는 적성비식 인명 표기이다.[284] 未第小烏 이하의 인명에는 부명과 경위명이 보이지 않는다. 오작비·남산신성비에 있어서 경위를 갖는 인명 다음에 지방민이 나와 있어서 未第小烏 아래의 인명들이 지방민임에는 의심의 여지가 없다.

그런데 **표 4**에서 보면 지방민의 경우에 외위가 없는점이 이상하다. 지방민 9명(또는 8명)에서 전부가 외위가 없다. 남산신성비 제1비에서 지방민의 뒷부분 몇 사람의 경우에 외위가 있는 예와도 차이가 있다. 이 문

---

283) 田中俊明, 1983 〈앞의 논문〉, p.40.

284) 金昌鎬, 1983 〈앞의 논문(Ⅰ)〉, pp.15-16.

제 해결의 중요한 단서가 524년 작성된 울진봉평비이다. 여기에서는 太阿干支・阿干支・一吉干支・居伐干支・太奈麻・吉之智・小烏帝智・邪足智 등의 경위와 함께 下干支・一尺・一伐・阿尺 등의 외위가 나오고 있다.[285] 봉평비보다 늦게 작성된 병진명에는 외위가 없다. 이 문제를 해결하기 위해서는 병진명의 丙辰을 한 甲子 올려서 476년으로 보는 쪽이 타당할 듯하다.

2) 明活山城作城碑

1988년 8월말 明活山城作城碑가 발견되었다. 이 작성비를 발견하여 國立慶州博物館에 신고한 사람은 慶北 慶州市 普門洞 432번지 거주의 金奎植(당60세)이다.[286] 氏가 1988년 8월 26일 자신이 재배하는 明活山城 내의 포도원에 작업을 하기 위하여 발견 장소인 慶州市 普門洞 田56번지 명활산성 성벽지를 지나다가 우연히 돌에 글씨가 새겨져 있는 것 같아 돌의 흙을 씻어 보니 글씨가 있어서, 발견 이튿날인 8월 27일, 慶州市廳에 매장문화재로 신고하게 되었다. 경주시청 문화재과에서는 신고를 받은 즉시 현장에 가서 확인한 결과 신라의 古碑임을 인식하고 慶州博物館에 옮기게 되었다.

본 작성비가 발견된 곳은 명활산성의 石城 북쪽 성벽에 해당되며, 城內에서 북쪽으로 난 작은 골짜기에서 흘러내린 물로 인하여 일부가 무너지면서 이 비와 성벽 일부가 노출된 것이다. 비석의 크기는 높이 66.8cm, 下部너비 31.0cm, 최대 두께 16.5cm이다. 형태는 長方形인데, 중간부가 오목하게 줄어들었으며, 형태를 다듬은 후 背面을 제외한 나머지 面을 약간 마연하였다. 전체적인 형태와 석질은 남산신성비 제3비

---

285) 본 고의 제Ⅲ장 1.部名의 使用時期의 〈표 2〉 참조.

286) 이 부분은 朴方龍, 1988 〈明活山城作城碑의 檢討〉 ≪美術資料≫41에서 발췌하였다.

와 비슷하며, 파실된 부분이 거의 없는 原形이다.

비문은 前面이 상부에 2.5cm의 공간을 두고, 下部에는 비석을 땅에 묻어 고정시킬 수 있게 20cm 내외로 남겨 놓았으며 그 나머지에 꽉차도록 刻字하였다. 銘文은 筆劃이 깊고 새김이 선명하며 총 14자를 새겼다. 銘文의 刻字 기법은 작고 예리한 釘으로 글자 형태를 쪼은 다음 송곳처럼 뾰족한 연장으로 2-3회 문질러 筆劃을 다듬었던 것으로 보인다. 서체는 六朝風의 隸意가 약간 있는 楷書體이며, 字徑은 일정하지 않으나 1.5-2.5cm크기가 대부분이다.

明活山城作城碑 자체에 대한 판독과 내용에 대해서는 이미 학계에 상세히 보고한 바 있다.[287] 이와 같은 연구 성과에도 불구하고 판독에 대한 몇 글자의 견해 차이와 上人에 대한 문제를 중심으로 新羅 中古 金石文에 대한 몇가지 소견을 밝혀 보고자 한다.

(1) 비문의 판독

비문 자체가 깨끗하고, 글씨가 새겨진 전면이 잘 다듬어져 있어서 글자의 판독에는 그렇게 큰 어려움이 없는 것 같다. 비문에 적힌 글자 자체에는 異體 문자가 많아서 전후 관계로 추독하지 않으면 읽을 수 없는 글자도 상당히 있다. 여기에서는 비문 자체의 탁본, 사진, 비문자체의 모형 등의 관찰을 통해[288] 문제가 되는 글자를 중심으로 판독에 대해 간단히 살펴 보기로 한다.

제①행은 모두 17자로, 판독에 있어서 원보고자와[289] 다른 이견이 전혀 없다.

---

287) 朴方龍, 1988 〈앞의 논문〉.

288) 비문의 모형은 국립경주박물관에 있는바, 1989년 1월 29일에 조사하였고, 비문 자체는 1989년 4월 10일에 조사하였다.

289) 朴方龍, 1988 〈앞의 논문〉.

제②행은 모두 19자로 되어 있다. 「1」번째 글자인 伊자는 적성비 제①·⑪행과 오작비 제⑧행의 글자와 자형이 꼭 같이 伊로 표기되어 있다.[290] 「13」번째 글자는 谷자로 판독하고 있다.[291] 이 글자 자체는 峃처럼 되어 있어서 㬚仝碑 등의 谷자와 서체상 차이가 있고, 창녕비, 울주천전리서석의 谷자가 峃으로 표기되어 있어서 여기에서는 谷글자로 본다.[292]

제③행은 모두 21자이다. 「5」번째 글자는 司馬昞墓誌 등에 보이는 休의 이체이다. 「10」번째 글자는 工자로 읽고 있다.[293] 그 근거로 앞의 「并」자와 관련시켜 匠人의 人名을 밝히지 않고, 「二人」·「三人」으로 표기할 수 없다는 점과 「二」의 둘째 획이 거의 끝부분에 작게 획을 쪼은 흔적이 있는 점[294] 등을 들고 있다. 이러한 판독은 다음과 같은 문제점이 있는 듯하다. 첫째 匠人의 人名은 「△智休波日」이라고 분명히 앞에 나오고 있다. 둘째로 「二」자에서 둘째 획의 거의 끝부분에 작게 획을 쪼은 흔적이라고 본 관찰도 따르기 어렵다. 이 글자 자체는 왼쪽은 낮게 오른쪽은 약간 높게 쓰여져 있고, 두 획 사이의 공간은 넓고 오른쪽은 좁게 되어 있다. 만약에 둘째 획의 거의 끝부분(오른쪽)에 작게 획을 쪼았다면 적어도 두 글자 사이의 공간(곧 거리)이 오른쪽도 최소한 왼쪽과 비슷하거나 넓어야 될 것이다. 셋째로 이 글자 자체를 工자로 보면 위의 并자가 온 이유가 도리어 애매하게 된다.[295] 넷째로 并二人 부분은 앞뒤에 모두 공란이 있다. 다섯째로 이 시기의 工자는 남산신성비 등에서 반드시 「工」자로 표기하고 있다. 이상을 근거로 여기에서는 이 글자를 二자로 읽는다.

---

290) 이 같은 伊자의 자형 때문에 伸자설 등이 나오고 있다.(朴方龍, 1988 〈앞의 논문〉, p.63 참조)

291) 朴方龍, 1988 〈앞의 논문〉.

292) 朴方龍, 1988 〈앞의 논문〉

293) 朴方龍, 1988 〈앞의 논문〉.

294) 필자의 원비문 관찰에 의하면 이 부분은 무시해도 좋을 것 같았다.

295) 지금까지 中古 금석문에서 并자의 예는 壬申誓記石의 「二人并誓記」가 있고, 蔚州 川前里書石 原銘의 「并遊友妹…… 」등의 예가 있다.

제④행은 모두 21자이다. 「1」번째 글자는 언뜻 보면 三자로 보이나 제④행의 「17」번째 글자 · 제⑤행의 「9」번째 글자와 비교 검토로 「五」자로 추독한 견해가[296] 타당할 것이다. 「10」번째 글자는 代자로 되어 있으나 이 시기에는 代자가 伐자의 이체이다.[297]

제⑤행은 모두 18자로, 판독에 별다른 이견이 없다.

제⑥행은 모두 16자이다. 「12」번째 글자는 他자로 읽고 있으나[298] 글자 자체는 阤이다. 「13」번째 글자는 門자로 읽는다. 「17」번째 글자는 回자로 읽고 있으나[299] 다른 글자일 가능성도 있어서 여기에서는 모르는 글자로 한다.

제⑦행은 모두 15자이다. 「9」번째 글자는 자형으로 글자를 단정하기 어려우나 衆자로 본 견해에[300] 따르겠다. 「11」번째 글자는 다소의 문제가 있으나 至자로 추독한 견해에[301] 따르겠다.

제⑧행은 모두 13자이다. 「9」번째 글자는 자형이 뚜렷하지 못하나 績자로 판독한 견해에[302] 따르겠다. 「15」번째 글자인 也자로 그 앞의 글자와의 사이에 2-3자 가량의 공란이 있는데 그 이유는 불분명하다.

제⑨행은 모두 8자이다. 「4」번째 글자는 源자로 읽고 있으나[303] 이는 須자로 창녕비와 영천청제비 정원14년명에 각각 나온다. 이 시기의 須자는 湏로 표기된다.

지금까지의 판독 결과를 근거로 이 비문의 전문을 제시하면 다음과 같다.

---

296) 朴方龍, 1988 〈앞의 논문〉.
297) 小野勝年, 1966 〈六朝の異體文字について〉 ≪書道全集≫6.
298) 朴方龍, 1988 〈앞의 논문〉.
299) 朴方龍, 1988 〈앞의 논문〉.
300) 朴方龍, 1988 〈앞의 논문〉.
301) 朴方龍, 1988 〈앞의 논문〉.
302) 朴方龍, 1988 〈앞의 논문〉.
303) 朴方龍, 1988 〈앞의 논문〉.

	1	2	3	4	5	6	7	8	9	10	11	12	13	14	15	16	17	18	19	20	21	22	23
①	辛	未	年	十	一	月	中	作	城	也	上	人	邏	頭	本	波	部						
②	伊	△	尔	利	吉	之	郡	中	上	人	烏	大	只	尔	智	支	下	干	支				
③	匠	人	比	智	休	波	日		并	二	人		抽	兮	下	干	支	徒	作	受	長	四	步
④	五	尺	一	寸		△	叱	兮	一	伐	徒	作	受	長	四	步	五	尺	一	寸	△	△	
⑤	利	波	日	徒	受	長	四	步	五	尺	一	寸		合	高	十	步	長	十				
⑥	四	步	三	尺	三	寸		此	記	者	古	阤	門	中	西	南	△						
⑦	行		其	作	石	立	記		衆	人	至		十	一	月	十	五	日					
⑧	作	始	十	二	月	廿	日	了	績	卅	五	日			也								
⑨	書	寫	人	湏	欣	利	阿	尺															

(2) 비문의 분석

비문을 내용에 따라 9개의 단락으로 나누어 제시하면 다음과 같다.

A. 辛未年十一月中作城也

B. ①. 上人邏頭本波部伊△尔利吉之

②. 郡中上人烏大谷尔智支下干支

③. 匠人比智休波日

C. 并二人

D. ①. 抽兮下干支徒作受長四步五尺一寸

②. △叱兮一伐徒作受長四步五尺一寸

③. △△利波日徒受長四步五尺一寸

E. 合高十步長十四步三尺三寸

F. 此記者古阤門中西南△行

G. 其作石立記

H. 衆人至十一月五日作始十二月廿日了績卅五日也

I. 書寫人湏欣利阿尺

먼저 제1단락(A)은 비의 작성 연대와 관련된다. 辛未年은 491년, 551

년, 611년 가운데 관등명 표기의 유형으로 보아서 551년설이 타당할 것이다.[304] 「十一月中」은 뒤의 「十一月十五日作始十二月卄日了積卅五日也」란 구절로 볼 때에 中자가 中旬이나 中氣란 뜻이 아니고[305] '……에'란 뜻의 조사임이 분명하게 되었다. 제1단락은 '辛未年(551년) 11月에 (明活山城을) 作城하였다'로 해석된다.

제2단락(B)은 3사람의 인명 표기이다.

「上人邏頭本波部伊△尔利吉之」에서 上人邏頭는 직명, 本波部는 부명, 伊△尔利는 인명, 吉之는 관등명이다.

다음 「郡中上人烏大谷尔智支下干支」에서 郡中上人은 직명, 烏大谷尔智支는 인명, 下干支는 외위명이다.

다음 「匠人比智休波日」에서 匠人은 직명, 比智休는 인명, 波日은 외위명이다.

제3단락(C)은 「并二人」이다. 여기에서 并二人의 二人은 앞의 郡中上人烏大△尔智支下干支와 匠人比智休波日을 가리킨다. 「并二人」은 당시의 力役 체제 파악에 대단히 중요한 것이다. 곧 力役 體制 자체에서는 上人邏頭의 직명을 가진 王京人보다는 郡中上人 · 匠人의 직명을 가진 地方民이 중요하다는 커다란 증거가 된다.

제4단락(D)에는 3명의 인명과 그들 집단이 받은 작수 거리가 기록되어 있다.

먼저 「抽兮下干支徒作受長四步五尺一寸」에 대해 살펴 보자. 「抽兮下干支」까지가 인명 표기이다. 여기에서 抽兮는 인명, 下干支는 외위명이다. 그 뒤에 나오는 長四步五尺一寸은 作受 거리이다. 「抽兮下干支徒作受長四步五尺一寸」은 '抽兮下干支 무리가 길이 四步五尺一寸을 作受하였다'로 해석된다.

---

304) 朴方龍, 1988 〈앞의 논문〉.

305) 金昌鎬, 1989 〈己未銘 順興 壁畵古墳의 築造年代〉 ≪釜山市立博物館年報≫11.

다음 「△叱兮一伐徒作受長四步五尺一寸」에 대해 살펴 보자. 「△叱兮一伐」까지가 인명 표기이다. △叱兮는 인명, 一伐은 외위명이다. 그 뒤에 나오는 長四步五尺一寸은 作受 거리이다. 「△叱兮一伐徒作受長四步五尺一寸」은 '△叱兮一伐 무리가 길이 四步五尺一寸을 作受하였다'로 해석된다.

다음 「△△利波日徒受長四步五尺一寸」에 대해 조사해 보자. 「△△利波日」까지가 인명 표기이다. 그 뒤에 나오는 長四步五尺一寸은 作受 거리이다. 「△△利波日徒受長四步五尺一寸」은 '△△利波日 무리가 길이 四步五尺一寸을 (作)受하였다'로 해석된다.

제5단락(E)은 「合高十步長十四步三尺三寸」이다. 이것은 위의 作受 거리의 총합을 뜻한다. 「合高十步長十四步三尺三寸」은 '合은 높이 10步이고, 길이 14步3尺3寸이다'로 해석된다.

제6단락(F)은 대단히 해석키 어려운 부분이다. 「此記者古阤門中西南△行」은 '古阤門에서 西南쪽으로 가는 곳이다'로 해석된다.

제7단락(G)은 「其作石立記」이다. 其作은 明活山城을 作城함을 뜻하는 것으로 판단된다. 「其作石立記」는 '(明活山城을) 作城함에 돌을 세워 기록한다'로 해석된다.

제8단락(H)은 「衆人至十一月五日作始十二月卄日了績卅五日也」이다. 이는 '衆人이 이르러 11월 15일에 作始하여 12월 20일에 마쳤다. 모두 35일이다'로 해석된다.

제9단락(I)은 비문 작성자의 인명 표기이다. 「書寫人須欣利阿尺」에서 書寫人은 직명, 須欣利는 인명, 阿尺은 외위이다.

(3) 몇가지 주목되는 사실

明活山城作城碑에 있어서 가장 주목되는 것은 「上人邏頭」·「郡中上人」에 나오는 「上人」이다. 上人의 정확한 성격이 규명될 수 있다면 신라 중고의 力役體制는 의외로 쉽게 풀릴 수가 있다. 지금까지 신라 중고의 力役體制 규명에는 관계 자료의 부족으로 그 정확한 실체를 파악할 수가 없었다. 이번에 발견된 明活山城作城碑는 중고의 力役體制 내지 지방제도의 규명에 한 실마리를 제공하고 있는 것 같다.

중고의 力役 문제나 지방 제도의 해명을 위해서는 上人의 성격 규명이 앞서야 될 것이다. 上人은 ≪三國史記≫ · ≪三國遺事≫ 등 문헌을 통해서는 그 실체 규명이 불가능하다. 본 작성비만으로도 上人의 성격을 밝힐 수가 없다. 여기에서는 우선 上人 문제의 해결을 위해 본 작성비의 力役體制와 유사한 남산신성비 제2비와 대비시켜 인명 분석표를 제시하면 **표 5**와 같다.

표 5 남산신성비 제1비와 명활산성작성비의 인명 대비표

남산신성비 제2비				명활산성 작성비			
職名	出身地名	人名	官等名	職名	出身地名	人名	官等名
阿兮村道使 仇利城道使 荅大支村道使	沙　喙 沙　喙 仐　喙	勿　生　次 級　　　知 所 叱 △ 知	小　舍 小　舍 大　烏	上人邏頭	本波部	伊△利	吉之
郡中上人	沙刀城 久利城	平西利之 道△利之	貴　干 撰　干	郡中上人		烏大谷尒智支	下干支
匠　尺 文　尺	沙戶城	可沙利之 美吹利之	上　干 一　伐	匠　人		上匕智休	波日
作上人 工　尺 文　尺 面捉人 △石捉人 △石捉人	阿大兮村 “ “ “ “ “	所平人 可尺利之 得毛疋之 仁尒之 自叱兮之 一安尒之	上　干 一　伐 一　尺 一　伐 一　尺 彼　日	(上　人) “ “		抽兮 △叱兮 △△利	下干支 一伐
小石捉人	“	兮利之	彼　日	書寫人		須欣利	阿尺

306) 남산신성비 제2비에 나오는 郡中上人을 郡中村主라고 읽어 왔다(朴方龍, 1988 〈앞의 논문〉, p.79 참조) 그래서 남산신성비 제1비의 郡上村主와 비교해 郡의 등급 차이냐 아니면 村主 자체의 등급 차이냐에까지 지나친 관심을 가졌다.

표 5에서 보면 南山新城碑와 明活山城作城碑는 그 역역체제에 있어서 서로 대응이 된다. 上人邏頭는 阿良邏頭와 대응되고, 郡中上人은 남산신성비와 본 작성비에서 꼭 같이 나오고,[306] 匠人은 匠尺과 같다. 본 작성비에 나오는 抽兮下干支, △叱兮一伐, △△利波日의 三人은 직명이 없으나 남산신성비와 대비시킬 때 上人임을 쉽게 유추해 낼 수가 있다. 抽兮下干支 등 三人의 직명은 남산신성비 제1비의 城使上, 제2비의 作上人, 제3비의 里作上人 등의 上人과 같음을 알 수가 있다. 이렇게 되면 上人邏頭란 직명도 이해가 가능하게 된다. 곧 上人邏頭란 上人의 邏頭란 뜻이다. 종래에는 邏頭를 남산신성비에만 근거해 道使와 같은 것이냐 아니면 幢主와 같은 것이냐에 주로 관심을 가졌다.[307]

남산신성비에는 阿良邏頭 · 古生邏頭 등이 나온다. 남산신성비에 나오는 阿良邏頭에 대해서는 阿良邏의 頭라는 견해도 있었다.[308] 본 작성비의 上人邏頭에서 上人邏의 頭란 가설이 성립될 수 없으므로 阿良邏의 頭라고 해석하는 것은 불가능하다. 邏頭를 幢主와 동일하다고 한 견해도 있다.[309] 여기에서는 창녕비에 나오는 使大等을 幢主와 道使의 범칭이라고 단정하고, 진흥왕 때의 幢主가 발전하여 진평왕 때에는 군사적인 것을 맡았고, 행정적인 것은 邏頭가 맡았다고 주장하였다. 범칭론을 가지고는 명활산성작성비의 上人邏頭를 설명 할 수가 없다. 범칭론에서 幢主와 道使의 관등이 각각 及干-大奈麻, 奈麻-小舍까지이므로 서로 교차가 없다고 주장하였다. 그런데 본 작성비의 上人邏頭는 그 관등이 吉之이므로 邏頭 자체가 가진 관등이 道使가 가진 관등 보다도 낮다. 또

307) 李鍾旭, 1974 〈南山新城碑를 통하여 본 新羅의 地方統治體制〉 ≪歷史學報≫64.
　　朱甫暾, 1979 〈新羅中古の 地方統治組織에 대하여〉 ≪韓國史研究≫23.

308) 末松保和, 1954 ≪新羅史の諸問題≫에서는 阿良邏頭를 阿良邏郡太守로 보았고, 李仁哲, 1988 <新羅 法幢軍團과 그 性格> ≪韓國史研究≫61 · 62合, p.32에서는 阿良邏頭를 阿良邏의 法幢邏頭上으로 추측하였다.

309) 朱甫暾, 1979 〈앞의 논문〉.

창녕비에 앞서는 시기에 이미 邏頭가 존재함도 알게 되었다.

여기에서 명활산성작성비에 대한 논의를 좀 더 진행시켜 보기로 하자.

명활산성작비의 제①행에 「辛未年十一月中作城也」라고 신미년 11월에 명활산성의 석성 축조가 처음으로 시작된 것으로 쉽게 해석되기도 한다. 이 부분은 제⑦·⑧행에 따르면 「十一月十五日作始十二月卄日了」라고 그 시기를 상세히 알 수가 있다. 제 ①행의 辛未年이 551년(신라 진흥왕 12년)이라는 데에는 거의 모든 학자의 견해가[310] 일치되고 있다.

다 아는 바와 같이 신라 시대 금석문에 적힌 날짜는 음력이므로 이를 양력으로 환산하여 검토해 보자. 작성비에서 음력으로 551년 11월 15일부터 12월 20일까지 35일 동안 공사를 했다고 기재되어 있다. 이를 ≪二十史朔閏表≫·≪三正綜覽≫ 등에서 찾으면 음력 11월 1일은 양력으로 551년 12월 14일, 음력 12월 1일은 양력으로 이듬해인 552년 1월 12일이 된다. 작성비의 551년 11월 15일은 양력으로 12월 28일이고, 12월 20일은 양력으로 552년 1월 31일이 된다. 그러면 명활산성작비의 작성은 양력으로 551년 12월 28일에 시작하여 이듬 해인 552년 1월 31일까지 35일간에 걸쳐 쌓은 것으로 해석된다.

명활산성을 작성하는데 있어서 양력으로 1월달의 1개월간은 1년 중 가장 추운 때이다. 이러한 혹한기 동안에 당시 신라의 수도였던 경주의 방어에 핵심적인 역할을 했던 명활산성이라는 거대한 석성을 어떻게 쌓았는가 하는 의문이 생긴다.

위의 문제 제기가 타당한지의 여부를 조사해 보기 위해 신라 금석문에 나오는 역역 동원의 시기와 관련된 구절들을 뽑아서 제시하면 다음과 같다.

---

310) 앞에 인용된 여러 견해 이외에도 閔德植, 1992 〈新羅 慶州 明活山城碑에 관한 考察 -新羅王京硏究를 위한 일환으로-〉 ≪東方學志≫47. 등이 있다.

① 丙辰年二月八日 (永川菁堤碑 丙辰銘)

① 貞元十四年戊寅四月十三日

⑤ …此如爲二月十二日元四月十三

⑥ 日以間中了… (永川菁堤碑 貞元十四年銘)

① 辛亥年二月卄六日南山新城作節如法以作… (南山新城碑)

① 戊戌年四月朔十四日…(大邱戊戌銘塢作碑)

영천청제비는 앞면에는 丙辰銘, 뒷면에는 貞元十四年銘이 새겨져 있다. 병진명의 건비 연대에 대해서는 476년설, 536년설, 596년설이 있다. 596년설은 ≪梁書≫, 新羅傳과 6세기 신라 금석문의 관등명 표기방식에 맞추어 볼 때[311] 학계에서 가장 널리 통용되고 있는 학설이고, 476년설은 앞으로 고려되어야 할 가설로[312] 판단된다. 여기에서 476년설과 536년설을 모두 취해 보기로 한다. ≪二十史朔閏表≫에서 보면 476년에 2월 8일은 양력으로 476년 3월 18일이 된다. 536년 2월 8일은 양력으로 536년 3월 15일이 된다.

貞元十四年銘에서 貞元十四年戊寅은 798년(신라 원성왕 14년) 임이 분명하다. 798년 2월 12일에서 4월 13일까지 축제를 했으므로, 이를 ≪二十史朔閏表≫에서 찾으면 양력으로 798년 3월 5일에서 5월 4일까지가 된다. 大邱戊戌銘塢作碑의 작성 연대는 578년설이 널리 통용되고 있다. 578년 4월 14일을 ≪二十史朔閏表≫에서 찾으면 양력으로 578년 5월 7

---

311) 武田幸男, 1977 〈金石文資料からみた新羅官位制〉 ≪江上波夫教授古稀紀念論集≫, 歷史篇.

312) 536년 법흥왕때 사용된 建元이란 연호가 없는 점 등도 고려되어야 할 것이다.

표 6

碑名		陽曆
永川菁堤碑	丙辰銘	476년 3월 18일 536년 3월 15일
	貞元十四年銘	798년 3월 5일~5월 4일
大邱戊戌銘塢作碑		578년 5월 7일
南山新城碑		591년 3월 26일

일이 된다. 남산신성비의 작성 연대는 학계에 대체로 591년으로 보고 있다. 591년 2월 26일을 ≪二十史朔閏表≫에서 찾으면 양력으로 591년 3월 26일이 된다.

이상의 검토 결과를 알기 쉽게 제시하면 **표 6**과 같다.

명활산성작성비의 11월 15일 부터 12월 20일까지는 양력으로 551년 12월 28일부터 552년 1월 31일인 점을 **표 6**과 비교할 때 축조시기에 있어서 너무도 큰 차이가 생기게 된다. **표 6**의 4예에서는 양력으로 3월 15일부터 5월 7일가지 축성이나 축제공사를 했음이 분명하지만 명활산성작성비에는 1년중 가장 추운 1월달에 공사를 하고 있다. 특히 산성의 축조에서 한겨울엔 눈이나 비가 올 경우에 공사 능률은 거의 기대할 수가 없다. 따라서 명활산성의 축조가 551년과 552년에 걸쳐서 약 4.5Km에 이르는 包谷式石城을 최초로 축조했다고 단정하기는 어렵다.

명활산성은 551년 이전에 전면적인 축성이 되었는데, 551년에 들어와 갑자기 석성의 벽이 무너져 古阤門 부근을 새로 수축했다고 해석한 편이 오히려 자연스럽다. 명활산성의 최초 석성 축조 시기를 알아보기 위해 관계 자료를 뽑아서 제시하면 다음과 같다.

- 四年 夏四月 倭兵來攻明活城 不克而歸 王率騎兵 要之獨山之南 再戰破之 殺獲三百餘級(≪三國史記≫卷3, 新羅本紀, 實聖尼師今 4年條)
- 十六年 ……秋七月 葺明活城(≪三國史記≫卷3, 新羅本紀, 慈悲麻立干

16年條)

• 十八年 春正月 王移居明活城(≪三國史記≫卷3, 新羅本紀, 慈悲麻立干 18年條)

• 十五年 秋七月 修築明活城(≪三國史記≫卷4, 新羅本紀, 眞興王 15年條)

• 十五年 秋七月 改築明活城 周三千步(≪三國史記≫卷4, 新羅本紀, 眞平王 15年條)

위의 기록에서 명활산성을 석성으로 만든 연대를 잡기가 어렵다. 448년의 「王移居明活城」이란 기사를 중요시할 때 이 시기보다 앞서는 시기인 5세기 초반이나 그 이후에 최초로 명활산성을 돌로 쌓았다고 보는 쪽이 타당할 것이다.

신라 금석문에 나오는 역역 체제에 대한 많은 연구 성과가 나온 바 있다. 이들 업적들은 중국 唐代 租·庸·調의 연구 성과에 비교해 볼 때 거의 초보적인 단계에 머물고 있다. 종래에는 축성비와 동일한 역역체제를 보아 왔으나 서로 구분해서 접근해야 된다는 견해들이 제시되고 있다. 위와 같은 연구 성과에도 불구하고, 접근 방법을 달리하여 受作거리 문제 등에 보다 상세히 규명되어야 할 부분이 많은 것같다.

축성에 관련된 금석문 가운데 가장 일찌기 발견된 것은 남산신성비이다. 그 뒤에 남산신성비는 계속해서 발견되어 현재에는 모두 9기가 확인되고 있다.[313)]

남산신성비에는 각 비마다 수작 거리가 명기되어 있다. 지금까지 제1비는 十一步三尺八寸, 제2비에는 七步四尺, 제3비에는 卄一步一寸, 제9비의六步 4예가 알려져 있다. 이 수작 거리의 평균을 ≪三國史記≫卷4, 新羅本紀, 眞平王 13年條의 「秋七月 南山城周二千八百五十四步」에 대

313) 朴方龍, 1988 〈南山新城碑 第八碑·第九碑에 對하여〉 ≪美術資料≫42참조. 1994년에 들어와 남산신성내에서 남산신성비 제9비가 발견되었다.

비시켜 남산신성의 축조 당시에는 200여개가 더 발견될 가능성을 주장하기도[314] 하였다.

남산신성비에서 얻은 결론과 신대리석성(속칭 관문성)에서 수작 거리가 새겨진 명문이 성벽속에 박혀 있는 바에 따르면 남산신성이나 신대리석성의 축조에 많은 집단이 꼭 같은 기간에 일시적으로 동원되었고, 성벽 축조 공사를 마치고 寸까지도 정확히 계산하여 기록하였다는 결론을 내릴 수 밖에 없다.

이와 같은 연장선상에서 명활산성작성비의 수작 거리도 해석해 왔다. 앞에서 살펴 본 것처럼 명활산성작성비는 석성을 최초로 축조할 때에 작성된 것이라기 보다는 오히려 축조되어 있었던 석성의 古陁門 근처가 무너져서 새로 축조한 것을 기록하였다고 판단된다. 그렇다면 명활산성작성비의 역역 동원만이 다른 작성비와 전혀 다른 것일까? 우선 남산신성비의 작성에 200여 집단이 동시에 동원되어 일정 기간 동안에 쌓았다고 해석한 종래의 해석이 타당한지 여부를 조사해 보자.

다 아는 바와 같이 신라의 석성에는 두 가지의 종류가 있다. 산의 8부 능선 부분을 에워쌓는 퇴뫼식 산성과 몇개의 골짜기까지 포함하여 쌓는 包谷式山城이 그것이다. 지금까지 축성비가 발견된 명활산성비 · 남산신성비 · 신대리석성 등은 모두가 包谷式이다. 포곡식산성에서는 몇 개의 골짜기를 둘러싼 산성이므로 골짜기와 산등성이를 연결한다. 이 때 골짜기에서 산등성이에 걸쳐서 산성을 축조하는데, 골짜기 부분은 낮고 산등성이 부분은 높다, 골짜기와 산등성이의 고도차이는 거리나 경사각도에 따라 다르지만 석성벽의 축조 순서에 영향을 준다.

신라 산성의 축조에서 돌은 橫平積으로 쌓는다. 골짜기에서 경사지게 산등성이로 연결시킬 때에도 횡평적으로 쌓되, 성벽은 쌓는 층층의 석

314) 李鍾旭, 1974 〈南山新城碑를 통하여 본 신라의 地方統治體制〉 ≪歷史學報≫64, p.25.

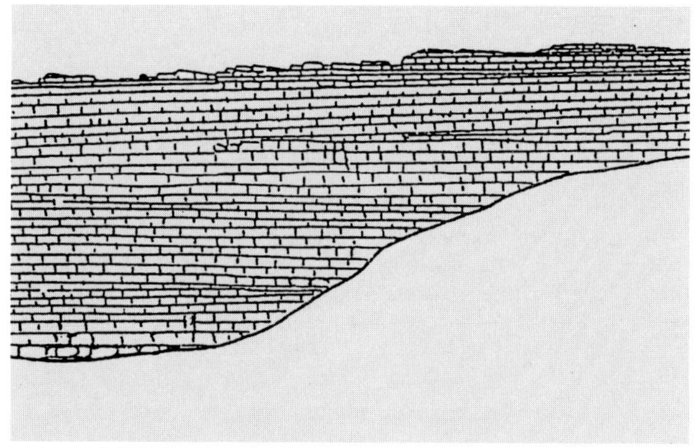

그림 4 高句麗 黃龍山城 東壁의 模式圖

렬을 경사지게 쌓을 수가 없다. 석성의 성벽 석렬은 고구려, 백제, 신라 등에서 모두 수평을 유지하며 쌓는다. 만약에 수평을 유지하며 쌓지 않은 경우에는 전체 성벽의 압력을 골짜기 부분에서만 집중적으로 받게된다. 전쟁시 골짜기 부분은 조그마한 힘을 가하는 공격에도 성벽이 무너질 가능성이 커서 방어 시설로서의 구실을 할 수가 없게 된다.(**그림 4 高句麗 黃龍山城 東壁의 模式圖**[315] 참조)

이렇게 횡평적으로 수평을 유지하면서 '돌' 성벽을 쌓을 때, 명활산성이나 남산신성은 모두 포곡식 산성이므로 골짜기와 산등성이의 경사차가 대단히 심한 곳도 많아서 한꺼번에 200여 집단이 동원되어 같은 기간에 쌓았다고 보기가 어렵다. 바꾸어 말하면 골짜기 부분의 축성을 맡은 집단이 전부 작업을 마친 뒤에야 비로소 산등성 이 부분을 맡은 집단이 겨우 일을 시작해야 할 경우가 많이 생긴다.[316]

---

315) 이는 呂南喆, 金洪圭譯, 1982, ≪高句麗の文化≫p.31 圖版二(黃龍山城의 東壁)에 근거해서 새로 그렸다.

316) 물론 남산신성이나 명활산성 등의 석성을 축조할 때에 200여 집단이 동시에 일을 시작해서 끝내는 것이 아니라 골짜기 부분부터 많은 集團들이 시작한다고 판단된다. 이렇게 석성의 축조가 한 군데에서만 시작되지 않음은 백제와 신라의 산성 조사에서도 알려지고 있다.

명활산성작성비에 高十步란 구절이 나온다. 高十步의 성벽 높이를 완성하는 데에 골짜기 부분에서 비문대로 35일이 걸렸다면 산등성이 부분에서는 35일 이상의 기일을 기다렸다가 쌓아야 된다. 이러한 점은 남산신성비에서도 마찬가지이다. 신라 축성비에 있어서 축성 자체의 맡은 위치에 따라 시간적인 차이가 고려되어야 역역 동원의 정확한 실체를 밝힐수가 있겠지만 이에 따르는 문제들은 뒷날의 과제로 삼고자 하며, 여기에서는 문제 제기만 하여 두고자 한다.

제Ⅲ장

금석문 자료로 본 六部와 地方 統治

1
部名의 使用時期

1) 出現時期

신라 금석문에 있어서 部名이 사용된 시기는 대략 520년부터 681년까지로 보아왔다.[1] ≪三國史記≫에는 다음과 같은 기록이 나온다.

> 七年春正月 頒示律令 始制百官公服 朱紫之秩 (≪三國史記≫ 卷4, 新羅本紀, 法興王七年條)

이 기록은 律令이 신라에 공포됨을 확실하게 우리에게 알려주고 있다. 율령의 구체적인 내용은 관련 사료가 없어서 추측의 단계를 벗어나지 못하고 있다. 율령의 내용 가운데 부명에 관한 부분이 기왕의 견해[2]처럼 포함되지 않았었는지 여부를 조사해보자. 위의 기록 자체에는 부명과 관계되는 꼬투리가 전혀 없다. 520년의 율령공포에 부명과 관계되는 내용이 있었는지 접근해 보자. 곧 신라의 금석문에서 부명이 520년부

1) 李文基, 1981 〈金石文 資料를 통해서 본 新羅의 六部〉 ≪歷史教育論集≫2, p.124.
2) 李文基, 1981 〈앞의 논문〉, p.106.

터 나오는지 아니면 그 이전부터 나오는 여부가 문제가 된다. 520년부터 부명이 나오게 되면 520년의 율령 공포에 부명과 관련되는 내용이 있었다는 주장은 설득력이 있게 되고, 520년 이전에 이미 부명이 사용된 금석문이 존재한다면 위의 가설은 그 설득력을 잃게 된다.

그러면 신라에서 금석문이 언제부터 출현했는지를 조사해 보자. 신라 금석문에서 6세기 전반과 후반의 구분은 금석문에 표기된 관등명의 끝에 「支」자의 존재 유무에 의존하고 있다.[3] 관등명 가운데 「……干」자로 끝나는 경우 그 다음에 「支」자가 있으면 6세기 전반, 없으면 6세기 후반으로 보아왔다. 이러한 구분법에서는 「支」자가 나오는 하한을 명확하게 밝혀 놓지 않았다. 그래서 「支」자가 사라지는 시기를 550년에서 561년 사이로 본 견해가 있다.[4] 여기에서는 안압지 출토비를 554년에 만들어진 이른바 明活(山)城碑로 보았기 때문에 「支」자의 소멸시기는 554년에서 561년사이로 더 좁아지게 된다. 이 8년 사이에 신라 관등명에 있어서 支자가 소멸된 이유는 뚜렷이 언급하지 못하고 있다. 그런데 적성비의 건립 연대를 545년으로 본 견해가 있다.[5] 545년에는 ≪三國史記≫에 의하면 거칠부가 국사를 편찬한 해이다. ≪三國史記≫ 卷4, 新羅本紀, 眞興王 6년(545) 秋 7月條에 다음과 같은 기사가 나오고 있다.

> 伊飡異斯夫奏曰 國史者 記君臣之善惡 示褒貶於萬代 不有條撰 後代何觀 王深然之 命大阿飡 居柒夫等 廣集文士 俾之修撰

---

3) 武田幸男, 1977 〈金石文資料からみた新羅官位制〉 ≪江上波夫教授古稀記念論集≫ 歷史篇, p. 68.

4) 朱甫暾, 1985 〈雁鴨池出土 碑片에 대한 一考察〉 ≪大丘史學≫27, p.8.

5) 檀國大學校 史學會 1978, ≪史學志≫12, p.51 및 p.107.
武田幸男, 1979 〈眞興王代における新羅の赤城經營〉 ≪朝鮮學報≫93, p.31.
金昌鎬, 1983 〈新羅 中古 金石文의 人名表記(Ⅰ)〉 ≪大丘史學≫22, p.30.
木村 誠, 1992 〈朝鮮における古代國家の形成〉 ≪新版古代の日本≫2, p.118.

위의 자료에 의하면 신라의 國史 편찬은 伊飡 異斯夫의 상주로 진흥왕의 재가를 얻은 후, 대아찬 거칠부 등이 중심이 되어 널리 文士들을 모아 편찬에 착수한 것을 알 수 있다. 국사란 역사책의 내용에 대해서는 5세기 후반에서 부터 6세기 초에 걸친 築城에 관한 기사를 중심으로 기술한 것으로 본 견해가 있고,[6] 현실의 신라 중고 왕통의 정통성을 천명하고 유교적 정치 이상에 입각하여 왕자의 위업을 과시하는 성격이라고 본 견해도 있다.[7] 6세기 전반의 금석문 자료를 보면 국사의 편찬에는 순수한 한문이 아닌 초보적인 이두가 사용된 것으로 추정된다. 물론 내용에는 始祖 문제를 포함한 왕의 계보, 진흥왕과 그 이전의 왕들에 대한 업적 등이 포함되어 있었을 것이다. 초보적인 이두로 적혀진 국사에는 관등명을 6세기 전반의 금석문에서와 같이 「支」자가 첨가된 형태로 표기하였을 것이다. 수많은 인명 표기를 6세기 전반의 금석문에서와 같이 표기할 때, 많은 불편을 겪었을 것이다. 이 때를 전후하여 관등명 표기의 간략화가 실시되었다고 판단된다.

봉평비 · 청제비 병진명 · 천전리서석 원명의 大舍 · 小舍 · 大烏 · 小烏 다음에 붙은 「帝智」 · 「第」의 어미는 '赤城碑'의 大舍 다음에는 없다. 하지만 支자의 경우는 545년 보다 더 계속되는 것으로 판단된다. 551년에 작성된 명활산성작비에서는 경위명은 아니나 下干支란 외위명이 나오고 있어서 이 당시에는 경위명 제8-9위에 支자가 붙었다고 판단된다. 579년에 작성된 대구무술명오작비에도 貴干支란 외위명에서도 支자가 잔존해 있다. 561년에 작성된 창녕비에는 관등명 다음에 붙은 支자가 단 1 예도 없어서 외위명이나 경위명 가운데 干자로 끝나는 해에서 그리 멀지 않은 시기인 560년 전후로 추정해 두고자 한다.

560년으로 전후하여 관등명에 붙은 支자의 有無에 의해 그 구분이 가

---

6) 井上秀雄, 1972 ≪古代朝鮮≫, pp.146-149.

7) 李基東, 1981 〈古代國家의 歷史認識〉 ≪韓國史論≫6, p.9.

능하더라도 520년 이전의 金石文의 존재 여부가 문제가 된다. 1989년 4월 12일에 발견된 영일 냉수리신라비가 이 문제의 해결에 중요한 열쇠를 쥐고 있으므로 먼저 이의 전문을 제시하면 다음 쪽과 같다.

이 냉수리비의 인명의 분석부터 시도해 보자.

먼저 전면 제 ①행에서 「喙斯夫智王」이 한 사람의 인명표기이다. 喙이란 부명 다음에는 「部」자가 없는데, 이 비문의 전체에 걸쳐서 부명 다음에는 「部」자가 없다. 이렇게 부명 다음에 「部」자가 없는 예로는 昌寧碑 · 南山新城碑(1 · 2 · 4碑) · 菁堤碑 丙辰銘 등의 예가 있다. 「喙斯夫智王」에서 喙은 부명, 斯夫智는 인명, 王은 관등명류[8])이다

다음은 乃智王까지가 한 사람의 인명표기이다. 이 인명에서 喙이란 부명은 앞 사람과 같아서 생략되었고, 乃智가 인명, 王이 관등명류이다.

전면 제 ① · ②행에서 「珍而麻村節居利」가 한 사람의 인명표기이다. 珍而麻村이 출신명, 節居利가 인명이다.

전면 제 ③–⑦행에 7 사람의 인명이 나오고 있다.

먼저 「沙喙至都盧葛文王」이 한 사람의 인명이다. 沙喙이 출신부명, 至都盧가 인명, 葛文王이 관등명류이다.

다음 「斯德智阿干支」가 한 사람의 인명표기이다. 沙喙이란 출신부명은 앞 사람과 같아서 생략되었고, 斯德智가 인명, 阿干支가 관등명(17관등 가운데 제6위)이다.

다음 「子宿智居伐干支」가 한 사람의 인명이다. 沙喙이란 출신부명은 앞 사람과 같아서 생략되었고, 子宿智가 인명, 居伐干支가 관등명(제9위)이다.

다음 「喙尓夫智壹干支」가 한 사람의 인명이다. 喙은 출신부명, 尓夫智는 인명, 壹干支는 관등명(제7위)이다.

8) 金昌鎬, 1987 〈中原高句麗碑의 재검토〉 《韓國學報》47, p.56.

〈前　面〉

⑫	⑪	⑩	⑨	⑧	⑦	⑥	⑤	④	③	②	①	
		死	得	爲	支	本	喙	王	美	㢠	斯	1
	敎	後	之	證	此	波	尒	斫	未	村	羅	2
此	耳	△	敎	尒	七	頭	夫	德	年	節	喙	3
二	別	其	耳	耶	王	腹	智	智	九	居	斫	4
人	敎	第	別	財	等	智	壹	阿	月	利	夫	5
後	末	兒	敎	物	共	干	干	干	廿	爲	智	6
莫	鄒	斯	節	盡	論	支	支	支	五	證	王	7
更	斫	奴	居	令	敎	斯	只	子	日	尒	乃	8
噵	申	得	利	節	用	彼	心	宿	沙	令	智	9
此	支	此	若	居	前	暮	智	智	喙	耳	王	10
財		財	先	利	世	斫	居	居	至	得	此	11
					二	智	伐	伐	都	財	二	12
					王	干	干	干	盧	敎	王	13
					敎		支	支	葛	耳	敎	14
									文		用	15
											珎	16
											而	17

上面

⑤	④	③	②	①	
故	了	今	支	村	1
記	事	智	須	主	2
		此	支	臾	3
		二	壹	支	4
		人		干	5
		世			6
		中			7

後面

⑦	⑥	⑤	④	③	②	①	
事	蘇	喙	你	智	典	若	1
煞	那	沙	喙	奈	事	更	2
牛	支	夫	耽	㢠	人	噵	3
拔	此	那	須	到	沙	者	4
語	七	斫	道	盧	喙	敎	5
故	人	利	使	弗	壹	其	6
記	䟆	沙	心	須	夫	重	7
	△	喙	訾	仇		罪	8
	所		公			耳	9
	白						10
	了						11

다음 「只心智居伐干支」가 한 사람의 인명이다. 喙이란 출신부명은 앞 사람과 같아서 생략되었고, 只心智가 인명, 居伐干支가 관등명(제9위)이다.

다음 「本彼頭腹智干支」가 한 사람의 인명이다. 本彼는 출신부명, 頭腹智는 인명, 干支는 관등명이다. 「干支」란[9] 관등명이 외위가 아니고 경위

9) 干支가 나오는 예는 鳳坪碑 · 永川菁堤碑 · 陜川梅岸里碑 등이 있다.

인 것은 本彼란 부명 때문에 분명하다. 신라의 17관등 가운데 어느 관등에도 비정되지 않는다. 아마도 이 干支로부터 1-9위까지의 신라 京位가 분화도 되었을 것이다.

다음 「斯彼暮斯智干支」가 한 사람의 인명이다. 本彼란 출신부명은 앞 사람과 같아서 생략되었고, 斯彼暮斯智가 인명, 干支가 관등명이다. 이 인명 표기에 대해 「斯彼暮斯智干支」에서 斯彼를 習比란 부명으로 보아서[10] 暮斯智만을 인명으로 볼 수 도 있다. 이렇게 되면 고신라의 금석문에서 「斯彼(部)」란 부명이 최초로 확인된다. 斯彼가 부명인지 여부를 확정지을 수 있는 자료가 없으나, 斯彼暮斯智의 인명이 길다는 점에 그 이유를 찾는 것은 따르기 어렵다. 가령 赤城碑의 경우, 대부분의 인명이 냉수리비와 마찬가지로 4자 이내이나, 奈弗耽郝失利의 예처럼 6자로 된 것도 있기 때문이다. 여기에서는 斯彼가 부명인지 여부를 가릴 수 있는 방법이 없어서 두가지의 인명 분석 방법을 모두 취하여 둔다.

전면 제⑧-⑨행에 두번이나 기록된 節居利에 대해서는 앞에서 이미 설명한 바 있다.

전면 제⑩행의 「其第兒斯奴」에 대해서는 여러 가지로 인명 분석이 시도되고 있다. 이 부분을 「그 차례는 兒斯奴」, 「그 아우의 아들인 斯奴」, 「그 아우 兒斯奴」, 「그것의 차례인 아들 斯奴」 등으로 해석해 왔다.[11] 이 인명 분석에서 주목되는 것은 「其」자의 용법이다. 6세기 전반의 신라 금석문에서의 「其」자 용례에 따라 해석하면[12] 其第兒斯奴는 「그 아우인 兒斯奴」로 해석하는 것이 좋을 것 같다.

다음 末鄒斯申支가 인명이다. 이는 전면 제⑫행의 此二人에 의해 두

9) 干支가 나오는 예는 鳳坪碑 · 永川菁堤碑 · 陜川梅岸里碑 등이 있다.

10) 金永萬, 1989 〈冷水里 新羅碑의 內容考察〉≪冷水里新羅碑發掘研究≫, p.58.

11) 이에 대해서는 韓國古代史研究會, 1989 ≪迎日 冷水里 新羅碑(가칭)의 綜合的 檢討≫-한국고대사연구회 학술세미나 발표요지-에 실린 발표자들의 견해 참조.

12) 金昌鎬, 1990 〈迎日冷水里新羅碑의 建立 年代〉 ≪韓國古代史研究≫3, pp.91-92 참조.

사람의 인명임이 분명하지만 末鄒와 斯申支로 나눌지, 아니면 末鄒斯와 申支로 나눌지 확실히 알 수가 없다. 여기에서는 두 가지 방법을 모두 취하여 둔다.

후면에는 7명의 인명이 있으니 그 분석이 어렵다. 7명의 인명표기 가운데 확실한 것만 분석해 보자.

「典事人沙喙壹夫智奈麻」가 한 사람의 인명이다. 典事人은 직명, 沙喙은 출신부명, 壹夫智가 인명, 奈麻가 관등명(제11위)이다.

7명의 인명 가운데 가장 끝부분의 「沙喙蘇那支」가 한 사람의 인명이다. 직명은 나머지 5명과 마찬가지로 典事人으로 분석되고, 沙喙은 출신부명, 蘇那支는 인명이고 관등명은 없다.

그밖의 5명에 대한 인명 분석은 불확실하다. 후면 가운데 「喙耽須道使心訾公」을 한 사람의 인명으로 보기 쉽다. 이 분석은 고신라의 인명표기 방식과 비교할 때 몇 가지 문제가 있는 것 같다. 첫째로 같은 후면의 「典事人沙喙壹夫智奈麻」는 직명+부명+인명+관등명의 순서로 이는 고신라의 금석문의 인명표기와 꼭 같으나, 「喙耽須道使心訾公」은 부명+직명+인명의 순서로 기록되어 차이가 있다. 둘째로 「喙耽須道使心訾公」으로 인명을 분석하면 고신라 금석문에서 부명이 직명 앞에 오는 유일한 예가 된다. 셋째로 신라의 왕명이 기록된 鳳坪碑 · 赤城碑 · 昌寧碑 · 北漢山碑 · 磨雲嶺碑 · 黃草嶺碑에서는 지방관으로 반드시 軍主가 포함되고 있으나 냉수리비에서는 軍主가 없이 道使란 지방관만이 기록되게 된다. 넷째로 耽須道使란 직명을 갖는 전후의 인명표기에서는 구체적인 직명이 없다. 다섯째로 耽須道使란 직명의 설정은 후면의 인명표기에서 7명 모두가 직명은 典事人인 점과 모순된다. 이러한 문제점이 있으나 냉수리비의 연대가 이른 시기라 아직까지 이 단계에서는 인명표기의 기재 방식에 완벽하게 확립되지 않았다고 판단된다. 「典事人沙喙壹夫智奈麻」에 뒤이어 나오는 7명의 典事人에 대한 인명 분석을 시도해 보자.

그 다음 인명을 「到盧弗」로 판단한다. 到盧弗의 직명인 典事人과 부명인 沙喙은 앞의 인명과 같아서 생략된 것으로 판단된다.

그 다음 인명은 「須仇你」이다. 이 須仇你의 직명인 典事人과 부명인 沙喙은 앞의 인명과 같아서 생략된 것으로 판단된다.

그 다음 인명은 「喙耽須道使心訾公」이다. 喙은 출신부명, 耽須道使는 직명, 心訾公은 인명이다.

다음 인명에서 「喙沙夫那斯利」가 두 사람의 인명이나 沙夫, 那三斤利로 끊을지가 沙夫那, 斯利로 끊을지가 문제이다. 우선 여기에서는 후자를 취하기로 한다. 「喙沙夫那」에서 喙은 부명, 沙夫那가 인명이다.

그 다음 인명은 「斯利」이다. 출신부명은 앞 사람과 같은 喙(部)이고, 三斤利는 인명이다.

그 다음 인명은 「沙喙蘇那支」이다. 여기에서 沙喙은 출신부명이고, 蘇那支는 인명이다.

이 典事人 7명 가운데 壹夫智가 奈麻란 관등명을 가지고 있고, 나머지 6명은 관등명이 없어서 냉수리비 단계에서는 아직까지 관등명이 완성되지 못했다고 판단된다.

다음은 상면의 인명을 분석해 보자. 「村主臾支干支須支壹今智」는 此二人에 근거하면 두 사람의 인명표기이다. 村主가 직명임은 분명하다. 지금까지 고신라의 금석문에서는 村主가 2명씩 짝을 이루어 기재되고 있다. 昌寧碑에서는 「村主䒭聰智述干麻叱智述干」으로 기록되어 있고, 南山新城碑(第1碑)에서는 「郡上村主阿良村今知撰干柒吐村△知尒利上干」으로 각각 2명씩 기록되어 있다. 「村主臾支干支須支壹今智」의 두 사람 모두는 村主로 판단된다. 「村主臾支干支須支壹今智」에서 「村主臾支干支」와 「須支壹今智」로 쉽게 나눌 수 있다. 두 사람 개개인의 인명 분석에는 문제가 있다. 앞의 인명에서 干支를 관등명으로 보면, 뒤의 인명 표기에서도 須支를 인명, 壹今智를 관등명으로 보아야 될 것이다.[13] 이때 壹今智라는 관등명은 문헌이나 금석문에 그러한 예가 없어서 문제가 된다. 臾支를 인명 ,干支를 관등명으로 보고, 須支壹今智를 합쳐서 인명으로 보아둔다.

지금까지 인명 분석을 알기 쉽게 제시하면 다음의 **표 1**과 같다.

표 1 냉수리비의 인명 분석표

職名	出身地名	人名	官等名	備考
	喙	斯夫智	王	
	〃	乃智	王	
	珍而麻村	節 居 利		
	沙喙	至都盧	葛文王	
	〃	斯德智	阿干支	
	〃	子宿智	居伐干支	
	喙	尔夫智	壹干支	
	〃	只心智	居伐干支	
	本彼	頭腹智	干支	
	斯彼	暮斯智	干支	
		兒斯奴		
		末鄒		
		斯申支		
典事人	沙喙	壹夫智	奈麻	斯彼暮斯智가 인명일 수도 있음
〃	〃	到盧弗		
〃	〃	須仇你		
〃	喙	心訾公		
〃	喙	沙夫那		
〃	〃	斯利		
〃	沙喙	蘇 那 支		
村主		臾支	干支	
〃		須支壹今智		

13) 韓國古代史硏究會, 1989 ≪앞의 책≫, p.26.

냉수리비의 건립 연대는 전명 제①행의 「乃智王」, 제③행의 「癸未年」과 至都盧葛文王에 의해 대체적인 윤곽이 정해지고 있다. 乃智王을 ≪三國遺事≫, 王曆에 나오는 「訥祇麻立干 一云內只王」과 연결시켜서 訥祇王으로 보고, 至都盧葛文王을 ≪三國史記≫ · ≪三國遺事≫에 智證王이 모두 智度路라 기술된 점에 의해 智證王으로 보고 있다.[14] 이렇게 乃智王과 至都盧葛文王을 각각 눌지왕과 지증왕으로 볼 때에는 癸未年은 443년 또는 503년으로 한정된다.[15]

계미년을 443년으로 볼 때 비문 자체에서 아무런 문제점이 없는지 조사해 보자. 전면 제⑦행의 「前世二王」에서 「前世」란 「앞의 세상 곧 죽은 사람의 세상」을 가리킨다. 비문의 「前世二王」은 죽은 두 왕인 斯夫智王과 乃智王인 바, 443년 당시에는 ≪三國史記≫ · ≪三國遺事≫에 따르면 乃智王=訥祇王(재위 417-458)이 생존해 있었던 점이 문제이다.

癸未年을 503년으로 볼 때에도 문제점은 여전히 남는다. 첫째로 ≪三國史記≫ · ≪三國遺事≫에 따르면 지증왕은 503년에는 이미 왕위에 올랐던 때이므로 葛文王이란 칭호는 불가능하다. 둘째로 이 비의 핵심인물인 節居利가 實聖王 때부터 지증왕때까지(416-503) 생존해 있었고, 그가 20세 전후에 최초로 教를 받았다면 503년 당시에 그의 나이는 107세나 되는 점이다. 비문 자체의 내용에서 보면 443년설이나 503년설은 다 같이 문제점을 안고 있는 바, 앞에서의 인명 비정에 문제가 있는 듯하다.

이 비에는 「此△王」 · 「此△人」이란 표현이 많이 나오고 있다. 전면 제①행의 「此二王」, 전면 제⑦행의 「此七王」, 전면 제⑫행의 「此二人」, 후

---

14) 韓國古代史硏究會, 1990 ≪韓國古代史硏究≫3에 실린 여러 견해 참조.

15) 韓國古代史硏究會, 1990 ≪앞의 책≫ 자료에 따르면 443년설의 주장자는 문경현, 김영만, 김창호이고, 503년설의 주장자는 정구복, 안병우, 신석열이다. 여기에서 필자는 443년설을 주장하고 다시 383년설을 주장했다. 여기에서는 후술하는 바와 같이 443년설을 따르기로 한다.

면 제⑥행의 「此七人」, 상면 제③행의 「此二人」 등이 그것이다. 이들 가운데 「此二王」에서는 三斤夫智王과 乃智王을 각각 實聖王과 訥祇王으로 비정해 수직적인 관계로 보고 있으나, 그 밖의 此七王, 此七人, 此二人의 경우는 모두 그 구성 인물이 수직적인 父子 관계가 아닌 동일시기에 살던 병렬적인 관계로 나타나 있다. 특히 此七王의 경우는 此二王과 꼭 같은 어법이나 7명의 왕은 분명히 父子관계가 아닌 동일 시기의 사람들이다. 그렇다면 전면 제①행의 「此二王」도 수직적인 관계가 아닌 동일 시기의 두 왕이었다고 판단된다. 이 비에 나오는 乃智王을 音相似란 이유만으로 눌지왕이라 보기는 어려울 것이다.

고신라 금석문에서 音相似에 의한 방법에는 한계가 있는 듯하다. 磨雲嶺碑와 黃草嶺碑에서 확실한 동일인으로 추정되나 音相似가 아닌 경우도 있다. 마운령비의 篤支次 · 夫法知 · 舜知는 黃草嶺碑에 篤兄 · 分知 · 尹知로 각각 나오고 있다. 篤支次와 篤兄에서 「篤」자는 같으나 「支次」와 「兄」자가 어떻게 같은지는 불분명하다. 分知와 夫法知에서 뒤의 「知」자는 같고, 「夫法」은 「分」을 反切이란 방식으로 표기한 듯하다.[16] 舜知와 尹知에서 뒤의 「知」자는 같지만, 「舜」자와 「尹」자는 연결이 어렵다.

고신라 금석문에서 音相似이나 동일인이 아닐 경우도 있다. 봉평비 자체에서 제 8행에 나오는 지방민인 奈尔利가 두번이나 나오는데,[17] 이들은 동일인이 아니다. 냉수리비의 沙喙壹夫智奈麻와 봉평비의 喙部一夫智太奈麻에서 인명 자체는 같지만, 출신부가 다르고, 그 관등도 21년(또는 81년)동안 1관등밖에 진급하고 있지 않아서 동일인으로 보기 어렵다. 냉수리비의 尔夫智壹干支와 천전리서석 추명의 尔夫智居伐干支에

16) 夫法=分의 예가 우리나라 금석문에서 反切된 최초의 예일 것이다.

17) 이에 대해서는 판독을 달리하는 경우도 있다. (崔光植, 1989 〈蔚珍鳳坪新羅碑의 釋文과 內容〉 ≪韓國古代史硏究會≫2, P.92)

서[18] 인명은 尒夫智로 동일하나 관등은 2등급밖에 차이가 없어서 문제가 된다. 양 비의 연대는 36년(또는 96년)이나 차이가 난다. 가령 적성비와 창녕비에서 武力智(另力智)와 導設智(都設智)의 경우에 10-16년 사이에[19] 3관등의 차이가 있다.[20] 진흥왕시대에 진흥왕의 이름인 深麥夫와 音相似인 心麥夫라는 인명이 창녕비에서는 甘文軍主로 나오고 있다. 이 甘文軍主는 진흥왕과 동일인이 아니다.

냉수리비문 자체의 용법이나 다른 금석문의 예를 통해서 보면, 乃智王이 눌지왕이 아닐 가능성도 배제할 수 없게 되었다. 앞에서 지적된 癸未年이 443년일 경우 눌지왕은 이미 비문에 죽었다고 기록되어 있으나 비의 건립연대가 눌지왕의 재위중이라는 문제점은 해결된 셈이다. 현재까지의 자료로는 斯夫智王과 乃智王이 누구인지 알 수가 없다.

癸未年을 503년으로 보는 가장 큰 이유는 443년이 되면 至都盧葛文王(=智證王)이 7세가 되기 때문이라고 주장하고 있다.[21] 지증왕의 손자인 眞興王은 ≪三國史記≫에는 7세, ≪三國遺事≫에는 15세에 즉위했다고 각각 즉위했다고 기록되어 있다. 실제로 창녕비에서는 「寡人幼年承基政委輔弼……」이란 구절이 나와서 위의 문헌 기록이 사실임을 증명해 주고 있다. 현재 학계에서는 7세 즉위설이 널리 받아들여지고 있으며,[22] 551년에 「開國」이라고 改元하면서 진흥왕이 친정을 시작했다고

---

18) 봉평비에 나오는 悉支軍主의 인명도 尒夫智로 판독되기도 한다.

19) 창녕비 건립연대는 561년이나, 적성비의 건비연대는 545년 이전에서 551년까지의 여러 견해가 있다.

20) 적성비에서 武力智의 관등은 阿干支(제6위)이고, 導設智의 관등은 及干支(제9위)이다. 창녕비에서 另力智의 관등은 迊干(제3위)이고, 都設智의 관등은 阿尺干(제6위)으로 복원된다.

21) 韓國古代史硏究會, 1990 ≪앞의 책≫ 참조.

22) 李丙燾, 1976 〈眞興大王의 偉業〉 ≪韓國古代史硏究≫, p.669.
村上四男, 1978 〈新羅眞興王と其の時代〉 ≪朝鮮古代史硏究≫, p.86.
李基白, 1981 〈皇龍寺와 그 創建〉 ≪新羅時代의 國家佛敎와 儒敎≫, p.86.

한다. 진흥왕이 신라의 왕위에 7세에 즉위했다고 보면, 지증왕이 7세에 갈문왕이 되는 것은 아무런 문제가 없을 것이다.

癸未年을 503년으로 보면 ≪三國史記≫ · ≪三國遺事≫에서 지증왕의 즉위 연대와 3년이상의 차이가 생긴다. 이 점에 대한 정확한 역사적인 사실 규명이 필요하다. 6세기 전반에 대한 문헌에 신라보다 훨씬 소략하게 적힌 백제의 경우 武寧王陵에서 買地券이 발견되어 ≪三國史記≫ · ≪三國遺事≫ 등 문헌 기록의 정확성이 증명된 바 있다. 곧 매지권에 「寧東大將軍百濟斯麻王年六十二歲癸卯年五月丙戌朔七日壬辰崩」이라고 기록되어 있다. ≪三國史記≫ 武寧王條와 ≪三國遺事≫ 王曆에는 武寧王의 이름은 斯摩이고, 523년(癸卯年) 5월 죽었다고 기록되어 있다. 당시의 금석문 자료와 문헌에서 이름과 죽은 해와 달까지 정확히 일치하고 있다. 이 시기의 문헌과 금석문 자료 사이의 一年차이는 흔히 인정되지만[23] 3년 이상의 차이는 도저히 이해되지 않는다.

癸未年이 503년일 때에는 냉수리비에 智證王의 칭호는 葛文王이 아니라 寐錦王 등으로 표기되어야 할 것이다. 신라에서 왕호는 거서간 · 차차웅 · 이사금 · 마립간 · 왕의 순서로 변천 했다고 ≪三國史記≫에 기록되어 있다. 금석문자료에는 「寐錦」이 나오고 있다. 종래에는 寐錦을 이사금과 동일한 것으로 보아왔다.[24] 그때까지 寐錦에 관한 자료는 ≪日本書紀≫, 神功紀의 「新羅王波沙寐錦」, 광개토태왕비의 「新羅寐錦」, 智證大師碑의 「遍頭居寐錦之尊」 등이다. 이들 자료와 ≪三國史記≫의 각 왕호의 사용 시기를 비교할 때나 音相似의 방법에서 볼 때에도 「尼師今=寐錦」설은 설득력이 있어서 움직일 수 없는 통설처럼 보였다.[25] 1979

23) 廣開土太王碑의 기사와 ≪三國史記≫ 사이에 일년씩의 차이는 이미 널리 알려진 사실이다.

24) 今西 龍, 1918 ≪新羅史通說≫; 1933 ≪新羅史研究≫, pp.43-44.

25) 최근에도 이를 추종하는 견해가 있다. (李基東, 1986 〈廣開土大王陵碑文에 보이는 百濟關係記事의 檢討〉 ≪百濟研究≫17, p.48)

년에 들어와 中原高句麗碑의 發見과 더불어 麻立干은 寐錦이란 새로운 견해가 나왔다.[26] 최근에 들어와 524년에 작성된 봉평비에 「牟卽智寐錦王」이 나왔기 때문에 寐錦은 麻立干임이 분명하게 되었다.

이렇게 寐錦과 麻立干이 같은 것이고, 寐錦이란 왕호가 新羅에서도 사용되었다면 냉수리비에서는 나타나지 않은 이유가 궁금하다. 至都盧葛文王의 경우는 당시에는 아직 왕위에 오르지 않았기 때문이라고 쉽게 풀이될 수 있지만, 斯夫智王과 乃智王의 경우가 문제이다. 癸未年을 503년으로 보면 斯夫智王과 乃智王은 503년 보다 앞선 시기의 임금들이므로 봉평비에 근거할 때 寐錦王이라고 표기되어야 한다. 신라에서 「麻立干(=寐錦)」이란 칭호의 사용 시기에 대해서는 문헌의 차이가 있다. 곧, ≪三國史記≫에는 訥祇王 때부터, ≪三國遺事≫에는 奈勿王 때부터 사용했다고 기록되어 있다. 「寐錦」이란 용어는 廣開土太王碑의 庚子年條(400년)·中原高句麗碑(5세기)·鳳坪碑(524년)에 각각 기록되어 있어서, 麻立干의 사용 시기는 奈勿王 때부터가 옳을 것이다. 냉수리비의 斯夫智王과 乃智王은 지금까지 내물왕 이후의 왕들로 추정되어 왔으므로 斯夫智寐錦王과 乃智寐錦王으로 기록되어야 할 것이다.

그런데 냉수리비에서 斯夫智王과 乃智王으로만 기록되어 있다. 이러한 문제의 해결을 위해서는 癸未年 자체를 383년으로 소급시키는 방법과 癸未년을 443년으로 보고 斯夫智王과 乃智王이 활약했던 시대가 寐錦(=麻立干)이란 王號가 사용되기 이전의 시기로 보는 방법이 있다. 전자의 경우에는 新羅 金石文에서 기존의 자료들의 상한이 대개 6세기 전반이어서 150년 동안에 금석문 자료가 없는 공백 기간이 생기게 되고 지금까지 신라에서 확실한 4세기의 금석문은 단 1예도 없는 점이 문제이다. 냉수리비 자체의 왕호 사용시기 문제의 해결을 위해서는 癸未年을

26) 李丙燾, 1979 〈中原高句麗碑에 대하여〉 ≪史學志≫13, p.25.

443년으로 볼 수밖에 없다. 503년설은 기왕의 견해처럼[27] 기존의 史書가 보여주는 내용과 냉수리비문 사이에 차이를 극복하기 어렵다. 냉수리비의 건립 연대를 503년으로 보면 寐錦(=麻立干)이란 왕호를 사용한 시기의 임금들이므로 그런식으로 표기되지 않는 점이 이상하다. 냉수리비의 건립 연대를 503년으로 보면 신라 관등제의 형성 시기에 있어서 문제점이 노정되는 듯하다. 이를 보다 구체적으로 설명하기 위해 냉수리비와 가장 가까운 시기에 작성된 울진봉평신라비에 나타난 관등명을 조사해 보기로 하자. 봉평비에 나오는 관등명을 알기 쉽게 제시하면 다음의 **표 2**와 같다.

표 2 봉평비의 관등명

鳳坪碑	京位名	外位名	鳳坪碑
	1. 伊伐飡		
	2. 伊飡		
	3. 迊飡		
	4. 波珍飡		
太阿干支	5. 大阿飡		
阿干支	6. 阿飡		
一吉干支	7. 一吉飡	1. 嶽干	
	8. 沙飡	2. 述干	
居 伐 干 支	9. 及伐飡	3. 高干	
太奈麻	10. 大奈麻	4. 貴干	
奈麻	11. 奈麻	5. 撰干	
	12. 大舍	6. 上干	
小舍帝智	13. 舍知	7. 干	下干支
吉之智	14. 吉士	8. 一伐	一伐
	15.大烏	9. 一尺	一尺
小烏帝智	16. 小烏	10. 彼日	
邪足智	17. 造位	11. 阿尺	阿尺

27) 朱甫暾, 1989 〈迎日冷水里新羅碑에 대한 基礎的 檢討〉 ≪新羅文化≫ 6, p.19.

표 2 봉평비의 건립 연대가 524년이란 데에는 모든 학자의 견해가 일치하고 있다. 이 봉평비의 경위 17관등 가운데 10개의 관등명이 나오고 있다. 그 위에도 下干支·一尺·一伐·阿尺 등의 외위명도 나오고 있어서 524년 당시에 신라의 경위명과 외위명으로 구성된 관등명이 완성되어 있었음을 알 수가 있다. 이 보다 21년 앞선(냉수리비 503년설) 냉수리비에서는 **표 1**에서 보는 바와 같이 道使란 직명을 가진 사람을 비롯한 많은 왕경인과 지방민이 관등명을 갖고 있지않다. 특히 냉수리비의 주인공인 節居利의 경우에는 신라 왕실에서 財의 證尔를 위해 두 번이나 教를 내리고 비석까지 세웠지만 外位가 없다. 이 점은 냉수리비의 연대를 503년으로만 한정할 수 없는 하나의 이유가 된다. 냉수리비의 연대 설정에 주목되는 자료로 영천청제비 병진명을[28] 들 수가 있다. 이 병진명에는 8명 정도의 지방민이 나오고 있으나 외위명을 가진 사람은 단 1명밖에 없다. 그 외위도 524년의 봉평비에서와 같이 下干支가 아니고 냉수리비의 村主와 같이 干支를 갖고 있다. 이 干支란 외위에 근거해서 보면 병진명의 연대를 536년으로 한정할 수는 없다.

병진명에서 8명중 7명이나 외위를 갖고 있지 않은 점은 냉수리비에서 일부의 왕경인과 지방민이 외위를 갖고 있지 않은 점과 비슷하다. 주지하는 바와 같이 524년에 작성된 봉평비의 건립 당시에는 신라에서 경위와 외위가 모두 완성되었던 시기로 판단된다. 그렇다면 냉수리비와 병진명은 모두 524년에 작성된 봉평비 보다는 앞선 시기의 금석문 자료가 된다. 이때에는 병진명의 연대를 536년 보다 1甲子 올려서 476년으로 볼 수밖에 없다.[29] 大舍第·小舍第·大烏第·小烏 등의 낮은 경위명이 나오는 병진명과 耽須道使의 직명을 가진 인명을 포함해서 다수의 왕경인이 경위를 아직 갖지 못한 냉수리비의 선후 관계는 분명하게 된다. 곧 냉수리비가 병

---

28) 본 고의 제Ⅱ장 3 力役 관련 金石文의 〈표 4〉 참조.

29) 金昌鎬, 1988〈永川菁堤碑 丙辰銘의 建碑 年代〉≪伽耶通信≫17.

진명보다 앞서게 되어 냉수리비의 건립 연대는 443년으로 추정된다.

이와 같은 연대관이 옳다면 신라에서 부명의 사용 시기는 520년의 율령 공포와는 관계가 없고, 520년 이전부터 부명이 금석문에서 사용되었음은 분명하다.

2) 消滅 시기

신라 금석문의 인명표기에 있어서 부명이 사라진 시기에 대해 조사해보자. 이에 대해서는 ≪日本書記≫에 나타난 신라인의 인명을 분석하여 610-681년을 부명 사용의 최후 一時期로 본 견해가 있다.[30] ≪三國史記≫·≪三國遺事≫ 등의 문헌 자료에 근거하여 681년을 금석문에서 부명이 소멸된 시기로 본 견해도 있다.[31] 여기에서는 高句麗·百濟 사람과 신라의 지방민이 王京化되는 배경과 ≪三國史記≫ 卷7, 新羅本紀, 文武王 21年條의 「律令格式 有不便者 卽便更張」이란 구절을 중요한 근거로 잡고 있다. 위의 견해들은 金石文 자체에서는 부명의 消滅된 예를 구체적으로 따지지 않고 문헌에서만 그 이유와 시기를 찾았다.

新羅에 있어서는 7세기에 분명히 金石文 資料에서 部名이 消滅되는 데에는 다른 이견이 없다. 7세기 新羅 金石文 자료중 인명에 관한 것이 거의 없기 때문에 이 문제의 可否를 분명히 따지기에는 어려움이 있다. 부명의 消滅 時期에 대한 간접적인 접근방법으로 지금 경주시 서악동에 남아있는 太宗武烈大王陵碑에[32] 주목하고자 한다. 무열왕릉비는 현재 귀부와 이수만이 남아 있으나, 이수에 「太王武烈大王之碑」란 제액이 적

30) 末松保和, 1954 〈新羅六部考〉 ≪新羅史の諸問題≫, p.276.

31) 李文基, 1981 〈앞의 논문〉, pp.108-123.

32) 太宗武烈大王陵이란 用語를 除外하고 三國時代의 王은 金石文資料에서 ××太王이라고 기록되어 있다.

혀 있어서 이 비의 건립 당시에는 무열왕릉비문이 있었음을 알 수가 있다. 무열왕릉비의 비문은 파실되어 지금 전해지지 않고 있지만, 이 비문의 내용 중 인명 표기에 관해 한번 추정해 보기로 한다.

무열왕릉비의 인명 표기는 신라식으로 적혔을까 아니면 중국식으로 적혔을까? 바꾸어 말하면 무열왕릉비문의 인명 표기가 과연 창녕비처럼 「漢城軍主喙竹夫智沙尺干」으로 되어 있었는지 아니면 문무왕릉비에서와 같이 「及飧食國學少卿臣金△△」로 되어 있었는지 하는 문제이다. 무열왕릉비의 귀부와 이수가 당시 중국 당나라의 황제릉 앞에 서 있던 묘비와 거의 같은 형식인 점과 문무왕릉비도 귀부와 이수를 갖춘 묘비로 추정되는 점에서[33] 결론은 분명하다. 중국식의 묘비 형식이 새로 도입되어 귀부와 이수까지 갖추었는 데도 불구하고 비문의 인명 표기를 창녕비에서와 같이 신라의 방식으로 썼을 것인가 하는 점에 대해서는 쉽게 동의 할 수가 없다. 오히려 무열왕 다음 임금의 무덤 앞의 문무왕릉비에서와 마찬가지로 인명 표기가 중국식으로 적혔다고 판단된다.[34] 왜냐하면 682년에 건립된 문무왕릉비와 문무왕 즉위초에 건립된(661년경 ?) 무열왕릉비 사이에는 시기적인 차이가 20년에 불과하여 양비 사이에서 인명 표기에 커다란 차이가 있었다고 단정하기 어렵기 때문이다. 무열왕릉비를 통해 추정한 결론이 과연 타당한지 여부를 7세기의 신라 금석문 자료를 통해 검토해 보자.

신라에서는 591년 작성된 南山新城碑부터 670년경까지 왕경인의 인명표기가 나오는 금석문은 없다. 이 시기의 금석문으로 추정되는 자료가 있는바 우선 관계 전문부터 제시하면 다음과 같다[35].

---

33) 關野 貞, 1938 ≪支那の建築と藝術≫, pp. 181-190.
長廣敏雄, 1966 〈隋唐の碑碣〉 ≪書道全集≫7.

34) 만약에 무열왕릉비에 있어서 창녕비와 같이 인명을 표기했다고 한다면, 중국 당나라식의 귀부와 이수가 신라의 왕릉비에 수용되지도 않았을 것이다.

35) 黃壽永, 1981 ≪韓國金石遺文≫, p. 458 및 p. 505.

① 作人居△次及伐車　　　(앞 면)

① △人首力知奈末　　　(뒷 면)
② △三人△△　　　(뒷 면)

위의 자료는 1976년 경주시 月城과 雁鴨池사이의 도로에서 출토되었다. 비석의 양면에 모두 글자가 새겨져 있다. 먼저 앞면의 「作人居△次及伐車」에서 「作人」은 직명, 「居△次」는 인명, 「及伐車」는 경위명이다. 뒷면의 「△人首力知奈末」에서는 「△人」이 직명, 「首力知」가 인명, 「奈末」은 경위명이다. 위의 자료에서는 年號나 年干支가 없어서 절대 연대의 추정은 불가능하다. 연대 추정의 중요한 단서로 及伐車를 들 수가 있다. 及伐車는 신라 경위명 가운데 級伐飡에 해당 된다. 이 급벌찬의 시대에 따른 변천을 도시하면 다음의 **표 3**과 같다.

표 3 及伐飡의 표기

資料	年代	級伐飡의 표기
梁書 · 南史	521	奇貝旱支
川前里書石追銘	539	居伐干支
赤城碑	545 ?	及干支
昌寧碑	561	及尺干
北漢山碑	568	及干
磨雲嶺碑	568	及干
黃草嶺碑	568	及干
東蕃風俗記	594	級伐干
隋書	594	及伏干
文武王陵碑	681	及飡
聖德大王神鍾銘	771	級飡
神行禪師碑	813	級干
蓮池寺鍾銘	833	及干
竅興寺鍾銘	856	及干
寶林寺塔誌	880	及干

표 3을 통해 보면, 급벌찬은 6세기 전반에는 居伐干支또는 及干支, 6세기 후반에는 及尺干, 7세기 후반에는 及干, 8세기 후반에는 級湌, 9세기에는 級干 또는 及干으로 각각 표기 되었다. 及伐車는 及伐湌과 동일한 것으로 판단되나 유사한 예를 찾을 수가 없다. 594년에 편찬된 ≪東蕃風俗記≫와 ≪隋書≫에는 각각 級伐干과 及伐干으로 되어 있다. 이들이 가장 及伐車와 유사하다. 이 及伐車가 나오는 금석문을 7세기 전반이 아닐까하는 의문을 갖게 되었다.

이제 7세기 후반의 신라 금석문 자료를 통해 검토해 보자. 우선 癸酉銘阿彌陀三尊佛碑像에 나타난 인명을 분석해 제시해 보면 다음의 **표 4**와[36] 같다.

앞의 癸酉銘阿彌陀三尊佛碑像에 적힌 癸酉年의 연대에 대해선 미술사적인 접근을 통해 673년임이 밝혀 졌다.[37]

표 4에서 나오는 인명 표기에 근거할 때도 같은 결론에 도달하게 된다. 癸酉年을 한 갑자 올려서 613년으로 볼려고 하면 그 당시의 정치적 상황으로는 達率이란 백제의 관등명과 乃末 · 大舍 등의 신라 관등명이 같은 비문에 공존 할 수가 없다. 癸酉年을 한 갑자 내려서 733년으로 보면 達率이란 백제 관등을 지닌 사람의 나이가 백제 멸망 당시인 660년에 30살이라고 가정해도 733년에는 103살이 되어 성립하기가 어렵다. 따라서 癸酉年은 673년일 수 밖에 없다.[38]

표 4에 나타난 인명 표기에 대해 살펴보기로 하자. 먼저 눈에 쉽게 띄는 것으로 達率身次란 인명 표기이다. 이는 達率이란 백제 관등명과 身次라는 인명이 모인 인명 표기이다. 관등명+인명의 순서는 신라 중고

36) 이에 상세한 것은 金昌鎬, 1991, 〈癸酉銘阿彌陀三尊佛碑像의 銘文〉 ≪新羅文化≫8, 참조

37) 黃壽永, 1964 〈忠南燕岐石像調査〉 ≪藝術論文集≫. 1989 ≪韓國의 佛像≫, p.271.

38) 金昌鎬, 1991 〈앞의 논문〉, p.140.

표 4 癸酉銘阿彌陀三尊佛碑像의 인명 표기

비면의 표시	인명		관등명	비고
향	1	△△	彌△次	及伐車(及干)?
	2	△△正	乃末	
좌	3	牟氏毛	△ △	乃末로 복원
	4	身次	達率	백제 관등명
측	5	日△	△	舍로 복원
	6	眞武	舍	
면	7	木△	舍	
	8	與次	乃末	
	9	三久知	乃末	
	10	豆兎	舍	
	11	△△	△	舍로 복원
	12	△△	△△	△師로 복원
	13	△△	舍	
배	14	夫△	舍	
	15	上△	△	舍로 복원
	16	△△	△	〃
	17	△△	△師	
	18	△△	舍	
	19	△△	舍	
	20	△力	△	舍로 복원
	21	△久	舍	
면	22	△惠	信師	
	23	△夫	乃末	
	24	林許	乃末	
	25	惠明	法師	
	26	△△	道師	
	27	普△	△△	△師로 복원
향	28	△△	△	舍로 복원
우	29	△△	舍	
측	30	使三	舍	
면	31	道作公		公이 관등명류인지도 모름
정	32	△氏	△△	인명인지 여부 불확실
면	33	述況	△△	〃

인명 표기 방식인 인명+관등명이란 기재 순서와 차이가 있다. 達率身次란 인명 표기는 백제금석문의 인명 표기 방식을 알 수 있는 자료이다. 곧 백제금석문의 인명표기방식은 직명+부명+관등명+인명의 순서로 기재되었음을 알려주는 유일한 금석문 자료이다.

다음으로 **표 4**에 나오는 대부분의 인명은 인명+관등명의 순서로 기재되어 있고 직명과 출신지명은 없다. **표 4**의 자료는 인명 표기가 기록된 한두명의 예가 아니고, 30명이나 나오는 인명 표기인데도 불구하고, 출신지명인 부명이 나오는 예는 단 一例도 없다. 물론 **표 4**의 인명들은 백제인들이었으나 673년 신라에서 백제인에게 준 신라 관등명을 갖고 있다. 곧, ≪三國史記≫ 卷40, 雜志, 職官下에 「百濟人位 文武王十三年(필자 주 : 673년) 以百濟來人授內外官 其位次視在本國官銜 京官 大奈麻本達率 奈麻本恩率 大舍本德率…」이란 구절에서 그러한 사실을 알 수가 있다. 673년에 백제인들에게 신라의 경위를 줄 때에 이미 喙部·沙喙部의 소속부명을 주지는 않았을 것이다. 그렇게 된 경우는 癸酉銘阿彌陀三尊佛碑像의 조상 자체가 백제 故地에서 이루어질 수가 없다. 만약에 부명이 인명 표기에 포함되었을 경우에는 신라의 서울이었던 경주에서 조상 자체가 이루어졌을 가능성도 있다. 癸酉銘阿彌陀三尊佛碑像은 백제의 고지에서 백제 유민 기술자들에 의해 만들어졌다. 이 비상에 적힌 인명들은 대부분 백제유민들이나 신라식 관등명을 갖고 있다. 이와 똑같은 예를 癸酉銘三尊千佛碑像에 의해서도 찾을 수가 있는 바 이의 인명표기를 분석해 제시하면 **표 5**와 같다.

표 4와 **표 5**에 나타난 인명들은 673년에 작성된 백제 유민이 신라에서 받은 신라의 관등명이 포함되어 있다. 이 시기에 있어서의 신라 왕경인 출신의 인명에도 부명이 없는 예가 있는 예를 적기하여 제시하면 다음과 같다.

표 5 癸酉銘阿彌陀三尊佛碑像의 人名

人名	官等名
△彌次	乃末
牟氏	大舍
△生	大舍
△仁次	大舍
△宣	大舍
贊不	大舍
貳使	大舍
△△△	大舍
△非	(大舍)

上元二年乙亥三月卄日加具谷巳世大阿干… (675년, 蔚州川前里書石 上元二年銘)

巳世大阿干의[39] 부분이 인명 표기이지만 인명과 관등명에만 나오고 직명과 부명은 없다. 앞의 **표 4**와 **표 5**, 그리고 상원2년명의 인명 표기에서 부명이 없어진 이유는 무엇일까? 7세기 전반의 신라 인명 표기의 예가 지금까지 단 1 예에도 발견되지 않고 있어서 뚜렷한 결론을 내릴 수가 없지만 지금 우리가 갖고 있는 자료를 가지고 그 이유에 대한 추론을 해 보기로 하자. 7세기 후반에 있어서 신라 금석문의 인명 표기는 출신지명(부명)이 생략되는 등 상당한 변화가 불가피했을 것이다. 곧 660년의 백제 멸망과 668년의 고구려 멸망 때, 고구려와 백제의 유민들에게 경위를 주었지만 6부명을 기록하지는 않았을 것이다. 이러한 상황속에서 문무왕대에 무열왕릉비문의 작성시에도 인명 표기 자체가 중국식으로까지 바뀌는 큰 변화가 있었다고 추정된다. 673년에 작성된 계유명아미타삼존불비상과 계유명아미타삼존천불비상의 명문에 나타난 인명 표

39) 이 부분에 대한 다른 판독도 있으나(韓國古代社會硏究所, 1992 ≪譯註 韓國古代金石文≫(Ⅱ), p.169), 최근의 현지 조사에서 위와 같이 판독하였다.

기에서 그 뚜렷한 증거를 잡을 수가 있다. 이들 명문에서 신라경위를 소유한 사람들은 원래 백제 멸망 후 신라의 지배하에 놓이는 과정에서 신라의 경위(관등)를 수여받은 백제의 유민들이라고 한다.[40] 673년경부터 백제나 고구려의 유민들에게도 외위가 아닌 경위를 주었다. 신라의 경위를 얻은 이들 백제계 유민들의 인명 표기에 신라의 六部名을 기록할 수도 없었고 그렇다고 종래의 자기들이 갖고 있었던 백제나 고구려의 부명을 적을 수도 없었다. 그래서 이들 유민들의 인명표기에는 출신지명이 생략되었다. 나아가서 신라인들도 인명표기에 부명을 기록하지 않았다고 판단되는 바, 울주천전리서석 上元二年銘(675년)의 「巳世大阿干」이 그 좋은 예이다. 巳世는 大阿干이란 관등명으로 보면, 신라의 眞骨出身이며, 신라의 6부가운데 喙部나 沙喙部의 출신일 가능성이 크지만 部名은 記錄하지 않고 있다. 지금까지 살펴 본 바에 의하면 7세기 후반의 金石文 資料에는 인명 표기에 부명을 기록하지 않고 있고, 7세기 전반의 자료는 아직까지 발견되고 있지 않고, 660년대에 작성된 武烈太王陵碑에는 人名 표기에 部名이 없었을 것으로 추정되는 바이다.[41] 바꾸어 말하면 문무왕의 유조이전에 소멸되었다.

40) 秦弘燮, 1962 〈癸酉銘阿彌陀三尊佛碑像에 對하여〉 ≪歷史學報≫17 · 18合, pp.103 – 105.

41) 798년에 작성된 영천청제비 정원14년명에 須喙(=沙喙)이란 부명이 나온 예도 있었다.

2

王室의 所屬部 -蔚州川前里書石을 중심으로-

경상남도 울주군 천전리에 있는 川前里書石은 1970년 동국대학교 울산지구 불적조사단에 의해 발견되었다.[42] 蔚州川前里書石이라고 명명된 가로 약 10 m, 세로 약 3 m의 커다란 巨石에는 상고시대부터 통일신라말까지의 것으로 추정되는 많은 문양과 그림 그리고 명문들이 새겨져 있다. 특히 서석의 오른쪽 아랫 부분에는 原銘과 追銘이라고 각각 명명된 약 300자 가량의 명문이 있다. 이 명문에는 王과 王妃를 비롯한 많은 인물들이 등장하여 크게 주목되기도 했다.

명문에 대해서는 화랑 유적과 관련시켜서 보고된 이래로 많은 연구가 나왔다. 신라 관등제의 변천 과정을 보여주는 새로운 자료의 하나로 주목되기도 했고,[43] 葛文王을 명문에서 찾아내어 문헌에 나오는 立宗葛文王과 연결시키는 시도도 있었다.[44] 나아가서 신라 중고 왕실이 沙喙部라는 중요한 근거 제시의 자료로까지 이용되기도 했다.[45] 그 뒤에 몇몇

42 黃壽永, 1971 <新羅의 蔚州書石> ≪東大新聞≫, 1971년 5월 10일자.

43 武田幸男, 1977 <金石文資料からみた新羅官僚制> ≪江上波夫教授古稀紀念論文集≫ 歷史篇.

44 金龍善, 1979 <蔚州 川前里書石 銘文의 硏究> ≪歷史學報≫81.

45 李文基, 1980 <新羅中古 六部에 관한 一考察> ≪歷史教育論集≫1.

연구가 새로 나와서 명문 자체의 판독이나 내용의 해석에 한층 더 깊이를 더하기도 했다.[46)]

위와 같은 여러 연구 성과에도 불구하고 아직까지 원명과 추명에 대한 정확한 성격 규명이나 해석이 완벽하게 이루어졌다고 단언할 수는 없다. 여기서는 선학들의 업적들을 토대로 명문의 판독과 해석을 하겠고, 나아가서 신라 중고 왕실의 소속부 문제에 대한 소견을 피력해 보고자 한다.

1) 명문의 판독

먼저 원명부터 살펴 보기로 하자.

제①행은 乙己年의 3자로 보는 견해와[47)] 추명에 근거해 乙巳(年六月十八日昧)로 복원한 견해가[48)] 있다. 여기에서는 현지 조사에서[49)] 복원 공간 등을 고려해 전자를 취한다.

제②행은 모두 4자이다. 「4」번째 글자는 전후 관계로 보아 葛자가 들어 가야 되고, 이 글자를 세밀히 관찰하면 葛자의 밑부분이 떨어져 나간 것같다. 여기에서는 葛자를 복원해 넣는다.

제③행은 모두 9자인지 10자인지 불분명하다. 여기서는 잠정적으로 9자설을[50)] 취해 두고자 한다.

제④행은 모두 11자이다. 「11」번째 글자는 현재로서는 읽을 수가 없

46) 문경현, 1987 <蔚州 新羅 書石銘記의 新檢討> ≪慶北史學≫10.
武田幸男, 1993 <蔚州書石谷における新羅?葛文王一族> ≪東方學≫85.

47) 문경현, 1987 <앞의 논문>, p.11.

48) 金龍善, 1979 <앞의 논문>, p.8.

49) 10여 차례 현지 조사를 실시하였다. 최근에는 1993년 9월 23일과 10월 7일에 현장을 다녀왔다.

50) 문경현, 1987 <앞의 논문>, p.12.

다. 이 글자는 제⑤행의 「1」번째 글자와 동일한 글자이다.

제⑤행은 모두 11자이다. 마지막 글자를 之자[51] 또는 幸자[52]로 읽는 견해가 있다. 여기에서는 모르는 글자로 본다.

제⑥행 모두 10자이다. 「3」번째 글자를 愛자로 읽는 견해도[53] 있으나 종래의 友자가 타당하다.

제⑦행은 모두 5자이다. 「2」번째 글자는 종래에 安자로 읽어 왔으나[54] 女자가[55] 옳다. 「4」번째 글자는 主자, 王자, 三자 등의 여러 판독문이 있다. 여기에서는 글자 자체의 모양에서 보면 王자나 三자가 모두 가능성이 있어서 모르는 글자로 읽는다.

제⑪행의 「1」번째 글자는 추명에 근거해 眞자로 추독해 왔으나[56] 추명의 이 글자가 貞자일 가능성이 크고, 이 글자 자체로는 전혀 읽을 수가 없어서 여기에서는 모르는 글자로 읽는다.

제⑫행의 「4」번째 글자는 慕자[57] 또는 弟자로[58] 읽어 왔으나 동일한 인명표기가 나옴에 근거해 여기에서는 적성비의 兄弟란 말이 兄苐로 표기 됨과 글자 자체의 서체에 따라 苐자로 읽는다.

다음은 추명의 판독을 검토해 보기로 하자.

제①행은 모두 14글자로 판독에 전혀 다른 이견이 없다. (12번째에는 글자가 없음)

제②행은 모두 14자이다. 「3」번째 글자를 從자로 읽는 견해[59]도 있으

51) 문경현, 1987 〈앞의 논문〉, p.13.
52) 武田幸男, 1993 〈앞의 논문〉, p.3.
53) 武田幸男, 1993 〈앞의 논문〉, p.3.
54) 최초의 판독문 제시 이래로 대부분 安자로 읽어 왔다.
55) 문경현, 1987 〈앞의 논문〉, p.9.
56) 黃壽永 編著, 1978 ≪增補 韓國金石遺文≫, p.27.
57) 黃壽永 編著, 1978 ≪앞의 책≫, p.27.
58) 武田幸男, 1993 〈앞의 논문〉, p.3.
59) 武田幸男, 1993 〈앞의 논문〉, p.3.

나 본 글자의 서체나 울진봉평비의 徙자와 비교할 때 徙자가 분명하다. 「13」번째 글자는 종래에는 安자로[60] 분명하다.

제③행은 모두 17자이다. 「1」번째 글자를 王자, 三자, 主자, 등으로 판독한 견해가 각각 있다[61]. 어느 글자나 추명의 해석과는 별로 중요한 문제가 되지 못한다. 여기에서는 三자와 王자의 구별이 어렵지만 三자로 읽는다. 「7」번째 글자는 尔자[62] 또는 今자로[63] 읽는 견해가 있으나 六자로 읽는다. 「8」번째에는 글자가 새로 추가되나 무슨 글자인지는 알 수가 없었다. 「9」번째 글자는 종래에 年자로 읽어 왔으나[64] 서석의 다른 年자와는 서체의 차이가 있다. 여기에서는 이 글자를 十자로 읽는다. 「11」번째 글자는 종래의 「10」번째 글자로 巳자로[65] 읽어 왔으나 원명의 제①행, 추명의 제①·④행에 나오는 巳자와는 글자의 끝부분 처리에 많은 차이가 있다. 여기에서는 日자로 읽는다. (**사진 1** 과 **사진 2** 참조) 「15」번째 글자는 王자이나 主자로 읽는 견해가[66] 나왔다. 이 主자설은 상황 판단에 따른 견해로 잘못된 것이다.

제④행은 모두 18자이다. 「2」번째 글자를 主자로 읽는 견해도[67] 있으나 王자가 옳다. 「5」번째 글자는 丁자로 읽는 견해가 있으나[68] 전체적인 내용과 자형을 자세히 관찰하면 乙자가 타당하다고 판단된다. 「15」번째 글자를 汶자로 읽는 견해도 있으나,[69] 남산신성비 제1비 제⑥행의 沒와

60) 읽어 왔으나 女자가 문경현, 1987 〈앞의 논문〉, p.9.

61) 문경현, 1987 〈앞의 논문〉, p. 10 및 武田幸男, 1993 〈앞의 논문〉, p.3.

62) 黃壽永 編著, 1978 ≪앞의 책≫, p.27.

63) 문경현, 1989 〈앞의 논문〉, p.9.

64) 黃壽永 編著, 1978 ≪앞의 책≫, p.27. 그런데 武田幸男, 1993 〈앞의 논문〉, p.3에서는 이 글자를 모르는 글자로 보았다.

65) 黃壽永 編著, 1978 ≪앞의 책≫, p.27.

66) 武田幸男, 1993 〈앞의 논문〉, p.3.

67) 武田幸男, 1993 〈앞의 논문〉, p.3.

68) 武田幸男, 1993 〈앞의 논문〉, p.3.

69) 武田幸男, 1993 〈앞의 논문〉, p.3.

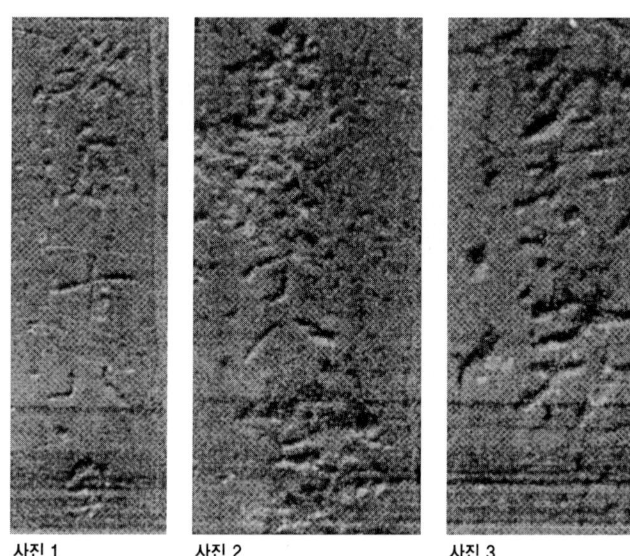

사진 1 사진 2 사진 3

비교하여 보면 沒자로 보아야 될 것이다.

제⑤행은 모두 18자이다. 「11」번째 글자는 興자의 異體로 읽어 왔으나 其자가 옳다.[70]

제⑥행은 모두 19자이다. 「8」번째 글자는 妃자로 읽는 견해도 있으나[71] 其가 옳다. 「9」번째 글자는 主자, 三자, 王자의 3가지 읽는 각각의 견해가 제시되고 있다. 여기서는 三자로 읽는다.(**사진 3** 참조)

「10」번째 글자는 之자로 읽는 견해[72]도 있으나 來자이다. 「19」번째 글자를 다른 자로 읽는 견해가 있으나[73] 乞자가 옳다.

제⑦행도 모두 17자이다. 「3」번째 글자는 從자로 읽는 견해[74]도 있으나 徙자가 옳다. 「8」번째 글자는 子자로 읽는 견해에[75] 따른다.

---

70) 문경현, 1987 〈앞의 논문〉, p.19.참조.

71) 武田幸男, 1993 〈앞의 논문〉, p.3.

72) 문경현, 1987 〈앞의 논문〉, p.10 및 武田幸男, 1993 〈앞의 논문〉, p.3. 참조.

73) 武田幸男, 1993 〈앞의 논문〉, p.3.

74) 武田幸男, 1993 〈앞의 논문〉, p.3.

제⑨행의 「17」번째 글자는 종래에 眞자로[76] 읽어 왔으나 이 글자는 황초령비의 眞자와 서체의 차이가 있어서 貞자로 읽는 것이 옳을 듯하다.

제⑪행의 「10 · 11」번째 글자는 △△로 읽은 적이 있으나[77] 이 부분에는 한 글자 밖에 들어갈 공간이 없었다. 이 경우에 及자로 추독할 수 있으나 及자와는 글자의 차이가 커서 여기에서는 모르는 글자로 본다.

지금까지의 판독 결과를 모아서 제시하면 다음과 같다.

〈原銘〉

	1	2	3	4	5	6	7	8	9	10	11	12	13	14
①	乙	巳	年											
②	沙	喙	部	葛										
③	文	王	覓	遊	來	始	得	見	谷					
④	之	古	谷	无	名	谷	善	石	淂	造	△			
⑤	⺀	以	下	爲	名	書	石	谷	字	作	△			
⑥	并	遊	友	妹	麗	德	光	妙	於	史				
⑦	鄒	女	郎	△	之									
⑧	食	多	煞	作	切	人	尒	利	夫	智	奈	麻		
⑨	悉	淂	斯	智	大	舍	帝	智		作	食	人		
⑩	宋	知	智	壹	吉	干	支	妻	居	知	尸	奚	夫	人
⑪	△	宍	智	沙	干	支	妻	阿	兮	仝	弓口	夫	人	
⑫	作	書	人	茀	⺀	尒	智	大	舍	帝	智			

75) 문경현, 1987 〈앞의 논문〉, p.21.

76) 黃壽永 編著, 1978 ≪앞의 책≫, p.27.

77) 金昌鎬, 1983 〈新羅 中古 金石文의 人名表記(Ⅰ)〉 ≪大丘史學≫22, p.3.

〈追 銘〉

1 2 3 4 5 6 7 8 9 10 11 12 13 14 15 16 17 18 19 20 21 22

① 過 去 乙 巳 年 六 月 十 八 日 昧 　 沙 喙

② 部 　 従 夫 知 葛 文 王 妹 於 史 郣 女 郞

③ 三 共 遊 來 以 後六△十 八 日 年 過 去 妹 王 考

④ 妹 王 過 人 乙 巳 年 王 過 去 其 王 妃 只 沒 尸 兮 妃

⑤ 愛 自 思 己 未 年 七 月 三 日 其 王 与 妹 共 見 書 石

⑥ 叱 見 來 谷 　 此 時 共 三 來 　 另 卽 知 太 王 妃 夫 乞

⑦ 支 妃 　 従 夫 知 王 子 郞 △ △ 夫 知 共 來 此 時

⑧ 作 切 臣 喙 部 知 禮 夫 知沙 干 　 支 　 泊 六 知

⑨ 居 伐 干 支 禮 臣 丁 乙 尔 知 奈 麻 　 作 食 人 貞

⑩ 宍 知 波 珎 干 支 婦 阿 兮 牟 呼 夫 人 尔 夫 知 居 伐 干 支 婦

⑪ 一 利 等 次 夫 人 居 　 知 △ 干 支 婦 沙 爻 功 夫 人 分 功 作 之

2) 인명의 분석

원명과 추명의 인명 분석에서 중요한 기본적인 전제 조건부터 제시하기로 하겠다.

첫째로 지금까지의 선학들의 연구 성과에 따를 때 원명은 525년, 추명은 539년에 각각 작성된 명문이란 점이다. 이 명문의 작성 연대에 대한 다른 견해는 아직까지 학계에 제시된 바가 없다. 여기에서도 원명은 525년, 추명은 539년에 작성된 점을 전제로 삼고서 내용을 분석해 보기로 한다.

둘째로 원명과 추명의 주인공은 모두 沙喙部徙夫知葛文王란 점이다. 가령 원명과 추명에서 妹자가 나오고 있지만 이는 모두가 沙喙部徙夫知葛文王의 妹란 뜻으로 판단된다. 나아가서 友자나 妹王 등도 沙喙部徙

夫知葛文王의 입장에서 기록된 것으로 해석한다.

이상과 같은 전제 조건 위에서 원명과 추명에 대한 인명 분석을 시도해보기로 하겠다.

먼저 원명부터 인명 분석을 시도해 보기로 하자.

원명의 주인공은 제②·③행에 걸쳐서 나오는 沙喙部葛文王임이 분명하다. 원명의 인명 분석에 중요한 곳은 제⑥·⑦행의 「并遊友妹麗德光妙於史鄒女郎王之」란 부분이다. 이 부분을 종래에는 대개 麗德光妙가 妹의 인명, 於史鄒女郎을 友의 인명으로 보아 왔다.[78] 於史鄒女郎의 女자를 종래에는 安자로 읽어 왔다. 이를 女자로 읽고서 광개토태왕비문의 「母河伯女郎」 등의 예에 근거해 於史鄒女郎을 여자의 인명으로 본 견해가[79] 나왔다. 이 판독과 해석은 본 명문 전체의 해석에 있어서 새로운 전기를 마련했다고 판단되는 바, 금석문의 판독과 해석에 신중해야 됨은 새삼 우리에게 깨우쳐주는 업적으로 높이 평가된다. 여기서도 於史鄒女郎을 여자의 인명으로 본다.

여기에서는 妹가 沙喙部葛文王의 妹란 뜻으로 보고서 해석을 시도해 보고자 한다. 제⑥행의 友나 妹는 모두 원명의 주인공인 沙喙部徙夫知葛文王의 友, 沙喙部徙夫知葛文王의 妹란 뜻이다. 제⑥행의 妹는 於史鄒女郎이므로, 友는 麗德光妙로 판단된다. 麗德光妙란 인명에는 沙喙部葛文王의 友임에도 불구하고 부명과 관등명이 없다. 麗德光妙란 인명 자체에 풍기는 뉘앙스는 불교적인 냄새이다.[80] 이 인명이 불교와 직결되는 승려의 인명일지도 모르겠다. 이 경우에 신라에서의 불교 공인이 527년이므로, 원명의 작성 연대인 525년 당시에 신라의 葛文王과 승려가 원명에서와 같이 밀접한 관계가 가능한지가 문제가 된다. 527년 당

78) 金昌鎬, 1983 〈앞의 논문〉, p.13.

79) 문경현, 1987 〈앞의 논문〉, pp.28-29.

80) 문경현, 1987 〈앞의 논문〉, p.29참조.

시 이차돈 순교의 배경이나 신라 炤知王(479-500년)代의 이야기인 ≪三國遺事≫, 射琴匣條의 내용에서 보면 525년 당시의 신라 불교에 대한 이해가 가능할 듯하다.

제⑦행의 「4」번째 글자를 主자로 읽어서 '주관하다' 또는 '주재하다'는 뜻의 동사로 해석한 견해가[81] 있다. 여기에서는 於史鄒女郎의 女郎도 떼어서 특별한 칭호로 부르면서 葛文王과 같은 관등명류로 보고 있다. 이 견해 자체는 판독이나 해석에서 의도적인 요소가 있다는 점이다. 主자의 해석에도 일본식의 냄새가 나고 있으며, 女郎을 따로 떼어서 특별한 칭호라고 부르는 점은 일본에 3세기 卑彌呼 등에 익숙한 까닭으로 판단된다. 「於史鄒女郎主」라고 판독되어도 主자는 '주재하다'는 뜻의 동사가 될 수가 없고 기왕의 성과와 같이[82] '님'이란 뜻의 어미로 판단된다. 이 글자 자체는 三자인지 王자인지 구분이 어려워서 그 해석을 정확하게 할 수가 없다.

제⑧행 이하의 인명에 대한 분석은 다른 곳에서 상세히 검토한 바 있으므로[83] 여기에서는 뒤에 **표 1**로 대신하고자 한다.

이제 추명에 대한 인명을 분석할 차례가 되었다. 추명의 주인공들은 제①행에서 제⑦행 사이에 있다. 먼저 인명이 나오는 곳으로 제①·②·③행의 「沙喙部徙夫知葛文王妹於史鄒女郎△」의 부분이다. 종래에는 맨 끝글자인 △자를 三자로 읽어서 沙喙部徙夫知葛文王, 妹, 於史鄒女郎의 3사람으로 본 적도 있었다.[84] 이러한 분석은 앞의 원명에서 살펴본 바와 같이 於史鄒女郎이 갈문왕의 友의 인명이 아니라 妹의 인명이기 때문에 새로운 각도에서의 분석이 요구된다. 이 부분을 沙喙部徙夫

81) 武田幸男, 1993 〈앞의 논문〉, p.29.

82) 문경현, 1987 〈앞의 논문〉, p.30.

83) 金昌鎬, 1983 〈앞의 논문〉, p.13.

84) 金昌鎬, 1983 〈앞의 논문〉, p.13.

표 1 울주 천전리서석의 인명분석표

	職名	部名	人名	官等名	備考
原銘		沙喙部 〃 〃	(沙喙部葛文王) 麗德光妙 於史鄒女郎	葛 文 王	沙喙部葛文王의友(승려?) 沙喙部葛文王의妹
	作切人 〃	〃 〃	尒利夫智 悉得斯智	奈(麻) 大舍帝智	
	作食人 〃		居知尸㢱夫(人) 阿兮牟弘夫人		沙喙部宋知智壹吉干支의 妻 沙喙部△肉智沙干支의 妻
	作書人	〃	茀ː尒智	大舍帝智	
追銘			徙夫知 於史鄒女郎 妹王 只沒尸兮妃 夫乞支妃 郞△△夫智	葛文王	沙喙部 徙夫知葛文王의 妹 徙夫知葛文王이 另卽知太王을 부른 호칭 沙喙部 徙夫知葛文王의 妃 沙喙部 徙夫知葛文王의 妹=另卽知太王妃 沙喙部 徙夫知葛文王의 아들
	作切人 〃	喙部 〃	知禮夫知 △泊六知	沙干支 居伐干支	
	△臣	?	丁乙尒知	奈麻	
	作食人 〃 〃		阿兮牟呼夫人 一利等次夫人 沙爻功夫人		沙喙部 貞肉知波彼珍干支의 婦 沙喙部 尒夫智居伐干支의 婦 沙喙婦 居禮次△干支의 婦

知葛文王의 妹인 於史鄒女郎의 1인으로 해석한 견해와[85] 沙喙部徙夫知葛文王과 妹인 於史鄒女郎의 2인으로 해석한 견해가[86] 있다. 이 구절 자체만으로 보면 1인설이나 2인설의 어느쪽도 가능하다고 판단된다. 이

85) 문경현, 1987 〈앞의 논문〉, p.46.

86) 武田幸男, 1993 〈앞의 논문〉, p.18.

부분이 분명히 원명의 내용을 반복하는 구절인 점과 추명 자체의 제③행 「2」번째 글자인 共자에 유의하여 인명을 분석하면 2인설이 타당하다.

다음으로 제③·④행의 「妹王考妹王過人」이란 부분의 인명 분석이다. 이 부분 자체는 인명 표기의 직접적인 부분은 아니지만, 이에 대한 정확한 해석 여부가 원명과 추명의 내용 파악에 갈림길이 될 수가 있다. 이 구절에서 考자를 인명과 관련지워서 해석한 적이 있으나[87] 지금은 대개 동사로 보고 있다. 추명에 나오는 妹란 글자는 沙喙部徙夫知葛文王의 妹란 뜻이다. 妹王의 妹자에도 역시 예외일 수가 없다. 妹의 뜻에 유의하고서 妹王을 해석하면 추명의 주인공인 沙喙部徙夫知葛文王이 부르는 친족 호칭으로 판단되는 바, 이에 대해서는 장을 달리하여 상론하고자 한다.

다음은 제④행의 「其王妃只沒尸兮妃」가 있다. 其王妃의 其王이란 원명과 추명의 주인공인 沙喙部徙夫知葛文王을 가리킴이 분명하다. 其王妃란 沙喙部徙夫知葛文王의 妃를 가리키고, 只沒尸兮妃는 그녀의 이름이다.

다음은 제⑤행의 「其王與妹」란 부분이다. 여기서의 其王이란 沙喙部徙夫知葛文王을 가리키며, 妹란 於史鄒女郎을 가르킨다. 이 「其王與妹」란 구절은 원명과 추명의 주인공이 동일함을 말해주는 중요한 구절로 판단된다.

다음은 제⑥행의 「此時共三來」란 구절이 인명의 분석에 중요하다. 이 부분을 「此時妃主之」로 판독한 견해가[88] 있지만 이는 상황 판단에 따른 것으로 여기서는 논의의 대상으로 삼지 않겠다.이 부분의 정확한 해석을 위해 관계 구절을 다시 한번 적기로 해보자.

87) 金龍善, 1979 〈앞의 논문〉, p.19.

88) 武田幸男, 1993 〈앞의 논문〉, p.3.

己未年七月三日其王與妹共見石叱見來谷 此時共三來 另卽知太王妃夫乞支妃徙夫 知王子郎△△夫知共來

此時共三來에서 此란 己未年七月三日이므로 己未年七月三日에 書石谷에 온 주인공은 모두 3사람으로 해석된다. 其王與妹에서 其王은 沙喙部徙夫知葛文王이고, 妹는 沙喙部徙夫知葛文王의 妹인 於史鄒女郎이다. 이제 남은 한 사람은 另卽知太王妃夫乞支妃徙夫知王子郎△△夫知에서 찾아야 된다. 「另卽知太王妃夫乞支妃」에 대해서는 「夫乞支妃」 부분을 따로 떼어서 法興王妃로 추정한 견해가 있다.[89] 法興王妃에 대해서는 ≪三國史記≫ 新羅本紀, 法興王條에 「法興王立… 妃朴氏妃保刀夫人」과 ≪三國遺記≫ 王曆에 「第二十三法興王… 妃巴刀夫人」이라고 각각 밝혀져 있다. 그래서 천전리서의 「夫乞支」와 ≪三國史記≫의 「保刀」에서 「夫」는 「保」와, 「乞」은 「刀」와 각각 대응시키고, 조선 중종때 편찬된 ≪訓蒙字會≫에 「乞」의 음은 「걸」, 「刀」의 훈은 「갈」로 되어있다는 사실로서 보충하였다.[90] 따라서 夫乞支妃=保刀夫人=法興王妃라는 관계가 성립된다. 다시 앞의 「另卽知太王妃」에서 「另卽知太王」이 누구인지를 알아보기 위해 「另」자의 신라 중고 발음을 조사해 보자. 신라 진흥왕대에 활약하고,≪三國史記≫에 나오는 金武力은 적성비에 「沙喙部武力智△△△」, 창령비에 「沙喙 另力迊干」마운령비에 「沙喙部另力迊干」으로 나온다.[91] 위의 자료에 따르면 另자는 신라 중고 시대에는 武자에 가깝게 발음되었다고 판단된다. 여기서 「另卽知太王」이 누구인지를 알아보기 위해 另卽知太王妃이 기록된 추명의 연대가 539년임을 참작해 문헌에서 비슷한 신라 국왕의 이름을 찾아 제시하면 다음과 같다.

89) 金龍善, 1979 〈앞의 논문〉, p.19.

90) 金龍善, 1979 〈앞의 논문〉, p.19.

91) 武田幸男, 1979 〈眞興王代における新羅の赤城經營〉 ≪朝鮮學報≫ 93, p.12.

册府元龜 姓募名秦(≪三國史記≫ 卷4, 新羅本記 24, 法興王卽位年條, 挾注)

第二十三法興王 名原宗 金氏 册府元龜 云姓募 名秦(≪三國遺事≫1, 王曆 1, 第二十三法興王)

普通二年 王姓募名秦(≪梁書≫ 卷54, 列傳, 新羅)

梁普通二年 王姓募名秦(≪南史≫ 卷79, 列傳, 下, 新羅)

普通二年은 법흥왕8년(521)이고 다아는 바와 같이 신라 중고 왕실의 성은 김씨이므로 「募秦」은 법흥왕의 이름으로 판단된다. 천전리서석의 「另卽知太王」과 ≪梁書≫의 「募秦」에 있어서 「另」자는 「募」자와 「卽」자는 「秦」자와 서로 대응된다. 그렇다면 另卽=募秦=法興王이 된다. 최근에 들어와 울진봉평비에 「牟卽智寐錦王」이란 구절이 나와서 위의 논증은 설득력을 갖게 되었으며, 「另卽知太王妃夫乞支妃」는 另卽知太王妃인 夫乞支妃로 해석된다. 그러면 沙喙部徙夫知葛文王, 妹인 於史鄒女郎, 另卽知太王妃인 夫乞支妃, 徙夫知王의 子인 郎△△夫知의 4사람이 된다. 여기에서 동일인일 가능성이 있는 두 인명은 於史鄒女郎=另卽知太王妃인 夫乞支妃로 해석할 수 밖에 없다. 이렇게 하면 이 때에 온 사람은 3사람이 된다.

지금까지 분석한 인명을 제시하면 앞의 **표 1**과 같다.

3) 명문의 내용

이제 명문의 전체적인 해석을 할 차례가 되었다. 원명부터 문단을 나누어서 제시하면 다음과 같다.

A. ① 乙巳年沙喙部葛文王覓 遊來始得見谷之

② 古谷无名谷善石得造△ : 以下爲名書石谷字作△

③ 并遊友妹麗德光妙於史鄒女郎△之

B. 食多煞

C. 作切人尒利夫智奈麻悉得斯智大舍帝智

D. 作食人宋知智壹吉干支妻居知尸奚夫人△肉智沙干支妻阿兮牟弘夫人

E. 作妻人弟 : 尒智大舍帝智

원명은 크게 다섯개의 단란으로 나눌 수 있다.

A. ①부터 해석해 보자. '乙巳年(525년)에 沙喙部葛文王이 찾아 놀러 오셔서 처음으로 谷을 보았다' 가 된다.

A. ②는 '古谷이지만 이름이 없었다. 谷의 善石을 얻어서 만들었고, (……)以下를 書石谷이라고 이름을 붙여 字作△했다' 가 된다.

A. ③은 '아울러 놀러(온 이는) 友인 麗德光妙와 妹인 於史鄒女郎이다' 가 된다.

B단락은 후술하는 것처럼 부사구로서 단락의 자격이 없으나 설명의 편의상 B단락으로 잡았다. 이 구절은 원명에 있어서 기사 부분과 인명 표기가 나열되는 곳의 중간에 오고 있다. 이와 똑 같은 위치에 잘 해석이 되지 않는 구절로 추명의 「此時△」를 들 수가 있다. 이 두 구절은 같은 뜻으로 추정된다. 食자는 此자에 상응된다. 食자는 음이 식이지만 이자로 읽는 경우도 있다. 食의 음인 이자와 此의 훈인 이는 같다. 多의 음인 다와 時의 훈인 때는 서로 통한다. 이렇게 되면 食多煞=比時△가 되어 이를 '이 때에' 정도로 풀이가 가능할 듯하다.

C단락은 두 사람의 인명 표기이다. 作切人이 직명, 尒利夫智가 인명, 奈麻는 관등명이다. 다음 사람의 직명은 앞사람과 같아서 생략되었고, 悉得斯智가 인명, 大舍帝智가 관등명이다.

D단락도 인명 표기의 부분이다. 作食人宋知智壹吉干支妻居知尸奚夫人과 △肉智沙干支妻阿兮牟弘夫人의 두 사람의 인명이다. 作食人이란

직명이 암시하는 바와 같이 여자의 인명 표기로 '作食人(직명)은 宋知智壹吉干支의 妻인 居知尸奚夫人과 △肉智沙干支의 妻인 阿兮牟弘夫人이다'로 해석된다.

E단락도 인명 표기이다. 作書人은 직명, 第 ː 尔智는 인명, 大舍帝智는 관등명이다.

지금까지 풀이해 온 바를 전체적으로 정리하여 제시하면 다음과 같다.

> "乙巳年(525년)에 沙喙部葛文王이 찾아 놀러 오셔서 처음으로 谷을 봤다. 古谷이지만 이름이 없었다. 谷의 善石을 얻어서 만들었다. (……)以下를 書石谷이라고 이름을 붙여 字作△했다. 아울러 놀러 (온 이는) 友인 麗德光妙와 妹인 於史鄒女郎이다.
>
> "이 때에 作切人은 利夫智奈麻와 悉得斯智大舍帝智이고, 作食人은 宋知智壹吉支의 妻인 居知尸奚夫人과 △肉智沙干支의 妻인 阿兮牟弘夫人이다. 作書人은 第 ː 尔智大舍帝智이다."

다음은 추명의 해석을 시도할 차례가 되었다. 우선 추명을 단락으로 나누어서 제시하면 다음과 같다.

A. 過去乙巳年六月十八日昧沙喙部徙夫知葛文王妹於史鄒女郎三共遊來以後六△十八日年過去

B. 妹王考妹王過人

C. 乙巳年王過去其妃兄沒尸兮妃愛自思

D. ① 己未年七月三日其王與妹共見書石叱見來見

② 此時共三來另郎知太王妃夫乞支妃徙夫知王子郎△△夫知共來

E. 此時△

F. 作切臣喙部知禮夫知沙干支△泊六知居伐干支

G. △臣丁乙尔知奈麻

H. 作食人貞肉知波彼珍干支婦阿肉呼夫人尔夫知居伐干支婦一利等次夫人居禮知△干支婦沙爻功夫人分共作之

먼저 A단락부터 해석해 보자. 맨 앞에 나오는 過去는 '지난 날' 또 '과거' 란 뜻이다. 昧란 새벽을 뜻한다. ≪書經≫, 周書, 牧誓篇에 「時甲子昧爽」이란 구절에도 보인다. 「△年八巳年」의 부분은 해석이 되지 않는다. 맨 끝의 過去는 '지나가다' 란 뜻의 동사이다. A부분을 해석하면 '지난 날 乙巳年六月十八日 새벽에 沙喙部徙夫知葛文王과, (沙喙部徙夫知葛文王의) 妹인 於史鄒女郎과 (友인 麗德光妙의) 三人이 함께 놀러온 이후로 六△十八日(六月十八日)에는 해마다 (書石谷을) 지나갔다(왔다가 갔다)' 가 된다. 이 A단락의 해석에 따를 때는 六月十八日에는 徙夫知葛文王과 妹에게는 중요한 의미가 있다고 사료된다. 乙巳年六月十八日 새벽에 書石谷에 온 以後로 해마다 六月十八日에 徙夫知葛文王과 妹가 이 곳을 찾은 이유를 단순히 놀러 온 데에서 찾을 수는 없다는 중요한 근거가 된다.

B단락은 「妹王考妹王過人」으로 대단히 해석이 어렵다. 이 구절 가운데 考자는 대체로 동사로 보고 있다. 추명의 妹자는 앞에서도 강조해 왔지만 沙喙部徙夫知葛文王의 妹란 뜻이다. 이 구절에서 妹王=於史鄒女郎으로 보는 견해도[92] 있다. 妹자가 추명의 주인공인 沙喙部徙夫知葛文王의 妹란 뜻일 때, 妹와 妹王의 차이가 궁금하다. 妹王이란 妹와 관련된 용어로 王을 가르킴이 분명하다. 妹자가 沙喙部徙夫知葛文王의 妹인 점과 원명 추명이 주인공이 沙喙部徙夫知葛文王인 점을 동시에 고려하면 妹王은 沙喙部徙夫知葛文王이 부르는 호칭으로 판단된다. 沙喙部徙夫知葛文王이 妹王이라고 부를 수있는 대상자는 누구일까? 아무래도

92) 武田幸男, 1993 〈앞의 논문〉, p.18.

妹의 남편 등 妹가 시집을 간 쪽의 사람을 부르는 칭호로 판단된다. 沙喙部徙夫知葛文王의 妹가 시집을 갔을 때 沙喙部徙夫知葛文王의 妹王이라고 부를 수 있는 제1의 대상자는 妹의 남편이다. 여기에서는 妹王이란 말을 妹의 남편을 沙喙部徙夫知葛文王이 부르는 용어로 보고자한다. 이 妹王과 유사한 용례를 찾아 보자. ≪三國史記≫ 卷44, 金陽傳에 「開成六年丙辰 興德王薨 無嫡嗣 王之堂弟均貞 堂弟之子悌隆爭嗣位 陽與均貞之子阿飡祐徵 均貞妹婿禮徵 奉均貞爲王」에서 妹婿란 용어가 나온다. 이 妹婿란 용어는 妹弟또는 妹兄과 같은 의미이다. 妹王도 같은 의미로 판단된다. 뒤에 나오는 過人의 過자도 過去란 말과 같이 '지나가다' 와 '돌아가시다' 의 두 가지 뜻이 있는 것으로 판단된다.[93] 여기에서의 過人은 '돌아가신 사람이다' 란 뜻으로 해석된다. 이 단락에는 물론 추명의 주인공인 沙喙部徙夫知葛文王이란 주어가 생략되어 있다. 妹王考妹王過人을 해석할 차례가 되었다. '妹王을 생각하니 妹王은 죽은 사람이다.' 로 해석된다.

C단락을 해석해 보자. '乙巳年에 王은 돌아가신 其王妃只沒尸兮妃를 愛自思했다' 로 해석된다.[94]

D. ①은 '己未年七月三日에 其王과 妹가 함께 書石을 보러 谷에 왔다' 로 해석된다.

D. ②는 '이 때에 함께 3人이 왔다. 另卽知太王妃인 夫乞支妃와 徙夫知王子인 郞△△夫知가 함께 왔다' 로 해석된다.

F단락은 '作切臣은 喙部知禮夫知沙干支와 △泊六知居伐干支이다' 로

93) 南豊鉉, 1988 〈永泰二年銘 石造毘盧遮那佛造像記의 吏讀文 考察〉≪新羅文化≫ 5, P.11에서는 추명의 過去가 '지니가다' 와 '돌아가시다' 의 두가지로 쓰였다고 주장하고 있다. 또 過去爲飛賜豆溫哀郎願爲를 '돌아가신 豆溫哀郎의 願을 위하여' 라고 해석하고 있다.

94) 이 부분을 南豊鉉, 1993 〈新羅時代 吏讀文의 解讀〉≪書誌學報≫9, p.8에서는 '王이 돌아가시니 그 王妃인 只須尸兮妃께서 (잊지 못하고) 사랑하여 스스로 생각했다' 로 해석하고 있다.

해석된다.

G단락은 '△臣은 丁乙尒知奈麻이다'로 해석된다.

H단락은 '作食人은 貞肉知波珍干支의 婦인 阿兮牟呼夫人과 尒夫知居伐干支의 婦인 一利等次夫人과 禮夫知△干支의 婦인 沙爻功夫人이며 함께 지었다'로 해석된다.

지금까지 풀이하여 온 추명을 전체적으로 정리하여 제시하면 다음과 같다.

"지난 날 乙巳年六月十八日 새벽에 沙喙部徙夫知葛文王과 妹인 於史鄒女郎과 (友인 麗德光妙의) 三人이 함께 놀러온 이후로 六△十八日(六月十八日)에는 해마다 書石谷 지나갔다.

妹王을 생각하니 妹王은 죽은 사람이다.

己未年七月三日 새벽에 其王과 妹가 함께 書石을 보러 谷에 왔다. 이 때에 함께 3人이 왔다. 另卽知太王妃인 夫乞支妃와 徙夫知王의 子인 郎△△夫知가 함께 왔다.

이 때에 作切臣은 喙部知禮夫知沙干支와 △泊六知居伐干支이다.

△臣은 丁乙尒知奈麻이다.

作食人은 貞肉知波珍干支의 婦인 阿兮牟呼夫人과 尒夫知居伐干支의 婦인 一利等次夫人과 居禮知△干支의 婦인 沙爻功夫人이며 함께 지었다."

4) 王室의 소속부

중고 왕실의 소속부 문제는 울진봉평비에 喙部牟卽智寐錦王이란 인명이 나와서 喙部 소속으로 일단락되었다. 중고 왕실의 소속부가 喙部임에도 불구하고 봉평비나 천전리서석에 의해 牟卽智를 법흥왕에, 沙喙部徙夫知葛文王을 각각 立宗葛文王에 비정해서 법흥왕의 형제가 喙部

와 沙喙部의 장으로서 신라의 전권을 갖고 있는 것으로 이해하여 왔다. 그래서 5-6세기 금석문에 집중적으로 나오는 部는 행정구역명으로 보게 되었다.

신라의 6부에 대한 행정 구역명으로 보고서 논의를 의욕적으로 전개시킨 논고도 거의 나오지 않고 있는 실정이다. 이러한 의미에서 울주전천리서석은 신라 6부의 성격 규명에 열쇠를 쥐고 있다. 만약에 沙喙部徙夫知葛文王이 立宗葛文王과 동일인이라면 이 시기 신라의 6부는 행정구역 명칭이 되지만, 그렇지 않는 경우에는 6부에 대한 구성이나 조직 문제에 다른 각도에서의 접근이 필요하기 때문이다. 지금까지는 금석문 연구에서 대개 문헌적인 상황에 따라 금석문을 해석해 왔다. 가령 남산신성비 제2비에서의 郡中村主 문제는 명활산성작성비의 발견으로 郡中上人으로 바뀌게 되었다. 마찬가지로 지금 울주전천리서석에서 徙夫知葛文王과 立宗葛文王을 동일인으로 보고서 천전리서석을 해석하면 본문의 해석에 여러 가지 문제가 노정된다. 이러한 문제점들을 푸는 길은 천전리서석의 원명과 추명만으로 먼저 해석하고 나서 ≪三國史記≫·≪三國遺事≫ 등의 문헌을 통한 검증이 필요하다고 판단된다.

여러 차례에 걸쳐서 현지 조사와 명문 자체의 해석을 통해서 얻은 결론은 천전리서석이 만들어진 곳의 위치는 청동기 시대 이래의 암각화가 있었다. 이 암각화들은 그 시기의 신앙적인 장소였음을 암시해 주고 있다. 우리의 주목을 끄는 것은 원명과 추명이 그 전에 존재했던 인물상의 일부를 제거하고 새겨진 사실이다. 천전리서석의 원명과 추명이 들어갈 수 있는 공간은 많지만 하필 왜 그 인물상의 상반신을 제거 하고서 새겼을까하는 의문이 생긴다. 천전리서석의 원명과 추명의 위치가 전체 암각화 유적의 거의 한 가운데에 있는 점, 하반신만 남은 인물상이 비는 모습인 점 등에서 보면, 그 전에 천전리에 존재했던 전통 사상의 제거와 관련도 있는 듯하다. 그래서 천전리서석에 갈문왕 일족이 온 것이 단순

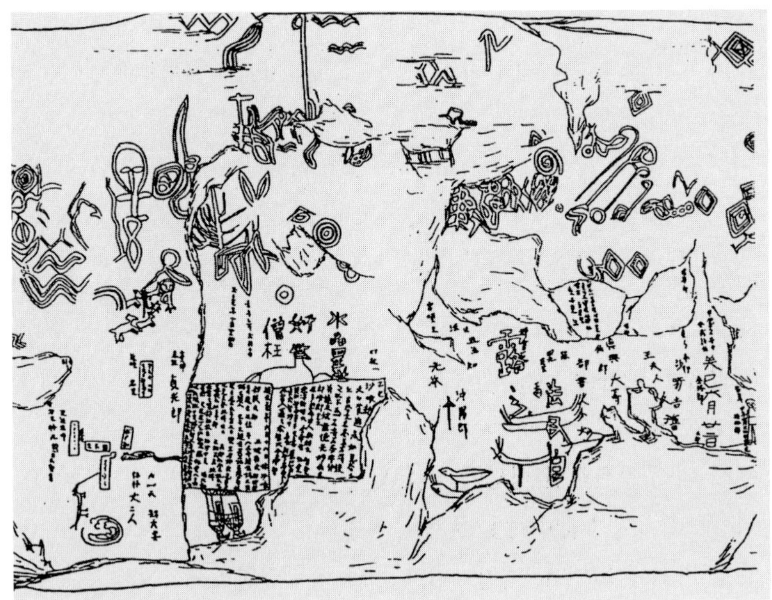

그림 1 원명과 추명 부근의 실측도

히 경치 좋은 곳에 왔다기 보다는 신앙적인 장소였기 때문에 왔다고 추정하는 바이다.

이렇게 신앙적인 장소에 왔을 때에는 乙巳年과 己未年에 모두 이 곳에 왔을 만한 이유가 존재해야 된다. 그 까닭이 천전리서석의 원명과 추명에 분명히 나타나 있다. 곧 乙巳年에도 沙喙部徙夫知葛文王의 妃인 只沒尸兮妃가 죽었기 때문에 己未年七月三日에는 沙喙部徙夫知葛文王의 妹인 於史鄒女郎 곧 另卽知太王妃의 남편인 另卽知太王이 죽어서 왔다. 이렇게 沙喙部徙夫知葛文王이 문헌에도 없는 葛文王이란 사실이 현재의 상황으로는 난점이 있지만, 장차 새로운 새로운 자료의 출현과 함께 보다 깊이 검토되어야 할 것이다.

3
地方官

新羅 中古의 地方官制는 州郡制였다는 데에는 이론이 없다. 이 州郡制는 여러 차례의 변화 과정을 거쳐 통일 후 九州五小京制로 완비되었다. 중고의 지방 제도에 대해서는 지금까지 적지 않은 연구 업적이 쌓여 있으며, 이로써 대체적인 윤곽을 파악할 수 있게 되었다.[95] 중고의 지방

95) 今西 龍, 1933 〈新羅上州下州考〉 ≪新羅史研究≫.
藤田亮策, 1953 〈新羅九州小京考〉 ≪朝鮮學報≫5. 1963 ≪朝鮮學論考≫재수록.
末松保和, 1954 〈新羅幢停考〉 ≪新羅史の諸問題≫.
韓沽劤, 1960 〈古代國家 成長過程에 있어서의 對服屬民政策(上)〉 ≪歷史學報≫12.
林炳泰, 1967 〈新羅小京考〉 ≪歷史學報≫35 · 36合.
村上四男, 1968 〈新羅の歃良州(良州)について〉 ≪朝鮮學報≫48. 1978 ≪朝鮮古代史研究≫
李鍾旭, 1974 〈南山新城碑를 통해서 본 新羅의 地方統治體制〉 ≪歷史學報≫64.
申瀅植, 1975 〈新羅軍主考〉 ≪白山學報≫19.
山尾幸久, 1975 〈朝鮮三國の 軍區組織 – エホリのミヤケ研究序說–〉 ≪古代朝鮮と日本≫.
末松保和, 1975 〈新羅の郡縣制 – 特にその完成期の二 · 三の問題–〉 ≪學習院大學研究年報≫12.
李基東, 1976 〈新羅下代의 浿江鎭〉 ≪韓國學報≫4.
浜田耕策, 1976 〈新羅の城 · 村設置と郡縣制の旅行〉 ≪朝鮮學報≫84.
朱甫暾, 1979 〈新羅 中古의 地方統治組織에 대하여〉 ≪韓國史研究≫23.
金周成, 1983 〈新羅下代의 地方官司와 村主〉 ≪韓國史研究≫41.
木村 誠, 1983 〈新羅時代の鄕 –部曲制成立の再檢討–〉 ≪歷史評論≫403.
李銖勳, 1988 〈新羅 中古期 州의 構造와 性格〉 ≪釜大史學≫12.

에 州 · 郡 · 村(城)이 존재하였으며, 이에 대응하여 각각 軍主 · 幢主 · 道使라 불리우는 지방관이 파견되었다고 이해되어 왔다.

이러한 선학들의 연구 성과에도 불구하고, 근래에 이르기까지 발견된 중고 금석문의 이해에 차이가 있어 지방 제도의 이해에 논란이 계속되고 있다. 신라 중고의 금석문은 모두 六朝體로 기록되어 있으나 이를 무시하여 판독에 잘못이 생기고, 지방 제도를 비롯한 신라사 해명에도 큰 지장을 초래한 예가 있었다.[96] 다음으로 금석문은 자체의 해석을 충실하게 하고, 이를 토대로 ≪三國史記≫ · ≪三國遺事≫ 등의 문헌과 비교하면서 검토해야 될 것이다. 상황 판단을 버리지 않으면, 중고 금석문의 史實性과 다르게 해석될 가능성을 전혀 배제할 수 없기 때문이다.

이상의 두가지 방법에 유의하고 新羅 金石文 내용 자체에 근거하여 중고 지방 통치 체제를 살피고, 선학들의 견해와 차이점을 뚜렷하게 지적하고자 한다.

1) 昌寧碑의 地方官

신라 중고 地方統治體制의 규명에 가장 중요한 자료의 하나로 창녕비를 들 수 있다. 이 창녕비에 근거하여 현재 학계에서는 중고의 지방통치 조직에 관한 많은 견해들이 발표된 바 있다. 이 가운데 중고의 지방통치 조직을 軍主-幢主-道使로 나누어 보는 일원적인 입장이 있고, 다른 한편으로는 민정관은 使大等, 군정관은 軍主로 보는 이원적인 입장이 있

李銖勳, 1993 〈新羅 村落의 성격 -6세기 금석문을 통한 행정촌 · 자연촌 문제의 검토-〉 ≪韓國文化硏究≫6.

李銖勳, 1993 〈新羅 村落의 立地와 城 · 村名 -三國時期의 경우를 중심으로-〉 ≪國史館論叢≫48.

96) 명활산성 작성비의 工자를 二자로 읽어서 남산신성비와 명활산성비 작성비의 力役 체계를 전혀 다르게 이해해 왔다.

어서 크게 이 두가지로 나누어 진다.

일원적인 입장을 다시 다음과 같이 두가지로 나뉘어진다. 하나는 신문왕대의 지방 제도에 대비시켜 州의 장관을 軍主·郡에 幢主·城(村)에 道使가 파견되었다고 보는 견해가 있다.[97] 다른 하나는 창녕비에 나오는 (行)使大等이 幢主·道使의 범칭이라고 보는 시각에서 출발하여, 군주는 중앙관이고, 지방관으로 군에 당주와 촌(성)에 도사가 각각 파견되었다고 보는 견해가[98] 그것이다.

이원적인 견해도 두가지로 나뉘어진다. 하나는 단순히 군주를 군정관·사대등을 민정관으로 구분해 그 통치 지역까지를 구별하고 있다.[99] 다른 하나는 주·군·촌(성)에 군정관으로 軍主 – 幢主 – 外村主가 파견되었고, 민정관으로 州行使大等 – 郡行使大等 – 道使가 파견되었다고 보는 견해가 그것이다.[100]

위와 같은 중고 지방통치조직의 근거는 모두 창녕비에서 출발하고 있다. 창녕비를 가장 먼저 다루어야 할 중요성도 바로 여기에 있다.(창녕비의 전문은 본고의 55쪽 참조)

먼저 창녕비 제⑤행에서 제⑥행에 걸쳐 실려있는 「大等與軍主幢主道使與外村主」란 구절이 주목된다. 여기서 대등·군주·당주·도사·외촌주 등은 모두 관직명이다. 이들 관직명의 하나하나 성격이나 상호 관계 등은 이 간단한 구절만을 가지고 밝히기란 거의 불가능하다. 이 구절의 해명을 위해서는 우선 구절과 관련지어 온 창녕비 자체의 수가인명에서 비교할 수 있다. 설명의 편의를 위해 창녕비의 인명을 제시하면 다음 쪽의 **표 1**과[101] 같다.

---

97) 李鍾旭, 1974 〈앞의 논문〉.

98) 朱甫暾, 1979 〈앞의 논문〉.

99) 末松保和, 1954 〈앞의 논문〉.

100) 木村 誠, 1976 〈앞의 논문〉.

101) 〈표 1〉은 金昌鎬, 1991〈昌寧碑 前半部 記事에 대한 분석〉《古文化》39, P.30에서 전제하였다.

표 1 창녕비의 인명 분석표

職名	部名	人名	官等名
(大等)		屈珍智	大一伐干
〃	沙喙	△△智	一伐干
〃	(喙)	(居)折〔夫〕智	一尺干
〃	(喙)	(內禮夫)智	一尺干
〃	喙	(比次)夫智	迊干
〃	沙喙	另力智	迊干
〃	喙	△里夫智	(大阿)干
〃	沙喙	都設智	(阿)尺干
〃	沙喙	△△智	一吉干
〃	沙喙	忽利智	一(吉)干
〃	喙	珍利△次公	沙尺干
〃	喙	△△智	沙尺
〃	喙	△述智	沙尺干
〃	喙	△△△智	沙尺干
〃	喙	比叶△△智	沙尺干
〃	本波	夫△智	及尺干
〃	喙	△△智	(及尺)干
〃	沙喙	刀下智	及尺干
〃	沙喙	△尸智	及尺干
〃	喙	鳳安智	(及尺)干
△大等	喙	居七夫智	一尺干
〃	喙	△未智	一尺干
〃	沙喙	吉力智	△△干
△大等	喙	末得智	〔一〕尺干
〃	沙喙	乇聰智	及尺干
四方軍主 比子伐軍主	沙喙	登△△智	沙尺干
四方軍主 漢城軍主	喙	竹夫智	沙尺干
四方軍主 碑利城軍主	喙	福登智	沙尺干
四方軍主 甘文軍主	沙喙	心麥夫智	及尺干
上州行使大等	沙喙	宿欣智	及尺干
〃	喙	次叱智	奈末
下州行使大等	沙喙	春夫智	大奈末
〃	喙	就舜智	大舍
于抽悉支河西阿郡使大等	喙	比尸智	大奈末
〃	沙喙	盾兵夫智	奈末
旨爲人	喙	德文兄	奈末
比子伐停助人	喙	覓旨	大奈末
書人	沙喙	導智	奈舍
村主		智	述干
〃		麻叱智	述干

* 관등명중 奈舍는 大舍의 잘못으로 판단된다.

표 1의 창녕비 수가 인명과 앞의 「大等與軍主幢主道使與外村主」란 구절에 나오는 大等을 살펴보자. **표 1**의 관직명 가운데에서 大等은 마멸되고 없다. 그러나 마운령비 등 眞興王대에 만들어진 금석문에 나오는 인명 표기 순서에 비추어 喙部鳳安智 앞의 20여명이 대등임에는 재론의 여지가 없을 것같다. 이렇게 되면, **표 1** 대등과 창녕비 제⑤·⑥행의 대등은 쉽게 대비된다. 제⑤·⑥의 군주는 **표 1**에서 四方軍主인 비자벌군주, 한성군주, 비리성군주, 감문군주임은 쉽게 짐작되며, 제⑤·⑥행의 외촌주는 **표 1**에서 맨 끝에 나오는 촌주란 직명을 가진 2명을 가리킴이 분명할 것이다.

남은 문제점은 제⑤·⑥행의 당주, 도사가 **표 1**에서는 보이지 않는 점이다. 제 ⑤·⑥행의 도사도 대등, 군주, 외촌주와 마찬가지로 **표 1**에서 찾아야 된다면, 軍主와 村主사이에서 나오는 직명에서 찾아야 될 것이다. **표 1**에서 그 대상은 上州行使大等·下州行使大等·于抽悉支阿西阿郡使大等·旨爲人·比子伐停助人·書人 등이 된다. 먼저 書人이란 무슨 직명일까? 대구오작비의 文作人을 동비의 작성자로 보고[102], 남산신성비의 文尺을 동비의 작성자로 보아왔다.[103] 이들로 미루어 창녕비의 書人도 창녕비의 작성자로 판단된다.[104] 比子伐停助人은 마운령비의 軍主와 助人 관계에서도 보이는 바[105] 비자벌군주의 예속관일 것이다.[106] 旨爲人은 왕의 명령을 전달하는 사람으로 생각되는 바,[107] 마운령비의 수가인명과 비교하면 국왕의 근시 기구에 해당되는 직명중에 하나일 것

102) 任昌淳, 1958 〈戊戌塢作碑小考〉 ≪史學硏究≫1, p.16.

103) 秦弘燮, 1965 〈南山新城碑의 綜合的 考察〉 ≪歷史學報≫26, p.31.

104) 朱甫暾, 1979 〈앞의논문〉, p.5.

105) 金昌鎬, 1983 〈앞의 논문(I)〉, p.17.

106) 山尾幸久, 1974 〈앞의 논문〉, p.176.

107) 井上秀雄, 1975 ≪古代韓國史≫, p.180. 助人은 巡行의 잡무 일체를 주관하는 사람으로 보고 있으나 따르기 어렵다.

이다.[108] 書人, 比子伐停助人, 旨爲人은 모두 그 직명을 띤 사람이 단 한 명뿐이므로 당주와 도사에 비정되기는 어렵다. 그러면 남은 직명은 자연히 上州行使大等, 下州行使大等, 于抽悉支阿西阿郡使大等의 셋 뿐이다. 이들 세 직명은 모두 2명씩 복수의 인명을 갖고 있어서 당주와 도사에 비정될 가능성도 있을 법하다. 당주와 도사가 과연 상주행사대등과 직접관련되는지 여부는 중고의 지방통치조직을 일원적으로 파악해야 되느냐, 아니면, 이원적으로 파악해야되느냐는 문제와 직결된다. 이는 중요한 문제이므로 사대등과 당주, 도사를 각각 장을 달리하여 검토해 보기로 하자.

2) 使大等

우선 창녕비에 나오는 上州行使大等 · 下州行使大等 · 于抽悉支河西阿郡使大等의 사대등에 대한 선학들의 견해부터 알아보기로 하자.

첫번째로, 2명씩의 사대등 가운데 앞에 있는 宿欣智及尺干 · 春夫智奈末 · 比尸智大奈末 등을 中代의 州助로, 뒤에 있는 次叱智奈末 · 就舜智大舍 · 須兵夫智奈末 등을 長史로 본 비정한 견해가 있다.[109] 두번째로 (行)使大等을 단순히 군주의 輔佐官으로 본 견해가 있다.[110] 세번째로 (行)使大等을 도사로 보고 서방군주 앞에 나오는 두 個의 △大等을 당주일 가능성을 시사한 견해가 있다.[111] 네번째로 중고 지방통치조직을 이원적으로 파악하고서 주행사대등을 주의 민정관으로, 군사대등을 군의

108) 三池賢一, 1971 〈新羅內廷官制考(下)〉 ≪朝鮮學報≫62, p.34.

109) 今西 龍, 1933 ≪앞의 책≫, pp.484-485.

110) 藤田亮策, 1963 ≪앞의 책≫, p.344.

111) 李基白, 1962 〈大等考〉≪歷史學報≫17 · 18 合輯, 1974 ≪新羅政治社會史硏究≫재수록, p. 75. 三池賢一, 1970 〈「三國史記」職官志外位條解〉 ≪北海道駒澤大學硏究紀要≫5, p.103에서도 (行)使大等을 도사에 비정하고 있다.

민정관으로 파악한 견해가 있다.[112] 다섯번째로 (行)使大等을 **표 1**의 창녕비 隋駕人名에서 꼭 찾아야 된다는 전제아래 당주와 도사의 汎稱으로 본 견해가 있다.[113]

첫번째의 견해에서 사대등을 州助·長史로 파악한 점은 재고의 여지가 있는 것같다. 중고에 있어서 군주의 예속관은 창녕비와 마운령비에 근거할 때 助人이고,[114] 당주의 예속관은 赤城碑의「勿思伐城幢主使人」이란 직명에 근거하면 使人이다.[115] 따라서 주조와 장사의 전신은 사대등이 아니라 助人과 使人일 가능성이 있기 때문이다. 두번째의 견해에서는 (行)使大等을 군주의 보좌관으로 보고 있으나 창녕비에서 上州行使大等의 직명을 가진 宿欣智及尺干은 甘文軍主의 관등과 꼭 같아서 얼른 납득이 가지 않는다. 세번째의 견해에서는 (行)使大等을 도사로 비정하면 도사도 州에 파견된 모순을 안고 있다. 네번째와 다섯번째의 것들은 신라 지방 제도를 폭 넓게 다루고 넓은 시야에서 나온 견해들로 현재 학계에서 가장 널리 인정되고 있다. 이에 대해서는 단락을 바꾸어 상세히 검토해 보기로 하겠다.

(行)使大等을 幢主·道使의 범칭으로 본 견해부터 조사해 보겠다. 이 범칭론에 있어서 于抽悉支河西阿郡使大等란 직명 가운데 于抽悉支河西阿郡을 1개의 군으로 파악하고 있다.[116] 上州行使大等·下州行使大等·于抽悉支河西阿郡使大等에서 공통으로 들어있는 (行)使大等을 제거하면, 上州·下州·于抽悉支河西阿郡만 남게 되어 于抽悉直河西阿郡을

112) 木村 誠, 1976 〈앞의 논문〉, p.18.

113) 朱甫暾, 1979 〈앞의 논문〉, p.5.

114) 山尾幸久, 1974 〈앞의 논문〉 p.176 에 이미 助人을 軍主의 官이고, 州助에 해당하는 것으로 밝히고 있다.

115) 朱甫暾, 1979 〈앞의 논문〉, p.12. 그런데 촌주를 道使의 예속관으로 본 것은 재고되어야 할 것이다.

116) 朱甫暾, 1979 〈앞의 논문〉, p.22.

한 개의 郡으로 보기는 어려울 것 같다. 于抽悉支河西阿郡에서 于抽는 寧海·蔚珍, 悉支는 三步, 河西阿는 江陵에 비정된다고 한다.[117] 이들 지역 범위를 고려해 보아도 于抽悉支河西阿郡을 한 개의 군으로 보는 점은 재고되어야 할 것같다.[118] 범칭론에 근거하여 **표 1**을 살펴보면, 下州에 파견된 도사의 관등이 大舍이고, 于抽悉支河西阿郡에 파견된 道使의 관등이 奈末인 점도 이상하다. 주는 군보다 상위에 있는 지방행정구역이므로 주에 파견된 도사가 군에 파견된 도사보다 높아야 타당하기 때문이다. 이와 같이 범칭론 자체에도 문제점이 있다. 범칭론에 대한 지금까지의 지적이 과연 타당한지에 대해 北漢山碑의 隋駕人名을 통해 조사해 보겠다.[119]

북한산비에 있어서 南川軍主의 관등은 창녕비와 비교할 때 沙尺干이나 及尺干이 될 수 있을 것이다. 북한산비에서 及尺干을 及干으로 표시한 예를 보면 沙尺干도 沙干일 가능성이 있다. 남천군주의 관등은 沙干이든지 及干이든지 관계없이 두자가 필요하게 된다. 남천군주에 뒤이어 나오는 직명은 무엇인지 알 수 없으나 4-6자로 된 것은 분명하다. 이 직명을 가진 4명의 관등이 及干·大奈·奈·奈인 점과 군주에 뒤이어 나오는 점등은 창녕비의 (行)使大等과 꼭 같다. 단지 (行)使大等이 창녕비에서는 2명씩인데 비해 북한산비에서는 4명인점이 다를 뿐이다.

북한산비의 이 직명 부분을 다른 인명이 들어간다고 보고서, 「직명+부명+인명+관등명」으로 복원하기에는 글자수가 모자란다. 남천군주에나 이 직명 자체에 인명을 하나 더 넣으면 직명을 나타낼 글자가 남지 않고, 남천군주가 6명이 되고 만다. 북한산비에서 4-6자로 된 직명은 使

117) 末松保和, 1954 〈新羅六部考〉 ≪앞의 책≫, p.305.

118) 末松保和, 1954 ≪앞의 책≫, p.339에서도 「于抽悉支河西阿郡」을 于抽·悉支·河西阿의 三郡으로 보고 있다.

119) 이에 대한 상세한 것은 金昌鎬, 1992 〈北漢山碑에 보이는 甲兵 문제〉 ≪文化財≫25. 본고의 제Ⅱ장 2 巡狩 관련 金石文의 〈표 1〉 참조.

大等으로 복원 할 수 있을 것같다. 이러한 추정이 맞다면, 북한산비의 사대등은 4명으로, 창녕비의 2명보다 많다. 4명이 사대등이란 직명을 갖고 있으므로 범칭론에서처럼 위의 한 명을 幢主, 아래의 다른 한명을 道使로 비정하기에는 어렵게 된다. 창녕비와 북한산비의 사대등이 각각 2명씩과 4명인 점에 근거하면 앞으로의 금석문에서 사대등이 3명인 예가 나올 가능성이 있어서 범칭론은 성립키 어렵게 된다.

다시 앞으로 돌아가 이원론에서 말하는 사대등의 民政官說에 대해 조사해 보겠다. 이원론은 창녕비에 나오는 사대등의 통치 지역이 군주의 통치 지역과 판연히 구별 된다는 전제 아래 전자를 民政, 후자를 軍政의 지방관으로 본 것[120]에서 출발하였다. 이 견해에 따르면 사대등의 통치 지역은 上州와 下州, 于抽悉支河西阿郡의 3郡이 되며, 군주의 통치 지역은 比子伐, 漢城, 甘文, 碑利城의 4지역이 된다는 주장이다. 창녕비만으로 四方軍主와 (行)使大等의 통치구역을 각각 따로 구분하는 것은 뚜렷한 근거가 없는 것 같다. 또 ≪三國史記≫, 地理志, 尙州火王郡條에 「火王郡 本比自火郡一云比子伐 眞興王十六年置州 名下州」란 구절등에 근거하여 창녕비에 나오는 上州와 甘文, 下州와 比子伐을 각각 동일한 것으로 본 기왕의 견해도[121] 있다.

창녕비에 있어서 군주의 직명을 띤 4명의 관등은 沙尺干(京位 8位) 3명, 及尺干(9位) 1명인데 비해, 使大等은 及尺干(9位) 1명, 大奈末(10位) 2명, 奈末(11位) 2명, 大舍(12位) 1명으로 차이가 있다. 창녕비의 관등만으로 본다면, 州에 해당되는 軍政 · 民政官의 지방 장관을 각각 軍主 · 使大等이라 하기 어려운 점이 있다. 바꾸어 말하면 使大等을 軍主와 대등한 입장에서 파악하는 것은 관등으로 볼 때 성립하기 어렵다. 실제로 적성비에서는 鄒文村幢主의 관등이 及尺干(9位), 南山新城碑(제1비)에서 道

120) 末松保和, 1933 ≪앞의 책≫, p.339.

121) 今西 龍, 1933 〈新羅上州下州考〉 ≪앞의 책≫, p.290.

使의 관동이 大舍(12位)인 예로 보면 창녕비의 使大等을 軍主와 같은 지방 장관으로 파악하기에는 어려운 면이 있다.

중고의 통치 조직을 이원적으로 보는 다른 견해에 대해서도 조사해 보겠다. 이 견해에서는 州·郡·村에 대응되는 軍政·民政의 長을 각각 軍主와 州行使大等, 幢主와 郡使大等, 外村主와 道使로 파악 하였다.[122] 이 견해에서 州·郡·村에 비정된 6명의 지방관은 뚜렷한 근거 없이 제시된 것이다. 먼저 州行使大等과 郡使大等직명을 지닌 인명사이에 관등의 차이가 없는 점이 문제점으로 지적된다. 下州行使大等과 于抽悉支河西阿郡使大等의 직명을 지닌 인명의 관등을 비교하면 앞의 **표 1**에서 보는 바와 같이 두명 중 한명은 모두 大奈末로 같다. 나머지 한명은 각각 大舍·奈末로 州行使大等 쪽이 오히려 郡使大等보다 낮다.

이 견해에서는 使大等을 大等의 계층에서 職能이 분화된 특수한 임무를 띤 지방 통치에 관여한 大等으로 보았다. 그래서 창녕비 제⑤·⑥행의 「大等與軍主幢主道使與外村主」에서의 「大等」조차도 州行使大等과 郡使大等으로 파악하였다. 창녕비에서는 분명히 마운령비 등에 근거하면 **표 1**과 같이 맨 윗부분에 복원된다. 이 대등은 일반적으로 중앙관으로 파악되었다.[123] **표 1**에서 大等계층은 그 관등이 及尺干이상이고, (行)使大等 계층은 그 관등이 及尺干·大奈末·奈末·大舍로 차이가 나고 있다. 실제로 (行)使大等 계층이 大等 계층에서 선발되어 특수 임무를 띤 大等이라면 **표 1**에서 軍主·△大等위의 대등을 가리킬 뿐이고, 州行使大等·郡使大等과는 관계없는 것이라고 추정된다.

---

122) 木村 誠, 1976 〈앞의 논문〉, p.18.

123) 李基白, 1974 ≪앞의 책≫, pp.66-88. 앞에서도 밝힌 바와 같이 大等의 성격규명은 앞으로의 과제로 판단된다.

3) 幢主와 道使

신라 중고 금석문에 있어서의 당주와 도사는 각각 郡과 村(城)에 파견된 지방관으로 이해되어 왔다. 이 점은 中古 통치 조직을 일원적으로 보거나 이원적으로 본 견해에 관계없이 일치하고 있다. 幢主·道使란 직명은 창녕비의 隨駕人名인 **표 1**에는 있지 않고, 제⑤·⑥행에서 대등·군주·외촌주와 함께 나타나고 있을 뿐, 직명 앞에 지명이 붙은 구체적인 인명으로서는 보이지 않고 있다. 道使의 경우는 지명이 수반된 예를 일찌기 南山新城碑(제1비)에서 볼 수 있었으나 당주의 경우는 그렇지 못했다. 그런데 최근에 이르러 幢主란 직명이 구체적으로 기재된 인명 표기의 예로 적성비를 들 수가 있다.[124)]

적성비에 나오는 大衆等은 마운령비, 창녕비 등과 전체적인 대비를 할 때 大等과 똑같은 것이며[125)] 중앙관으로 파악된다.[126)]

적성비의 高頭林城在軍主等이란 직명에서 軍자는 일찍부터 복원이 시도 되었다. 高頭林을 고구려계인명으로 파악한[127)] 까닭으로, 앞에 지명이 붙지 않은 軍主等(=軍主)의 직명만 남게 되어 문제점을 내포하고 있었다.[128)] 그 뒤에 비의 파편 중 「城在」·「阿干」에 근거한 복원에 의해 高頭林이 지명임이 밝혀졌다.[129)] 이 高頭林城在軍主等이란 직명은 幢主보다 앞서서 나오고 있고, 이 직명을 가진 人名의 관등도 阿干支로 당주란 직명을 띤 인명이 갖는 관등인 及干支보다 높아서 軍主로 비정할 수

---

124) 적성비에 대한 인명 분석은 본서 p. 49의 표 1 赤城碑의 인명 분석표 참조.

125) 李基白, 1978 〈丹陽赤城碑發見의 意義와 赤城碑 王教事部分의 檢討〉 ≪史學志≫12, p.26.

126) 李基白, 1978 〈앞의 논문〉, p.25.
邊太燮, 1978 〈丹陽巡狩碑의 文章과 文體〉 ≪韓國史의 省察≫, p.50.

127) 任昌淳, 1978 〈丹陽巡狩碑의 文章과 文體〉 ≪中央日報≫ 1978년 1월 16일자.

128) 檀國大學校 史學會, 1978 ≪史學志≫12, pp.93-96.

129) 武田幸男, 1979 〈眞興王代における新羅の赤城經營〉 ≪朝鮮學報≫93, pp.7-8.

밖에 없을 것이다.

高頭林城在軍主라 하더라도 **표 1**에 나오는 창녕비의 軍主와는 차이가 있는 것 같다. 우선 용어에서도 軍主等과 軍主는 차이가 난다. 군주등쪽이 창녕비의 군주보다 관등이 높은 데도 불구하고 복수로 되어 있다. 창녕비 · 북한산비 · 마운령비 등에 나오는 군주와는 달리 적성비에서는 高頭林城이란 지명과 군주등이란 지방관명 사이에 「在」자가 들어 있다. 이 차이점이 적성비의 군주등이 창녕비 등에 나오는 군주와는 다를 가능성을 암시하고 있는 것같다. 高頭林城在軍主等이란 직명에서 等자를 복수의 의미로 본다면[130], 「在」자의 의미가 문제되는 것 같다. 그냥 高頭林城軍主等이라고 할 때와 高頭林城在軍主等이라고 할 때의 차이점이 있을 것 같기도 하다. 「在」를 강조하여 이 직명을 보면, 적성이 있는 소백 산맥 이북인 국경 요충지인 高頭林城에 주재한 군주등일 가능성이 있을 것 같다. 이러한 추측이 맞다면 군주등은 주의 장관이라기 보다는 국경 요충지에 주재한 군사적인 성격이 강한 軍主일 가능성이 있을 것같기도 하다. 高頭林城을 安東으로 비정한 견해도 있으나[131] 적성 등 소백 산맥 이북의 신라 영토방위의 측면에서 볼 때 얼른 납득이 가지 않는다. 오히려 소백산맥 이북 남한강 이남의 신라 영토에 高頭林城이 있었을 가능성이 클 것 같다.[132]

軍主等이란 직명 다음에는 幢主가 나오고 있다. 鄒文村幢主인 沙喙部 設智及干支와 勿思伐戊城幢主는 금석문에서 당주가 인명으로 확인되는 최초의 예이다. 그 다음의 「勿思伐城幢主使人那利村」에서 「使人」은 당

130) 장지영 · 장세경, 1976 ≪이두사전≫, p.121.

131) 武田幸男, 1979 〈앞의 논문〉, p.19.

132) 1984년 8월 8일 적성비를 조사하러 갔었다. 이 때에 丹陽郡 永春面 栢子里에 단양에서 영춘으로 가는 길목에, 고두름고개(재)가 있다는 이야기를 노인에게서 듣게 되었다. 고두름고개는 영춘면 하리와 백자면의 경계지인 城山(표고 해발 323m)에 있는 溫達城일 가능성도 있는 것 같으나, 歷史 地理에 어두운 식견으로 무엇이라 말하기 어렵다. 고두름재란 이야기는 충북대 양기석 교수도 현지조사를 통해 확인하였다고 한다. 高頭林城은 현재의 온달성으로 보는 쪽이 타당할 것이다.

주의 예속관이다.[133] 이 「勿思伐城幢主使人」이란 직명을 가진 인명의 출신지는 勿思伐城이 아니고 邢利村인 점이 주목된다. 邢利村을 勿思伐城 내의 촌명으로 볼 수도 있겠으나 그럴 경우 굳이 勿思伐城幢主使人의 출신지를 邢利村이라 밝힐 까닭이 없을 것이다. 같은 적성비에 있어서 鄒文村幢主란 직명이 보인다. 이 직명에서는 촌이 당주의 主治所가 되고 있어서 邢利村을 勿思伐城 내의 촌으로 보기에는 어려울 것 같다. 勿思伐城幢主의 출신지가 邢利村인 점에 근거하면, 勿思伐城幢主의 관할지가 勿思伐城 뿐만 아니라 邢利村까지도 포함되는 것으로 이해하여 왔다.[134] 道使의 경우도 연대상으로 창녕비에 앞서는 자료가 雁鴨池 호안석축에서 최근에 발견되었다. 우선 설명의 편의를 위해 전문을 제시하면 다음과 같다.[135]

	1	2	3	4	5	6	7	8
①	村	道	使	喙	部			
②	干	支	大	工	尺	徙	兮	之
③	匠	尺	亐	婁	知	干	支	
④	一	伐	徒	十	四	步		

이 자료는 종래 南山新城碑 第六碑[136]로 또는 第七碑로[137] 소개되었다. 이 비를 자세히 조사해 보면, 다른 남산신성비와 다른 점이 발견된

133) 朱甫暾, 1979 〈앞의 논문〉, p.12.

134) 朱甫暾, 1979 〈앞의 논문〉, p.19.

135) 黃壽永編著, 1978 ≪韓國金石遺文≫, p.458.
田中俊明, 1984 〈新羅の金石文(第八回) -南山新城碑 第五碑~第七碑-〉 ≪韓國文化≫ 六卷三號, pp.39-40. 등을 참조하여 탁본에 의해 판독한 것이다. 이 비는 윗부분이 파실되어 정확한 연대나 성격 등은 모르고 있다. 앞으로 관련 자료의 발견이 기대된다. 이 비를 명활산성비로 본 견해도 있다.(朱甫暾, 1985 〈雁鴨池 出土 碑片에 대한 一考察〉 ≪大丘史學≫27).

136) 秦弘燮, 1976 ≪三國時代의 美術文化≫, p.167.

137) 黃壽永編著, 1978 ≪韓國金石遺文≫, p.458.

다. 글자 자체가 가로 · 세로의 줄이 어긋나 있다. 또 관등으로 추정되는 제②행의 첫부분에 「…干支」가 나오고 있어서[138]. 6세기 전반의 金石文으로 판단된다.[139]

이 金石文 제①행의 「…村道使喙部」에서 「…村道使」란 직명이 나오고 있다. 이 자료에 의해 비로소 창녕비에 앞서는 인명 표기중 직명으로서의 道使가 실재함을 알게 되었다. 불행히도 이 비의 앞부분이 파실되어 어떤 村에 파견된 道使인지는 알 수 없다.

다시 道使에 관한 풍부한 金石文資料인 南山新城碑에 대해 조사해 보자. 우선 관계부분을 알기 쉽게 도시하면 다음의 **표 2**[140]와 같다.

표 2에 나오는 여러 직명 중 지금까지는 대개 邏頭[141]와 道使에 대해서만 주목해 왔다. 道使는 일원론이나 이원론에서 모두 城이나 村에 파견된 지방관으로 보아 왔다. 邏頭의 성격 규정은 道使와는 달리 좀 복잡하게 시도되어 왔다. 먼저 邏頭는 제1비에서 그 官等이 道使와 마찬가지로 大舍인 점에 의해 도사에 準하는 지방관으로 본 견해가 있다.[142] 다음으로 邏頭는 분명히 제1비에서 奴含道使나 營坫道使보다 앞서 나온 점에 의해 幢主에 상당되는 지방관으로 본 견해가 있다.[143] 그 다음으로 邏頭를 羅兵의 우두머리의 外司正의 전신으로 본 견해가 있다.[144]

위의 견해들은 모두 뚜렸한 근거에 의해 제시된 것이 아니라는 약점

---

138) 武田幸男, 1977 〈金石文資料からみた新羅官位制〉 ≪江上波夫教授古稀記念論集≫ 歷史篇.

139) 田中俊明, 1984 〈앞의 논문〉.

140) 〈표 3〉에 작성에는 金昌鎬, 1983 〈앞의 논문(II)〉에 따랐다. 단, 第5碑에 대해서는 田中俊明, 1984 〈앞의 논문〉, pp.36-38의 비판을 참조하여 새로 작성하였다.

141) 제1비의 阿良邏頭는 阿良羅의 頭로 보아 오다가 (末松保和, 1957 ≪앞의 책≫, pp. 486-487), 阿良의 邏頭로 이해하게 되었다. (李鍾旭, 1974 〈앞의 논문〉, p. 9).

142) 李鍾旭, 1974 〈앞의 논문〉, pp.39-40.

143) 朱甫暾, 1979 〈앞의논문〉, p.30.

144) 李宇泰, 1981 〈앞의논문〉 p.106.

표 2 남산신성비의 道使와 村主

碑名	職名	出身地名	人名	官等名
第一碑	阿良邏頭	沙喙	音乃吉	大舍
	奴含道使	沙喙	合親	大舍
	營坫道使	沙喙	△倣知	大舍
	郡上村主	阿良村	今知	撰干
	〃	柒吐(村)	△知尒利	上干
第二碑	阿旦兮村道使	沙喙	勿生次	小舍
	仇利城道使	沙喙	級知	小舍
	答大支村道使	沙喙	所叱△知	大(烏)
	郡中上人	沙刀城	平四利之	?干
	〃	久利城	首△利之	撰干
第四碑	(古生)邏頭	沙喙	奴……	(太舍)
	………	………	………	太舍
	一善…	………	………	(太舍)
	………	古生村	㢱……	………
	〃	………	……利	上干
第五碑	…道使幢主	喙部	吉文知	太舍
		………	………	………
	………	……向村	△△知	上干
	〃	……同村	………	………

을 지니고 있다. **표 2**의 자체에서는 邏頭가 幢主나 道使 중 어느 것과 같은 것인지 여부에 대한 꼬투리는 발견되고 있지 않다. 위의 견해들에서 공통점은 道使를 (창녕비 제⑤·⑥행의 「大等與軍主幢主道使與外村主」에 근거하여) 당주보다 격이 낮은 지방관으로 파악한 점이다. 제1비를 통해 볼 때 道使는 郡의 上村主를 감독하고 있으므로 郡에 해당되는 곳의 地方官일 가능성도 엿보인다.[145]

그런데, 제5비에는 「道使幢主」란 직명이 나오고 있다.[146] 이 직명은

145) 金昌鎬, 1983 〈앞의논문(II)〉 p.21.

中古의 지방관을 군의 幢主, 城(村)의 도사로 본 관점, 바꾸어 말하면 幢主를 道使보다 높게 본 통설과 어긋나고 있다. 道使幢主란 직명은 道使란 직명과 幢主란 직명이 겹쳐서 된 것이다. 이렇게 中古 金石文에서 관직명이 겹치는 예로는 磨雲嶺碑의 「堂內客哀內客」, 赤城碑의 「…人石書立人」등이 있다.[147] 이 道使幢主란 직명에 근거하면 당주를 도사보다 격이 높은 것으로 본 견해는 수정되어야 할 것 같다. 만약에 도사가 더 높다면 幢主道使로 겹치게 되지, 道使幢主로 되지 않았을 것이다. 당주가 도사보다 높다고 보아서 당주의 파견된 곳만을 군에 해당된 곳으로 본 것도 재고의 여지가 있는 것 같다. 道使幢主란 직명에 근거하여 추정하면 당주나 도사가 파견된 곳 모두가 군이 된 곳도 있는것 같다. 물론 幢主·道使가 파견된 모든 곳이 郡이 된 것은 아니고 나중에 縣에 해당되는 곳도 있었을 것이다.

제5비의 道使幢主의 직명은 범칭론에 대한 반론의 중요한 근거가 될 수 있을 것이다. 범칭론에서처럼 (行)使大等에서 먼저 나오는 관등이 높은 것을 幢主, 나중에 적힌 것을 도사로 볼 수만은 없기 때문이다. 幢主와 道使의 상하 관계가 인정되지 않는다면 모순점은 이원론에서도 발견이 된다. 왜냐하면 幢主를 郡의 軍政官, 道使를 村(城)의 민정관으로 본 것은 당주가 도사보다 높다는데 근거한 것이기 때문이다.

이상에서 당주와 도사간의 상하 관계가 없었음을 살펴 보았다. 이 당주와 도사의 근본적인 차이점은 무엇인지 새로운 관점에서의 연구가 기대된다.

---

146) 남산신성비 제5비의 탁본사진은 田中俊明, 1984 〈앞의 논문〉, p.37 참조. 지금까지 제5비 제③행을 「道使幢主」로 판독한 견해는 다음과 같다.
秦弘燮, 1976 ≪앞의 책≫, p.145.
金昌鎬, 1983 〈앞의 논문 (II)〉, p.8.
田中俊明, 1984 〈앞의 논문〉, p.36.

147) 金昌鎬, 1983 〈앞의 논문(I)〉, p.17.

4) 地方官의 상호 관계

지금까지 중고의 지방통치 조직을 복원하는데 있어서 가장 중요한 자료로 昌寧碑와 南山新城碑가 이용되어 왔다. 昌寧碑에서는 上州・下州의 州와 于抽悉支河西阿郡의 郡이 나온다. 南山新城碑에서는 郡上村主의 군과 도사란 직명 앞 등에 村(城)이 나오고 있다. 이들 昌寧碑와 南山新城碑에 근거하여 中古의 地方統治組織을 州・郡・村(城)의 3단계로 편제됨을 다음의 **표 3**[148]로써 파악하였다.

표 3 新羅 中古의 地方制度 編制의 概念

	昌寧碑	南山新城碑	中古의 地方行政組織
第1段 階	州		州
第 2 段 階	郡	郡	郡
第 3 段 階		村(城)	村(城)

위의 **표 3**과 창녕비 제⑤・⑥행의 「大等與軍主幢主道使與外村主」중 지방관인 軍主・幢主・道使를 차례로 대비시켰다. 그래서 州에는 軍主, 郡에는 幢主, 村(城)에는 道使가 각각 파견된 것으로 이해해 왔다. 앞에서 본 것처럼 남산신성비 제5비에서 「道使幢主」란 관직명이 나오고 있으며, 제1, 2비에도 道使가 「郡」의 上村主・上人[149]을 거느리고 있다.

이들 자료에 의하면 당주와 도사의 상하 관계는 인정키 어렵게 된다. 따라서 **표 3**과 같이 중고의 지방통치 조직을 州-郡-村(城)의 3단계로 보는 것은 수긍키 어렵게 된다. 이러한 점을 토대로 중고 지방제도의 복원

148) 이 표는 李鍾旭, 1974 〈앞의 논문〉, p.29의 表(6)을 따랐다.

149) 郡上村主와 郡中上人 가운데 郡中上人과 동일한 직명이 남산신성비 제9비에서는 郡上人이 나오고 있어서 郡中上人의 中자는 (…에)란 뜻의 조사로 보인다. 혹시 郡上村主의 上자도 上人과 관련될지 않을까도 생각되지만 단정이 불가능해 앞으로 자료 출현을 기다리기로 한다.

에 가장 중요한 자료인 昌寧碑부터 세심히 검토해 보기로 하자.

창녕비 제⑤ · ⑥행의 「大等與軍主幢主道使與外村主」란 구절과 **표 1**의 대비 등으로 시도된 중고의 지방 제도에 관한 여러 견해에 대해서는 앞에서 살펴보았다. 선학들의 견해에서는 제⑤ · ⑥행과 **표 1**을 연결시키는 태도에 따라 제⑤ · ⑥행의 해석 자체도 차이가 생기고 있다.

우선 제⑤ · ⑥행의 해석에 관한 중요한 견해부터 살펴보자. 첫째로 제⑤ · ⑥행의 「大等與軍主幢主道使與外村主」를 「大等과 더불어 軍主, 幢主, 道使, 그리고 外村主…」라고 해석하였다.[150] 대등을 중앙관, 군주, 당주, 도사를 지방관, 村主를 在地勢力으로 구별하였다. 둘째로 창녕비의 (行)使大等을 중앙관인 大等 계층에서 선출되어 지방에 파견된 者로 軍主 등의 지방관과 함께 지방 통치에 가담하였다고 전제하고 나서, 제⑤ · ⑥행을 「大等(州行使大等 · 郡使大等)은 軍主 · 幢主 · 道使는 外村主와 함께…」라고 해석한 견해가 있다.[151] 세째로 (行)使大等이 幢主 · 道使의 범칭이라는 전제아래 軍主도 중앙관으로 보면서, 제⑤ · ⑥행을 · 大等과 軍主, 幢主, 道使와 外村主…」로 해석한 견해가 있다.[152]

위와 같은 해석들은 제⑤ · ⑥행 자체만으로 한 것이 아니라 **표 1**과 관련시켜 풀이해 왔다. 바꾸어 말하면 大等, 軍主, 幢主, 道使, 外村主의 성격을 어떻게 규정짓느냐에 따라서 제⑤ · ⑥행의 해석이 달라지는 것이 된다. 제⑤ · ⑥행 자체만을 가지고 보면 분명히 「與」자가 두군데 있어서 「大等 與 軍主幢主道使 與 外村主」의 세부분으로 나누어 진다. 大等은 중앙관이며, 外村主는 京位를 받지 못하는 대신에 外位를 받는 지방 세력이다. 軍主, 幢主, 道使는 大等과 外村主의 중간계층 곧 중앙관과 지방

150) 李鍾旭, 1974 〈앞의 논문〉, P.42.

151) 木村 誠, 1976 〈앞의논문〉, p.18. 이 해석은 末松保和가 한 것과 동일하다. (末松保和, 1954 ≪앞의 책≫, p.311).

152) 朱甫暾, 1979 ≪앞의 책≫, pp.36-37.

세력을 연결하는 위치에 있으며, 직명앞에 지명이 오는 지방관이다. 「與」자에 근거하여 제⑤·⑥행을 해석하면 「大等과 軍主·幢主 ·道使와 外村主…」이 될 수 있을 것이다. 이렇게 해석하면 창녕비에 보이는 직명가운데 지방관으로 단정할 수 있는 것은 軍主, 幢主, 道使뿐이다.

창녕비에서 지방관을 軍主, 幢主, 道使로 한정시킬 경우, **표 1**에서 (行)使大等의 성격규명이 문제점으로 남게 된다. (行)使大等은 전술한 바와 같이 幢主, 道使의 범칭이 아니며, 大等에 선출되어 파견된 民政官으로 볼 수도 없을 것이다. (行)使大等의 명칭이 창녕비 제⑤·⑥행에서 지방관인 軍主, 幢主, 道使와 함께 나열되지 않은점이 주목된다. 같은 창녕비에서 지방관이 나열되어 있는 제⑤·⑥행에는 나오지 않고 **표 1**의 수가 인명에만 나오는 점은 (行)使大等의 명칭이 軍主, 幢主, 道使와 성격이 다를 가능성을 암시하고 있는 것같다. **표 1**에 있어서 성격이 불분명한 △大等은 중앙관인지 지방관인지 불분명하다. 旨爲人과 書人은 지방관과 중앙관으로 나눌 경우, 중앙관으로 볼 수 있을 것이다. 比子伐停助人은 지방관으로 통일 후 州助의 전신일 것이다. 旨爲人·書人·比子伐停助人등의 직명을 보면 중앙관이나 지방관 중에서도 제⑤·⑥행에 나열되지 못한 계층이 있었음을 알 수 있다.

제⑤·⑥행에 있어서 大等은 중앙관, 軍主, 幢主·道使는 지방관, 外村主는 外位를 받은 지방 세력이다. 이들은 다같이 신라 통치 조직의 中核을 이루는 것으로 이해된다. 제⑤·⑥행에 나열되지 못한 上州行使大等·下州行使大等·于抽悉支河西阿郡使大等의 (行)使大等도 比子伐停助人과 마찬가지로 지방통치의 長인 軍主·幢主·道使와는 다른 계층일 것 같다. (行)使大等은 比子伐停助人과 함께 직명 앞에(軍主·幢主·道使 등의 지방관과 마찬가지로)지명이 나오고 있다. **표 1**에서 (行)使大等은 바로 四方軍主에 뒤이어 나오며, 旨爲人·比子伐停助人보다 앞서서 기록되어 있다. (行)使大等의 직명 자체에서 보면, 州와 郡에 동시에 파견된 점을 보면, ≪三國史記≫, 職官志下, 外官條에 外司正의 수가 133인인 점도 참작 할 때[153] 창녕비의 (行)使大等이 혹 外司正의 전신일 가능성도 어느정도 있는 것 같으나 더 이상의 증거가 없어서 단정은 유보하기로 한다.[154]

창녕비에서 군주는 지방관으로 파악되어 왔으나[155] 중앙관으로 파악한 견해도[156] 있다. 중고 금석문에서 軍主는 적성비의 高頭林城在軍主等, 창녕비의 比子伐停助人 · 碑利城軍主 · 甘文軍主의 四方軍主 · 북한산비의 南川軍主, 황초령비와 마운령비의 「…軍主」등의 예가 있다. 이들의 직명 앞에 지명이 온 점과 창녕비 제⑤ · ⑥행의 자체분석에 근거할 때 軍主가 지방관임에는 재고의 여지가 없을 것 같다. 軍主가 중앙관으로 파악되기도 함은 軍主 · 幢主 · 道使 등의 지방관 사이에 領屬關係가 불분명함에 기인되는 것 같다. 창녕비 등에 근거하여 인정되어 온 幢主와 道使의 영속관계는 남산신성비 제5비의 「道使幢主」라는 인명에 근거할 때 인정키 어렵게 된다. 적성비에서도 軍主와 幢主의 영속관계에 의문을 표시한 견해가 있다.[157] 軍主와 幢主, 軍主와 道使사이의 領屬問題들은 幢主와 道使사이의 차이점 규명과 함께 신중히 검토되어야 할 것이다.

신라중고의 지방통치체제를 州郡制라 일컬어 왔다. 이 州郡制의 복원에 대한 대표적인 세가지 견해가 있어 왔다.

첫째로, 州에 軍主, 郡에 幢主, 村(城)에 道使가 파견되었다고 보는 것이다. 둘째로 州 · 郡 · 村에 民政官으로 州行使大等 · 郡使大等 · 道使가

153) 이 133인을 李基東, 1984 ≪新羅骨品制度와 花郎徒≫, p.125에서는9(州)×2+115(郡)=133으로 이해하고 있다.

154) 武田幸男, 1980 〈앞의 논문〉, pp.51-52에서는 (行)使大等을 상설적인 지방 관인 군주와는 달리, 임시로 파견된 監察官으로 보고 있다.

155) 李鍾旭, 1974 〈앞의 논문〉, p.31. 대부분이 군주를 지방관으로 보고 있다.

156) 朱甫暾, 1979 〈앞의논문〉, p.37.

157) 邊太燮, 1978 〈앞의 논문〉, p.51.

파견되었고, 軍政官으로 軍主·幢主·外村主가 파견되었다는 것인데, 이는 地方統治組織을 二元的으로 보는 것이다. 셋째로 (行)使大等을 幢主와 道使의 汎稱이란 데에 근거를 둔 견해가 있다. 여기에서는 軍主를 地方官으로, 地方官으로는 郡에 幢主가, 村(城)에 道使가 파견되었다고 보는 것이다.

첫번째 견해는 南山新城碑 제5비 「道使幢主」란 職名이 나오고 있어서 幢主와 道使간의 上下 關係가 인정되지 않아 문제점으로 지적된다. 실제로 南山新城碑에 道使는 郡의 上村主를 下級官으로 거느리고 있어서 郡에 해당되는 곳의 地方官일 가능성을 시사하고 있다.

두번째 견해에서는 村의 民政官인 道使만이 昌寧碑 제⑤·⑥행의 「大等與軍主幢主道使與外村主」에 기록되고, 그 보다 높은 州와 郡의 民政官인 (行)使大等이 개재되지 못함이 문제점으로 지적된다. 南山新城碑 제5비의 「道使幢主」란 職名에 根據하면, 道使를 村의 民政官, 幢主를 郡의 軍政官으로 보는 것은 재고의 여지가 있게 된다. 만약 二元論에서 처럼 幢主가 郡의 軍政官, 道使가 村의 民政官이라면, 이들 幢主와 道使를 합쳐 부를 때 「幢主道使」라고 하지 「道使幢主」라고 하지 않았을 것이기 때문이다.

세번째의 견해에서는 北漢山碑에 (行)使大等의 職名을 가진 사람이 2명이 아니라 4명인 점이 문제점으로 지적되며, 南山新城碑 제5비의 「道使幢主」란 직명은 汎稱論의 反論에도 좋은 證據가 될 수 있을 것이다.

中古의 地方統治體制의 복원에 중요한 자료인 창녕비 제⑤·⑥행은 「大等 與 軍主幢主道使 與 外村主」의 세부분으로 나눌 수 있다. 赤城碑·昌寧碑·北漢山碑·南山新城碑 등에 나오는 지명이 붙어 있는 직명을 조사하면, 지방관은 軍主·幢主·道使 계통의 지방관은 아닐 것이다. (行)使大等이 지방관이 확실하다면 軍主등과 함께 제⑤·⑥행에 나열되어야 할 것이다.

軍主와 道使도 창녕비 제⑤·⑥행에 근거하여 幢主가 道使보다 격이 높으며, 幢主는 郡에 道使는 村(城)에 각각 파견된 것으로 보아 왔다. 남산신성비에서 도사가 군의 上村主를 下級官으로 거느린 점을 보면, 道使도 군에 파견된 地方官일 可能性이 있다. 실제로 남산신성비 제5비에서는 「道使幢主」란 직명이 나오고 있어서 幢主와 道使간의 上下 關係는 인정키 어렵게 된다.

끝으로 昌寧碑에 나오는 (行)使大等의 性格, 幢主와 道使의 근본적인 차이점 등은 미처 규정하지 못했다. 앞으로 새로운 관점에서 이러한 문제 등을 해결하여 中古 地方統治體制의 보다 나은 복원이 이루어지기를 바라마지 않는다.

4
村의 構造

고신라 금석문에는 城村名[158]이 많이 나온다. 이 성촌명들은 당시의 지방 통치조직이나 역역체제 등과 긴밀한 관계가 있다. 성촌명은 대개 지방민에 관한 인명표기의[159] 일부로 나오고 있다. 인명 표기에는 성촌명과 함께 외위명도 적히기 때문에 당시 지방민의 신분제를 복원하는데 중요하다. 이러한 성촌명은 그 자체로 끝나는 것이 아니고 지방사회 복원과 밀접한 관련이 있기 때문에 성촌명의 정확한 분석은 신라지방 제도 연구의 기본적인 작업이 될 것이다.

물론 성촌명을 포함한 고신라의 촌락에 대한 많은 선학들의 연구 성과가 있다.[160] 이들 연구는 대개 문헌적인 관념을 밑에 깔고 금석문 자체

---

158) 남산신성비 제2비를 예로 들면, 阿大兮村이란 촌명과 仇利城이란 성명이 나오고 있다. 촌명과 성명의 차이가 이전 시대부터의 관습에 기인한 것인지 아니면 平地와 山地 등 소재지의 위치 구분인지 등은 불분명하다. 촌명과 성명의 차이에 따라 지방관 등 파견에 차이가 없기 때문에 여기에서는 城이나 村을 동등하게 촌락으로 본다.

159) 신라금석문의 인명 표기에 대해서는 金昌鎬, 1983 〈新羅中古 金石文의 人名表記(I)〉 ≪大丘史學≫22 및 金昌鎬, 1983 〈新羅中古 金石文의 人名表記(II)〉 ≪歷史教育論集≫ 4 참조.

160) 李鍾旭, 1974 〈南山新城碑를 통하여 본 地方統治制度〉 ≪歷史學報≫64.
木村 誠, 1976 〈 新羅郡縣制の確立過程と村主制〉 ≪朝鮮史研究會論文集≫13.
浜田耕策, 1977 〈新羅の城・村設置と州郡制の 施行〉 ≪朝鮮學報≫84.

를 상황 판단에 근거해 해석해 왔다. 바꾸어 말하면 금석문 자체의 해석 결과와 문헌적인 연구 성과를 비교 검토해 잘잘못을 가리는 것이 아니라 문헌적인 연구 성과에 맞추어서 금석문을 해석해왔던 것이다.[161] 이러한 연구 태도는 고신라 금석문 연구 전체에 해당되어서 촌락의 연구에도 예외는 아니었다. 이 점 때문에 촌락의 복원은 원래의 모습과는 상당한 거리가 있는 듯하다.

위와 같은 연구방법의 문제점에 유의하면서 여기에서는 다음과 같이 고신라의 촌락에 대해 검토해 보겠다. 먼저 촌락 연구에 있어서 항상 기본 자료가 되어 왔던 남산신성비를 비문 자체의 분석에 충실하여 검토하겠다. 다음으로 고신라 금석문에 나타난 촌명이 과연 행정촌인지 아니면 자연촌인지를 문헌 · 신라 촌락 문서 등과 비교 검토하겠다. 마지막으로 촌주와 촌락과의 관계 곧 촌주는 촌을 떠난 존재인가 아니면 출신촌의 행정적인 실무자인가를 검토해 보겠다.

1) 南山新城碑의 촌

고신라의 지방민이 가장 많이 나오는 금석문자료는 남산신성비이다. 이 점 때문에 남산신성비는 신라의 촌락 복원에 중요한 자료가 되어 왔

李宇泰, 1981 〈新羅의 村과 村主〉 ≪韓國史論≫7.
朱甫暾, 1986 〈新羅中古期 村落 構造에 대하여 (I) 〉 ≪慶北史學≫9.
李銖勳, 1988 〈新羅中古期 郡의 形態와 城(村)〉 ≪古代研究≫1.
朱甫暾, 1988 〈新羅 中古期 郡司와 村司〉 ≪韓國古代史研究≫1.
金昌鎬, 1990 〈古新羅 金石文에 보이는 城村名〉 ≪新羅文化祭學術發表論文集≫11.

161) 대표적인 예가 남산신성비 제 2비의 郡中△△의 △△ 부분이다. △△를 제1비의 郡上村主에 따라 村主로 복원해 郡下村主의 존재까지 상정하면서 郡上村主와 郡下村主의 차이가 郡의 격에 따른 것인가 아니면 村主 자신의 외위가 높고 낮은데에 따른 것인가에 주력해 왔다. 명활산성작성비의 발견으로 郡中△△의 △△부분은 上人이 확실하게 되었고, 위와 같은 추정들은 무너지게 되었다.

다. 지금까지 남산신성비는 9기가 발견되었다.[162] 이 가운데에서 제3비는 왕경인에 관한 것이라 촌락의 복원과는 별로 관계가 없다. 제1 · 2비를 제외하고는 몇 글자가 남아 있지 않은 비편들로 촌락의 복원에는 별로 도움이 되지 못한다. 여기에서는 비의 전문이 남아 있는 제1 · 2비를 중심으로 남산신성비 당시의 촌락 문제를 검토해 보고자 한다. 우선 설명의 편의를 위해 남산신성비 제1 · 2비의 인명 분석표를 제시하면 **표 1**과 같다.

남산신성비의 작성 연대는 비문의 서두에 나오는 辛亥年에 의해 진평왕 13년(591년)으로 보고 있다. 남산신성비에는 6세기 후반 신라 지방민들과 관련된 城村名의 이름들이 나오고 있다. **표 1**에 나오는 성촌명이 어느 정도의 행정 구역 범위인지가 문제이다. 성촌의 범위는 아직까지 정확히 규명되지 못하고 있다. 일부에서는 B 집단의 郡上村主(제1비)와 郡中上人(제2비)에 근거해 郡을 단위로[163] 남산신성의 축성을 위해 역역을 동원하였다는 전제 아래 각 비에 나오는 성촌을 동일 郡內의 성촌명으로 보고 있다. 곧 제1비에서는 阿良村, 奴含村, 營土占村(또는 城)을 郡의 범위라고 보고, 제 2비에서는 阿且兮村(阿大兮村), 仇利城(沙戶城), 答大

---

162) 남산신성비 제7비로 명명된 것은 (黃壽永, 1976 〈金石文의 新例〉 ≪韓國學報≫5) 남산신성비가 아니므로 (金昌鎬, 1984 〈金石文으로 본 新羅 中古의 地方官制〉 ≪歷史敎育論集≫6, 田中俊明, 1984 〈新羅の金石文〉 ≪韓國文化≫6卷 3號. 朱甫暾,1987 〈雁鴨池出土 碑片에 관한 一考察〉 ≪大丘史學≫27 등 참조) 오히려 안압지 출토비로 부르는 것이 좋을 것같다. 이른바 남산신성비 제9비도 남산신성비란 단정은 불가능하다. (朴方龍, 1988 南山新城碑 第八碑 · 第九碑에 對하여〉≪美術資料≫42, p.93) 1994년에 새로 발견된 남산신성비는 제9비라 부르고 있다. 따라서 확실한 남산신성비로 지금까지 8기가 발견되었다.

163) 李鍾旭, 1974 〈앞의 논문〉, p.20. 그런데 李宇泰, 1981 〈앞의 논문〉, p.105에서는 '이중 A · B의 두 집단은 郡을 단위로 하였고, C는 郡의 아래에 있는 城 · 村을 단위로 하였는데, 당시 一個 郡에 속하는 성촌의 수가 이렇게 많지 않았을 것으로 보아 A集團은 한 군에서 하나씩 동원하였을 가능성이 크다고 생각된다' 고 하고, 그 전거로 李鍾旭, 1974 〈앞의 논문〉을 들고 있다. A집단이 한 郡에서 하나씩 동원되었다면 A집단은 적어도 3개의 郡으로 구성된 것이 된다.

支村을 郡의 범위라고 보고 있다. 그래서 남산신성비의 작성당시에 郡은 4-5개 정도의 성촌으로 이루어 졌다고 추정하고 있다.[164)]

표 1 남산신성비 제1비와 명활산성작성비의 인명 대비표

第一碑				第二碑				集團
職名	出身地名	人名	官等名	職名	出身地名	人名	官等名	區分
阿良邏頭	沙喙	音乃古	大舍	阿旦兮村道使	沙喙	勿生次	小舍	
奴含道使	沙喙	合親	大舍	仇利城道使	沙喙	級知	小舍	A
營坫道使	沙喙	△△倣知	大舍	答大支村道使	牟喙	所叱△知	大烏	
郡上村主	阿良村	今知	撰干	郡中上人	沙刀城	平西利之	貴干	B
〃	柒吐村	△知尓利	上干	〃	久利城	首△利之	撰干	
匠尺	阿良村	末丁次	干	匠尺	沙戶城	可沙里知	上干	
〃	奴含村	次△叱礼	干					C
文尺		△文知	阿尺	文尺		美吹利之	一伐	
城使上	阿良	没奈生	上干	作上人	阿大兮村	所平之	上干	
工尺	〃	阿△丁次	干	工尺	〃	可尺利之	一伐	
文尺	〃	竹生次	一伐	文尺	〃	得毛疋之	一尺	
面捉上	〃	珍巾	△	面捉人	〃	仁尓之	一伐	D
△捉上	〃	知礼次		△石捉人	〃	△自叱兮之	一尺	
苏捉上	〃	首尓次		△石捉人	〃	一安尓之	彼日	
△石捉上	〃	辱△次		小石捉人	〃	兮利之	彼日	

이러한 추정에 따르면 6세기 후반 신라에서는 州郡制가 전국적인 규모로 실시되고 郡 밑에 말단 행정 구역인 성촌에까지 중앙에서 지방관을 파견한 것이 된다. 이들 성촌이 나중의 통일 신라 때 縣에 해당되는 것으로 보고 있다.[165)] 이러한 발상은 州郡縣制라는 후대의 관념을 갖고 고신라의 지방제에 투영한 것으로 과학적인 근거는 별로 없는 듯하다. 이러한 문제에 있어서 쉽게 대비하여 잘잘못을 가릴 수 있는 것은 縣의

164) 朱甫暾, 1988 〈앞의 논문〉, p.40에서는 '남산신성비 제1비에서는 阿良村이하 4개의 城村이 보이는 바, 이들 외에 몇 개의 城村이 포함되었는 지는 알 수는 없었으나 이들이 하나의 군을 구성하는 城村이었던 것은 틀림이 없다' 라고 하였다.

165) 朱甫暾, 1979 〈앞의 논문〉, p.20에서 道使가 통일 신라때 縣令으로 개칭된다고 주장하고 있다. 이에 따르면 남산신성비의 城村名은 신라 통일 이후에 縣이 된다.

수이다. 남산신성비에 있어서 縣에 해당되는 것은 성촌이다. 이 성촌의 수는 남산신성비 자체의 受作 거리로 따질 수가 있다. 남산신성비 제1 · 2 · 3 · 9비에 나타난 受作 거리를 제시하면 **표 2**와 같다.

표 2 남산신성비의 수작 거리

비명	受作 거리
제1비	11步 3尺 8寸
제2비	7步4尺
제3비	21步1寸
제9비	6步

표 2에서 受作 거리를 평균하면 11步 4尺 정도가 된다. 남산신성비의 총연장 길이인 2800餘步를 11步 4尺으로 나누면 대략 240개 집단 이상이 된다.[166] 남산신성비의 축조에 동원되었던 집단의 수가 파악된 셈이다. 당시에 王京人이 살던 里의 수와 지방민이 살던 城村의 수를 넉넉하게 잡아 동일하다고 보면 郡의 수는 100개나 된다. 그리고 縣의 전신에 해당하는 城村의 수는 400−500개나 된다. 이들 행정 구역의 수가 과연 통일신라 때 행정구역과 어떤 차이가 있는지 비교해 보자. 우선 통일신라 때 행정구역을 정리해서 제시하면 **표 3**과[167] 같다.

표 3에서 당시 신라의 강역에는 33개의 郡과 95(91)개의 縣이 있었다. 남산신성비를 통해 복원한 郡의 수 100개는 **표 3**에 33개로, 남산신성비를 통해 복원한 縣의 수 400−500개는 **표 3**에 95(91)개로 되어 있다. 이들 수치로 비교할 때 남산신성비를 통해 복원한 지방제에 대한 기왕의 성과는 많은 문제가 포함되어 있음을 알 수가 있다.[168]

166) 李鍾旭, 1974 〈앞의 논문〉, p.25에서는 200개 가량의 집단으로 보았다. 최근에 나온 남산신성비 제9비에서는 수작 거리를 6步라고 기록되어 있다. 이 자료를 넣어서 계산하면 약 208개 집단(제1 · 2 · 3비로 계산)에서 약 240개 집단으로 증가하게 된다.

167) 李聖學, 1987 ≪韓國歷史地理硏究≫ −行政區域篇−, p.179에서 전제하였다.

남산신성비에 있어서 郡을 후대의 행정적인 틀에서 해석할 때, 남산신성비 자체에도 문제점은 여전히 노정된다. 지금까지는 대개 제1비의 阿良村과 제2비의 阿且兮村을 郡의 長이 파견된 중심촌으로 보아 왔다. 이는 다음과 같은 몇가지 점에서 쉽게 따르기 어렵다.

표 3 통일신라시대의 행정 구역

州名	州數	小京數	郡數	縣數	비고
尙 州	1		10	31(30)	통일전 신라 강역
良 州	1	1	12	34	〃
康 州	1		11	30(27)	〃
漢 州	1	1	28(27)	49(46)	통일전 고구려 강역
朔 州	1	1	12(11)	26(27)	〃
溟 州	1		9	25	〃
熊 州	1	1	13	29	통일전 백제 강역
全 州	1	1	10	31	〃
武 州	1		15(14)	43(44)	〃
計	9	5	120(17)	298(293)	

* ≪三國史記≫ 地理志에 의해 작성하였으나, ( )속의 것은 ≪三國史記≫ 景德王 16년條에 의거하였음.

첫째로 같은 郡治이면서 제1비는 邏頭가 나오고, 제2비에서는 道使가 나오는 이유에 대한 정확한 답이 없다.[169] 둘째로 邏頭 자체는 명활산성 작성비의 발견 성과에 따르면[170] 군의 장이 될 수가 없어서 阿良村이 郡治인지 여부가 불확실하다. 셋째로 제 1비나 제2비에서 볼 때 郡治가 있는 촌만이 力役에 동원되는 점이 이상하다. 남산신성비의 작성 당시에는 郡治가 설치된 중심촌만이 力役에 동원된다는 전제가 필요하다. 넷

168) 郡의 수에서 차이가 난다. 남산신성비의 복원으로는 군의 수가 100개나 되나 〈표 3〉에서는 33개 밖에 되지 않는다.

169) 남산신성비에 근거하면 縣의 전신에 해당되는 거의 모든 성촌에 道使가 파견되는 것으로 해석된다. 이러한 것은 고려 시대의 예에서 볼 때 수긍키 어렵다.

170) 朴方龍, 1988 〈明活山城作碑의 檢討〉 ≪美術資料≫41.
金昌鎬, 1989 〈明活山城作碑의 再檢討〉 ≪斗山金宅圭博士華甲紀念文化人類學論叢≫.

째로 제1비에서 奴含村이나 營坫村(또는 城)에서 力役에 동원될 때에도 **표 1**에서 A집단의 기록 순서가 과연 阿良邏頭 · 奴含道使 · 營土占道使의 순서일까하는 의문이 생긴다. 제1비와 제2비에서 얻은 지식에 의하면, 奴含村에서 力役에 동원되었다면 **표 1**에서 A집단의 기재 순서에 있어서 奴含道使가 가장 먼저 기록되어야 하기 때문이다.

남산신성비에서 중심촌의 설정뿐만 아니라 郡의 장이 누구인지도 문제이다. 이 시기 금석문에 있어서 郡의 장이 누구인가를 하는 문제를 개괄해 보자. 고신라 금석문에 있어서 郡자가 붙은 직명은 남산신성비의 郡上村主 · 郡中上人, 명활산성작성비의 郡中上人, 창녕비의 于抽悉支河西阿郡使大等 밖에 없다. 이들 직명으로 보면 이 시기에 郡이 존재해 있었음은 부정할 수가 없다. 위의 직명 가운데 于抽悉支河西阿郡使大等으로 볼 때에는 쉽게 使大等을 郡의 장으로 단정할 수도 있다. 使大等이 郡의 장이 아님은 같은 창녕비에 上州行使大等 · 下州行使大等이란 직명이 있어서 쉽게 알 수가 있다. 郡의 장의 후보로 道使를 들기도 하나[171] 그렇게 될 경우에 고신라에서 郡의 수가 너무 많게 된다. 제1비에 나오는 邏頭를 幢主와 같다는 전제 아래서 郡의 長으로 본 견해가 있다.[172] 명활산성작성비에 上人邏頭란 직명이 나와서 邏頭는 長이 될 수가 없다.[173] 현재까지의 금석문 자료로는 郡의 정확한 실체와 郡의 장이 누구인지를 알 수가 없다.

남산신성비의 A집단에서 맨 먼저 기록되는 직명 가운데 성촌명과 일

---

171) 崔在寬, 1988 〈新羅 中古期 地方統治制度〉《慶熙史學 · 朴成鳳敎授回甲紀念論叢》, p. 121.

172) 朱甫暾, 1988 〈앞의 논문〉, pp.31-64에서 《梁書》, 新羅傳에 나오는 52邑勒을6C初 郡治를 포함한 城村이라고 추정했으나 《三國史記》, 地理志에 따르면 星州이남의 낙동강 서안 지역을 제외한 현재의 경상북도 지역만 하더라도 16개 郡에54개의 縣이 나타나고 있어 52란 수보다는 훨씬 많은 村이 상정된다는 비판이 있다. (金龍星, 1989 〈慶山 · 大邱 地域 三國時代 階層化와 地域集團〉 《嶺南考古學》6, p.50)

173) 金昌鎬, 1990 〈앞의 논문〉, p.57.

치를 보이는 D집단의 성촌명에 대해 조사해 보자 (**표 1** 참조). 남산신성비에서 새로이 주목되는 것으로 上人이 있다. 종래에는 남산신성비 제 2비에서 郡中(上人)의 뒷부분을 村主로 복원하여 上人을 간과하고 말았다.[174] 명활산성작성비의 발견으로 제2비의 「郡中△△」에서 「△△」부분[175]이 上人임이 밝혀졌다.[176] 이전에도 上人에 대한 복원의 발판이 마련된 적이 있었다. 그러나 남산신성비의 上人 자체를 축성에 관련된 기술자로 보고 말았다. 신성비의 D집단에 나오는 上人을 각 비별로 알기 쉽게 제시하면 다음의 **표 4**와 같다.

표 4 남산신성비에 보이는 D집단의 上人

제 1 비	제 2 비	제 3 비
面捉上	面石捉人	面捉人
△捉上	△石捉人	面捉人
苑捉上	△石捉人	△石捉人
△石捉上	小石捉人	小石捉人

다시 **표 1**로 돌아가 上人을 분류하면 3부류로 나뉘어진다.[177] 제1부류는 郡中上人으로 명활산성작성비에서도 똑같은 직명이 나온 바 있다. 제2부류는 城作上 · 作上人등으로 표기되며, 명활산성작성비에 근거할 때 축성의 실질적인 책임자로 판단된다. 제3부류는 그 숫자가 많다. 제1비에서는 面捉上, △捉上, △石捉上, 제2비에서는 面石捉人, △石捉人, 小石捉人, 제3비에서는 面石捉人, △石捉人, 小石捉人, 제4비에서는 苑石捉人, 小石捉人 등으로 나타나 있다. 위의 上人 가운데 제3부류는 石工으로 추정하여 기술자 집단으로 추정하기도 했다.[178] 남산신성비 제1

---

174) 李鍾旭, 1974 <앞의 논문>, p.57.

175) 종래에는 이 부분을 武田幸男, 1965 〈新羅の骨品體制社會〉 ≪歷史學硏究≫229, p.11에 따라 村主로 복원하였다.

176) 朴方龍, 1988 〈앞의 논문〉, p.73.

177) 金昌鎬, 1990 〈앞의 논문〉, p.54.

비에서 제3부류의 4명 가운데 전부 또는 3명이 외위를 갖고 있지 않아서 기술자로 볼 수도 있다. 남산신성비 제1 · 2비에 있어서 제 3부류 上人은 모두가 4명이다. 각 성촌마다 축성의 기술자가 4명씩인 점은 너무 획일적인 듯하다. 제3부류의 上人들은 외위를 가진 경우도 있고, 그렇지 못한 경우도 있다. 石工 기술자이기 때문에 외위를 받았다면 제 3부류의 上人은 모두 외위를 받아야 될 것이다. 제1비의 제3부류 上人 가운데 적어도 3명은 외위가 없는 바, 그 이유가 궁금하다. 두가지 각도에서의 설명이 가능할 것 같다. 첫째로 阿良村에서는 더이상 외위를 갖고 있는 사람이 없었다고 추정할 수가 있다. 둘째로 石工기술자이기 때문에 외위가 없어도 다른 외위를 갖고 있는 사람을 제치고 기록하였다고 해석할 수가 있다. 후자의 경우는 上人가운데 石工 기술자의 자격으로 面石捉上人이 되었다는 전제가 필요할 것이다. 사실 제3부류의 面捉人 등도 제1부류의 郡中上人이나 제2부류의 城使上, 作上人과 마찬가지로 上人으로 표기되어 있어서 축성의 기술자가 아닌 것으로 추정된다.

2) 自然村과 行政村

우리 나라에서는 3국 시대부터 중국의 지방 제도를 모방하여 州(府)郡(縣)을 설치하면서도 鄕里制는 실시하지 않았다. 곧 지방 제도의 상층 부분은 일단 중국식 郡縣體制를 갖추게 되었으면서도 그 하층 부분에 있어서는 그대로 자연 촌락을 유지시키고 있었던 것이다. 신라에 있어서 鄕里制가 없었던 것은 일본에서 발견된 신라촌락 문서에 의해 증명되었다.여기에 나오는 沙害漸村 · 薩下知村 등의 촌락이 자연촌락임은 이미 분명히 밝혀졌다.[179]

178) 李鍾旭, 1974 〈앞의 논문〉, p.23.

촌락 문서에 나오는 촌명이 자연촌인 점에 근거해 남산신성비에 나오는 성촌명도 자연촌명으로 본 견해가[180] 있다. 촌락문서에 나오는 沙害漸村·薩下知村 등의 촌이 자연촌임에는 거의 모든 학자들의 의견이 일치하고 있다.

표 5 신라 촌락문서에 보이는 호수와 인구수

村名	戶數	人口數	戶當人口數
A	10	133	13.3
B	15	118	7.9
C	8	69	8.6
D	10	97	9.7

표 5[181]에서 보는바와 같이 A村, B村, C村, D村의 각 戶數가 각각 10호, 15호, 8호, 10호로 평균 1촌당 11호밖에 되지 않기 때문이다. 이에 비해 남산신성비의 성촌의 경우는 자연촌으로 보기 어려운 면이 있다. 제2비에서 볼 때 阿大兮村 출신자의 7명이 외위를 갖고 있기 때문이다. 남산신성비 당시의 촌락도 호수가 11호 정도라고 하면 집집마다 家長은 적어도 외위를 갖게되기 때문이다. 남산신성비 당시의 촌이 촌락문서에서와 달리 자연촌이 아닐 가능성이 크게 되었다. 남산신성비에서의 촌의 성격을 보다 상세히 검토키 위해 이와 유사한 명활산성작성비와 비교해 보자.

남산신성비 제2비와 명활산성작성비에서는 인명 표기 가운데 직명에 공통점이 많다. 제2비에서는 阿且兮村道使 등 3명의 도사가 王京人으로 나오지만 명활산성작성비에서는 上人邏頭란 王京人이 나오고 있다. 道使와 邏頭는 이름은 다르지만, 남산신성비 제1비에 阿良邏頭·奴含道

179) 旗田 巍, 1972 ≪朝鮮中世社會の硏究≫, p.420.

180 李佑成, 1961 〈麗代 白姓考 -高麗時代 村落構造의 一斷面-〉 ≪歷史學報≫14, p.34.

181) 旗田 巍, 1972 ≪앞의 책≫, p.446.

使·營坫道使가 A집단으로 나타나 있어서 (표 1 참조) 道使와 邏頭를 비슷한 성격으로 볼 수가 있다. 다음 제2비의 郡中上人과 명활산성작성비의 郡中上人은 동일하다. 그 다음은 제2비의 匠尺과 명활산성작성비의 匠尺은 동일하다. 그 다음 부분이 문제이다. 명활산성작성비에서는 抽兮下干支 이하의 지방민이 직명을 갖고 있지 않기 때문이다. 이 부분을 정확히 분석하기 위해 남산신성비 제2비와 명활산성작성비의 인명 분석을 대비시켜 살펴보면 보다 쉽게 이해가 된다.

두 금석문 자료에서 A·B·C집단은 앞에서 살펴본 것처럼 제2비와 명활산성작성비에서 서로 잘 대비가 된다. D집단이 문제이다. 특히 명활산성작성비에 나오는 「抽兮下干支徒作受長四步五尺一寸 △叱兮一伐徒作受長五尺一寸 △△利披日徒受長四步五尺一寸」이란 구절 가운데 抽兮下干支, △叱兮一伐, △△利披日의 인명 표기에는 직명이 없다. 이들 3명의 인명 뒤에는 각각 徒자가 붙어 있고 作受 거리가 명기되어 있어서 그들을 포함한 많은 사람이 作受 거리의 力役을 담당했던 것이 분명하다. 이들은 각각 남산신성비 제2비 D집단의 누구와 대비될 수 있는지가 문제이다.

이들 3명은 각각 관등(외위)에 있어서는 下干支, 一伐, 彼日로 차가 있지만 作受 거리는 꼭 같다. 抽兮, △叱兮, △△利의 상호 관계는 수직적인 상하 관계가 아니라 수평적인 평등 관계이다.[182] 이들이 과연 남산신성비 제2비의 D집단 가운데 누구와 대비될 수 있을까? 제2비에서 D집단의 맨처음 인물인 作上人이 남산신성의 축성에 있어서 受作 거리 만큼의 실질적인 책임자이다. 명활산성작성비에서도 抽兮, △叱兮, △△利가 명활산성의 축성에 있었서 作受 거리 만큼의 실직적인 책임자이다. 명활산성작성비의 3명은 남산신성비 제2비의 作上人과 같은 역할을 했

182) 최근에 발견된 남산신성비 제9비의 「伊同城徒受六步」란 구절이 있다. 「伊同城徒」는 명활산성작성비의 抽兮下干支徒 등과 서로 대응된다고 판단된다.

다고 판단된다.

그러면 직명이 명기되지 않는 抽兮, △叱兮, △△利는 과연 어떤 직명을 가질 수 있는 사람인지가 궁금하다. 명활산성작성비의 A집단에 上人邏頭란 직명이 있다. 명활산성작성비 자체에서 상인이 나오는 것은 郡中上人밖에 없다. 抽兮, △叱兮, △△利가 곧 제2비의 作上人과 동일한 역할을 하고, 上人邏頭란 직명자체가 上人의 邏頭 곧 邏頭로 풀이된다면 이들도 上人으로 볼 수가 있다.

명활산성작성비에서는 抽兮 등 3명이 모두 上人으로 수평적인 평등관계를 갖고 있지만, 제2비에서는 作上人과 그뒤의 面石捉人등 4명의 上人을 평등 관계로 볼 수가 없다. D집단의 처음에 나오는 作上人은 工尺과 文尺의 보조를 받고 있지만 面石上人 등 4명은 그렇지가 못하다. 上人은 남산신성비에서 볼 때 (표 1 참조) 제1비의 郡上村主, 제2비의 郡中上人은 동일한 성격이다. 郡上村主, 郡中上人에서 村主와 上人은 거의 비슷한 역할을 한 듯하다. 上人과 村主가 비슷한 역할을 했다고 보면 남산신성비 D집단의 上人도 村主와 유사한 역할을 했을 것이다. 그렇다면 D집단의 처음에 나오는 城使上(제1비), 作上人(제2비)은 중심되는 자연촌의 上人이고, 面捉上(제1비) · 面捉人(제2비) · 小石捉人(제2비)은 각각 행정촌내의 자연촌의 上人으로 추측된다.[183] 1개 행정촌을 구성하는 자연촌의 수는 남산신성비에서는 5개정도가 되는 듯하다. 자연촌 · 행정촌과 관련된 것으로 최근에 들어와 大邱戊戌銘塢作碑에 근거해 이 시기 금석문에 자연촌이 있음을 주장한 견해가 있다.[184] 이것은 고신라의 촌락 복원에 중요하므로 이를 검토하기 위해 오작비의 인명 분석표를 제

183) 이러한 추정 자체도 문제점이 있다. 곧 남산신성비 제3비에서 王京人인 喙部 主刀里의 D집단도 이와 유사하기 때문이다. 이 경우에 과연 主刀里 밑에 있는 어떤 조직의 대표자들이 모였을까하는 의문이 간다. 이 점에 대하여 후고를 기다린다.

184) 朱甫暾, 1988 〈앞의 논문〉, p.59.

시하면 다음 쪽의 **표 6**과 같다.

위의 인명 분석표를 근거로 자연촌설이 나왔는데 그 근거는 다음과 같다. 첫째 이를 행정적인 성촌으로 볼 때 오를 축조하기 위한 역역 동원의 규모는 적어도 郡을 단위로 간주해야 한다. 왜냐하면 이 곳에는 적어도 7, 8개의 촌이 보이며, 따라서 이는 하나의 郡을 구성하는 성촌의 수를 능가한다고 보여지기 때문이다. 그러나 그렇게 보기에는 이곳에 기재된 재지 세력이 소지한 관등이 남산신성비에 비하여 지나치게 낮다.

둘째 이 오가 소재한 무동리촌 출신의 외위소지자는 1명뿐이다. 이 오가 무동리촌에 위치하였다면 당연히 이촌 출신자들이 주축이 되어 역역 동원을 하였을 터인데 무동리촌에서 참여한 외위 소지자는 겨우 1명에 지나지 않으며, 그나마 그가 소지한 관등도 一伐에 불과하다. 이렇게 보면 무동리촌을 남산신성비의 성촌과 동일시하기에는 외위 소지자의 수나 그들이 소지한 관등이 도무지 어울리지 않는다.

위와 같은 점에서 오작비에 보이는 촌을 행정적인 촌이 아니라 자연촌으로 보았으나 여기에는 여전히 문제점이 남아 있다.

첫째로 위의 견해는 고신라 군의 장이 幢主 또는 邏頭라는 단정아래 출발하였다.[185] 郡의 장에 대한 것은 명활산성작성비의 上人邏頭란 직명과 남산신성비 제5비의 「…道使幢主」란[186] 직명에서 볼 때 성립되기 어렵다.

둘째로 고신라 금석문에 보이는 지방민의 인명 표기방식에 일정한 규칙이 있는 점에서 보면, 어떤 비에는 행정촌을 단위로, 다른 비에는 자연촌을 단위로 기록할 수 있을까하는 의문이 생긴다.

셋째로 郡을 단위로 역역을 동원하였더라도 모든 고신라의 비에는 꼭

185) 朱甫暾, 1979 〈앞의 논문〉이래로 일관되게 郡의 長을 幢主라고 주장해 왔다.

186) 이에 대한 상세한것은 金昌鎬, 1989 〈丹陽 赤城碑의 재검토〉 ≪嶺南考古學≫6, p.68 참조.

표 6 대구무술명오작비의 인명분석표

職名	出身地名	人名	官等名
都唯那		寶藏	阿尺干?
〃		慧藏	阿尼
大工尺	仇利支村	壹利刀兮	貴干支
〃	〃	上△豆作利	干
道尺	(〃?)	辰生之△△	(一伐)
〃	△夫住村	筆令	一伐
〃	〃	奈生	一伐
〃	居毛村	伐丁	一伐
〃	另冬里村	沙木	一伐
〃	珍得所里村	也得失利	一伐
〃	塢珍比只村	述瓜	一尺
〃	〃	△△	一尺
〃	〃	무所丁	一伐
〃	〃	伊此木利	一尺
〃	〃	伊助只	彼日
文作人		壹利兮	一尺

1개의 郡만을 단위로 한다는 것은 永川菁堤碑 貞元十四年銘[187]으로 볼 때 재고의 여지가 있다.

넷째로 무동리촌 출신의 외위소지자가 1명뿐이고 그 외위도 일벌인 점에 근거한 비판은 명활산성작성비의 예에서 보면 성립되기가 어렵다. 명활산성작성비에서 上人으로 추정되는 3인의 외위는 각각 下干支, 一伐, 彼日로 낮은 경우도 있기 때문이다.

다섯째로 오작비에 나오는 촌이 6개의 자연촌이라고 가정하면[188], 오를 쌓는데 동원된 인원은 312명이므로[189] 1개 촌에서는 52명(312÷6=52)이

187) 이 비에는 청제를 수리할 때 切火·押喙의 二郡에서 인원이 동원되었다고 기록되어 있다.

188) 朱甫暾, 1988 〈앞의 논문〉, p.59에서는 오작비에 나오는 촌의 수를 7~8개로 보고 있다.

189) 오작비의 「起數者三百十二人功夫如十三日了作事之」란 구절에 근거하였다.

동원되었다. 따라서 1戶(家口)를 5명으로 잡을 경우, 1마을(자연촌)의 평균 인구수는 250명이 된다. 그런데 통일 신라시대에 작성된 촌락 문서에 나타난 서원경 근처의 자연촌의 경우, 1마을당 인구수는 115.5명이다.[190] 또 촌락문서에 나타난 자연촌의 1호당 인구수는 10명 전후이므로[191] 오작비와 촌락 문서에 나타난 인구수는 4배 정도의 차이가 있다. 이같은 숫자상의 차이는 전적으로 오작비에 나오는 촌을 자연촌으로 본 데에서 기인되었다.

이상과 같은 문제점 때문에 오작비에 나오는 촌명도 역시 행정촌이라고 추정하는 바이다.

3) 촌과 촌주의 관계

우리나라 역사에 있어서 村主라고 하면 관념상으로 행정촌이나 자연촌의 행정적인 책임자로 이해하여 왔다. 신라 촌락 문서에서도 인구수, 토지수, 호구수, 소 · 말의 수, 뽕나무 · 잣나무 · 호도나무의 수 등의 변동상황을 3년마다 촌주가 작성한 것으로 해석해 왔다. 촌락 문서 등에서 얻은 관념은 고신라에도 적용되어 기왕의 연구 성과에서는 촌주라고 하면 村의 책임자로 보아온 경우가 많았다. 통일 신라 이전의 자료에서 직명이 지명에 붙어있는 村主의 예가 있는지 검토해 보자. 그러한 가능성이 있는 자료가 1예에 있어서 관계 자료부터 제시하면 다음과 같다.

> 冬十二月 英公到平壤城北二百里 差遣尒同兮村主大奈麻江深
> 率契丹兵八十餘人 ……移書以督兵期 大王從之 十一月十一日

190) 武田幸男, 1977 〈新羅の村落支配 -正倉院所藏文書の追記をめぐって-〉≪朝鮮學報≫ 81, p.93에서 4개 촌락의 총인구수가 462명이므로 462÷4=115.5에 근거하였다.

191) 武田幸男, 1977 <앞의 논문>, p.93에서 총인구인 462명을 合烟數인 44로 나누었다.

至獐塞 聞英公歸 王兵亦還 授江深位級湌(≪三國史記≫ 卷6, 文武王 7年條)

이 사료에서 문제가 되는 부분은 尒同兮村主이다. 여기의 尒同兮에 대해 이동혜가 郡인지 村인지 알 수가 없다고 한 견해가[192] 일찌기 제출되었다. 신라의 전 시기(≪三國史記≫ 등의 문헌도 포함해서)의 금석문 자료를 통해 볼 때에도 지명의 앞에 붙어서 村主를 칭한 유일한 예이므로 쉽게 단정하기가 어렵다. 이동혜는 尙州嵩善郡 領縣으로서, 이동혜촌주란 것은 이동혜현내에 있는 촌주란 말은 아니다라는 견해[193]도 있다. 그 뒤에 이 견해 자체는 간과되고, 이동혜촌주를 이동혜촌의 村主로 해석한 견해가[194] 나왔다. 특히 大奈麻江深이 이동혜촌의 출신자이고 그의 세력 기반을 이동혜촌으로 본 견해도[195] 있다.

이동혜촌이란 지명에 대해서는 ≪三國史記≫ 卷34, 雜誌 3, 地理志 尙州 嵩善郡條에 「嵩善郡本 一善郡 眞平王三十六年 爲一善州 置軍主 神文王七年 州廢 景德王改名 今善州 領縣三 孝靈縣本芼兮縣 景德王改名 今因之 尒同兮縣 今未詳 軍威縣 本奴同覓縣 一云如豆覓景德王改名 今因之」라고 되어 있다. 곧 崇善郡에는 3개의 領縣이 있는데, 그 가운데 하나가 이동혜현이지만 今未詳이라고 하였다. 이동혜촌주에서 이동혜 자체가 村名인지 여부는 불분명하지만 縣名인 것은 확실하다. 여기에서는 이동혜촌주를 이동혜현내의 촌주로 본 견해에[196] 따르고자 한다.

村名에 직명이 포함된 예가 있을 때에는 村主가 村의 행정적인 책임

192) 末松保和, 1954 ≪新羅史の諸問題≫, p.487.

193) 李佑成, 1961 〈앞의 논문〉, p.36. 그런데 木村 誠, 1976 〈앞의 논문〉, p.25에서는 李佑成의 견해를 비판하면서 이동혜촌주가 이동혜의 촌주 곧 이동혜촌의 촌주라고 주장하고 있다. 이 견해 역시 그 비판 근거는 상황 판단에 의존하고 있다.

194) 李宇泰, 1981 〈앞의 논문〉, p.111.

195) 朱甫暾, 1988 〈앞의 논문〉, p.51.

196) 李佑成, 1961 〈앞의 논문〉, p.36.

자가 될 수 있다. 村名에 직명이 붙어 있는 村主의 예가 없는 경우에 있어서 村主와 촌의 관계가 궁금하다. 촌주가 행정촌이나 자연촌을 떠난 존재인가 아닌가도 불분명하기 때문이다. 촌주가 고신라 금석문에서는 어떻게 인명이 표기되어 있는지 그 예를 제시하면 다음과 같다.[197)]

· 村主臾支干支須支壹今智(냉수리비)
· 村主奕聰智述干麻叱智述干(창녕비)
· 郡上村主阿良村今知撰干柒吐村△知尒利上干(남산신성비 제1비)

위의 인명 표기 가운데 냉수리비의 인명 분석은 대단히 어렵다.[198)] 村主가 2명인 것은 뒤에 계속되는 此二人이란 구절로 볼 때 분명하다. 위의 자료에서는 촌주가 모두 2명씩 짝을 지어 금석문에 나오고 있다. 창녕비의 촌주를 比子伐의 村主로 본 견해[199)]가 있다. 이 견해 자체에서는 比子伐이 행정촌으로 比子伐인지 比子伐州 전체에 소속된 행정촌을 가리키는지 불분명하나 남산신성비로 볼 때 오히려 후자가 타당할 것이다.

남산신성비의 제2비를 분석하면서, 阿大兮村의 村主가 보이지 않지만 阿大兮村의 村主가 확실하게 존재해 있었다고 주장한 견해가 있다.[200)] 이 견해 자체가 성립되려면 남산신성비 제2비에서 阿大兮村主란 직명이 적혀 있어야 된다. 앞의 예에서와 같이 村主는 반드시 2명씩 짝을 이루어 금석문에 나타나므로 남산신성비 제2비에서 阿大兮村의 일은 이미 作上人의 직명을 가진 所平之上干이 하고 있기 때문이다.

197) 이 외에도 고신라 금석문에서 촌주가 나오는 예로는 창녕비의 「大等與軍主幢主道使與外村主」의 外村主가 있다. 이 구절에서 與자에 근거해 끊을 때(金昌鎬, 1984 〈앞의 논문〉, p.19 참조) 3부분으로 나누어진다. 大等과 軍主 · 幢主 · 道使와 外村主 곧 村主는 신라 6부외의 지방민임이 분명하다.

198) 상세한 것은 金昌鎬, 1989 〈迎日冷水里新羅碑 건립 연대〉≪韓國古代史研究≫3 참조.

199) 李宇泰, 1981 〈앞의 논문〉, p.103.

200) 木村 誠, 1976 〈앞의 논문〉, p.26.

이들 금석문에 나타난 村主들이 村을 떠난 존재인가[201] 아니면 성촌에 세력 근거를 가지면서 郡의 행정 결정에 참여하여 자기 출신의 이익을 대변하였을까[202] 하는 것이다. 후자의 견해는 村主를 관등의 高下에 따라서 상, 중, 하로 구분하는 잘못된 분석[203]과 남산신성비에서 上人의 존재를 간과하고 창출해 낸 결과이다. 남산신성비 제2비에서 郡治가 설치되는 중심 행정촌인 阿大兮村 출신의 촌주는 제2비의 어디에도 없다. 여기에서는 냉수리비, 창녕비, 남산신성비 제1비에 근거할 때 촌주는 출신촌과 별로 연관이 없는 것 같다. 왜냐하면 남산신성비 제1비에 있어서 阿良村의 일은 城使上의 직명을 가진 沒奈生下干이 맡아서 하기 때문이다. 여기에서는 금석문에서의 촌주는 촌을 떠난 존재로 보는 쪽을 취한다.

창녕비에서 촌주의 외위가 述干인 것은 이를 경위와 비교하면 경위 17관등 중 8位인 沙尺干과 같다. 창녕비에서 比子伐軍主·漢城軍主·碑利城軍主의 경위는 8위인 沙尺干이지만, 甘文軍主의 경위는 9위인 及尺干이다. 창녕비 자체에서 村主의 외위 述干인 것은 대단히 높다.[204] 지방민의 외위가 술간인 예는 더 있다. 於宿知述干墓에서 다음과 같은 명문이 발견되었다.

乙卯年於宿知述干

여기에서 나오는 乙卯年 명문에는 述干 다음에 支자가 없기 때문에[205] 6세기 전반으로 올라갈 수가 없다. 乙卯年은 595년으로 추정된다. 村主

201) 李宇泰, 1981 〈앞의 논문〉, p.109.

202) 朱甫暾, 1988 〈앞의 논문〉, p.49. 여기에서는 村司란 용어를 새로이 도입하여사용하고 있다.

203) 朱甫暾, 1988 〈앞의 논문〉, p.48.

204) 佐伯有淸, 1970 ≪日本古代の政治と社會≫, p.92.

205) 武田幸男, 1977 〈金石文資料からみた新羅官位制〉 ≪江上波夫敎授古稀紀念論集≫歷史篇, pp.59-68.

란 직명 자체가 적히지 않았을 것이다.[206] 於宿知述干墓의 크기는 玄室의 底面만도 동서 길이 3.1m-2.5m, 남북 너비 2.45-2.5m, 높이 2.6m-2.7m였다. 이렇게 큰 무덤이 당시에 述干 등 높은 외위를 갖는 지방민이 묻혔던 것은 분명하다. 於宿知述干墓에서는 부장품이 도굴되어 금동관의 유무를 확인할 수가 없다. 이와 비슷한 상황에 있는 梁山夫婦塚을 보자. 이 고분의 玄室의 크기는 길이 5.4m, 너비 2.27m, 높이 2.57m였다. 여기에서는 金銅冠을 비롯한 각종 유물들이 출토되었다. 이 무덤은 6세기 전반으로 편년된다.[207] 이 곳에서 나온 유물 가운데 신분제와 직결되는 山字形金銅冠은 신라식으로, 당시 양산 지역의 촌주 계층이 사용했을 것이다.[208] 於宿知도 村主로서 山字形金銅冠을 착장했던 촌주 계층이었을 것 같다.

지금까지 金石文 자료를 통하여 古新羅의 村落에 대해 살펴보았다.

먼저 南山新城碑에 나타난 村名을 검토하였다. 종래에는 남산신성비 1개의 비마다 郡을 단위로 力役에 동원되었다고 해석하였다. 그 비에 나오는 城村名을 대개 郡의 범위로 보았고, 王京人에서 가장 먼저 나오는 인명 표기 가운데 지방민 직명에 포함된 성촌명을 郡治로 보았다. 이렇게 되면 南山新城碑 제1, 2비에 郡治가 있는 城村만이 力役에 동원되는 현상이 나타난다. 이 점 때문에 가장 먼저 나오는 인명 표기 가운데 지방관의 직명에 포함된 城村名을 郡治로 볼 수 없게 된다. 또 새로 발견된 明活山城作碑의 출현으로 종래에 간과되었던 上人 집단을 南山新城

---

206) 朱甫暾, 1986 〈앞의 논문〉, p.21에서는 '재지 세력인 於宿知의 직책이 기록되지 않고 外位만이 기록된 것을 보면 外位가 個人的 身分表示로서 기능하였음을 알 수 있다' 고 주장하고 있다. 또 木村 誠, 1976 〈앞의 논문〉, p.17에서는 於宿知의 직명을 촌주 또는 軍師로 추정하고 있으나 595년당시에는 ≪三國史記≫나 금석문자료로 볼 때 軍師란 직명은 없다.

207) 洪潽植, 1989 〈竪穴系 橫口式石室에 關하여〉 ≪考古硏究≫2, p.38.

208) 신라, 가야 고분을 통한 신분제적인 접근은 장차의 과제로 삼고자 한다.

碑에서 새로 주목하였다.

다음 行政村과 自然村의 부분에서는 양자의 구분에 주력하였다. 南山新城碑의 城村도 신라 村落 문서에서와 같이 자연촌이라고 본 기왕의 학설도 있었으나 1개 촌의 총인구 수로 볼 때 南山新城碑의 城村은 行政村이었다. 최근에 들어와 오작비에서 지방민의 외위가 낮은 점 등에 근거하여 오작비에 나오는 촌을 자연촌으로 본 견해가 나왔다. 明活山城作碑의 예나 인구수의 비교 등에서 볼 때 오작비의 촌도 역시 행정촌임을 밝혔다.

그 다음으로 村主와 村과의 관계에 대해 살펴 보았다. 고신라 금석문에서 촌주는 냉수리비 · 창녕비 · 남산신성비 제1비에서 나온 예가 전부이지만 반드시 2명씩 짝을 이루어 나온다. 그리고 성촌명이 직명에 포함되어 나온 예는 고신라 시대는 물론 통일신라 시대까지도 1예가 없다. 이 때문에 촌주가 촌을 떠난 존재인가 아니면 촌주가 촌의 실질적인 행정실무자인가 하는 두 가지의 견해가 있어 왔다. 촌주는 남산신성비로 볼 때 성촌을 떠난 존재이고, 행정적인 실무는 행정촌이나 자연촌 모두 上人이 맡았던 것으로 보았다. 촌주는 지방민으로 고분의 부장품으로 볼 때 山字形金銅冠을 착장하고 述干 등 높은 외위를 갖는 신분임으로 추정하였다.

제Ⅳ장

結 論

지금까지 6세기 신라 金石文 자료 가운데에서 대표적인 것들을 내용에 따라 몇가지로 나누어서 살펴 보았다. 이제까지 논의해 온 바를 요약해서 결론에 대신하고자 한다.

제Ⅱ장에서 첫번째로, 신라의 拓境에 관계되는 금석문을 검토하였다. 이와 관련된 금석문으로는 赤城碑와 昌寧碑가 있다. 이 가운데 적성비는 종래에는 眞興王 순수비란 연장선상에서 이해하여 왔으나 이러한 시각중 일부분은 수정되어야 할 것으로 판단된다. 곧 적성비에는 냉수리비와 마찬가지로 也尔次란 주인공이 있고, 적성비의 핵심적인 내용은 비문에서 두 번이나 반복되고 있는데 也尔次처럼 신라를 위해서 일하다가 죽으면 그 자녀가 아들이든지 딸이든지 가리지 않고 보상하겠으며, 어른이나 아이에 관계없이 恩典을 내리겠다는 것이다. 이러한 적성비의 내용을 실현하기 위해 王敎事를 받은 伊史夫 등의 王京人들이 참가했다고 판단된다. 적성비의 이러한 내용은 6세기에 있어서 新羅는 高句麗와 百濟 사이에서 빈번한 국경 근처에서의 충돌을 쉽게 상정할 수있게 한다. 당시 新羅는 高句麗나 百濟에 비해 군사적으로 우위를 점하고 있지는 않아서 변경 지역의 地方民에게 인심을 얻을 필요가 있었다. 이런 상황속에서 也尓次 등의 赤城 지역의 지방민에게 한 본보기로 恩典을 내리고 비석까지 건립했다고 사료된다. 변경 지역민에게 약속을 하고 비석까지 세운 예는 高句麗나 百濟의 금석문에서는 그 유례를 찾을 수가 없다. 신라에서는 이미 그 보다 앞서서 迎日 지방의 節居利의 財를 보증하기 위해서 국왕 등이 珍而麻村에까지 가서 비문을 작성하고 이를 세워 가면서 證尓를 선 예가 있다. 이 두 자료를 통해서 보면 신라는 지방민과의 관계에서 약속과 신의를 지키기 위해서 비석에 내용을 적어서 세우기까지 했다. 이러한 방법은 지방민의 인심을 얻기에 충분한 조처였고, 변경 지역의 영토 확대에 중요한 역할을 하였고, 나아가서 뒷날의 신라의 삼국 통일에 있어서 일정한 몫을 담당했을 것이다[1].

昌寧碑 부분에서는 창녕비 전반부의 내용을 중심으로 살펴보았다. 이 부분을 종래에는 之 · 也 · 兮 등을 終結詞로 보는 전제아래 단락을 나누어 왔다. 창녕비의 전반부 내용은 냉수리비와 봉평비에 따라 이른바 敎事라고까지 불려 왔다. 창녕비는 그 비문의 구성 방법이나 관등명의 표기 방식에서 보면 냉수리비나 봉평비보다는 오히려 북한산비 · 마운령비 · 황초령비에 가깝다. 전반부에는 건립의 전반적인 내용이 기록되어 있고, 후반부에는 인명 표기가 나열되어 있다. 이러한 방식은 황초령비와 마운령비에서도 보인다. 특히 마운령비에서는 비의 陽面에는 건립 이유 등의 내용이 기록되어 있고, 비의 陰面에는 인명 표기가 나열되어 있어서 창녕비 전반부를 마운령비의 예에 따라 분석하였다. 창녕비의 「上大等與古奈末典法△△人與上……」의 부분도 上大等, 古奈末典,法△△人, 上…도 직명으로 판명되었고, 창녕비의 전반부의 단락도 건비 연월일, 寡人의 업적, 大等與軍主幢主道使與外村主의 관련 구절, 「上大等

1) 이렇게 돌에 새긴 비문으로써 신라의 중앙 정부가 지방민에게 신의를 뚜렷하게 명기한 점은 壬申誓記石 · 南山新城碑에 각각 보이는 三年 기간의 盟誓 · 誓約과 같은 脈絡으로 판단된다.

與古奈末典法△△人與上……」의 관련 구절의 4부분으로 나누었다. 이 과정에서 寡人, 大等, 上大等의 순서로 기재됨에 따라 上大等을 大等들의 모임인 和白 회의의 長이라고 단정할 수만은 없지 않을까하는 의문을 제기하였다.

두번째로, 巡狩 관련 금석문에 대해서 살펴 보았다. 여기에 해당되는 금석문들은 巡狩管境이란 구절이 비문 가운데에 적혀 있다. 이러한 금석문의 예로는 北漢山碑 · 磨雲嶺碑 · 黃草嶺碑가 있다. 여기에서는 北漢山碑와 磨雲嶺碑만을 검토하였다.

北漢山碑에 대해서는 복원은 종래에도 시행된 바 있으나 마운령비의 관계 구절과 현재의 비석 자체에 남아있는 비문의 공간 등을 고려할 때 1行當 34자로 판단된다. 북한산비의 내용은 크게 4단락으로 나누어진다. 제1단락은 비문의 건립 연월일과 관련되는 부분이다. 제2단락은 비문의 가장 핵심적인 내용을 담고 있는 부분이다. 「甲兵」·「覇主」·「高祀」·「道人」 등의 구절이 나온다. 비문에 대한 전반적인 내용은 비문 자체의 마멸이 심해 추측의 단계를 벗어나지 못하고 있다. 제3단락은 인명표기가 나열되어 있는 부분이다. 제4단락은 미래와 관련되는 부분으로 추정될 뿐 파실되어 구체적인 내용은 전혀 알 수가 없다. 북한산비에서 가장 주목되는 부분은 「甲兵之德」·「覇主」이다. 甲兵之德이란 구절이 「갑옷을 입는 兵」이란 뜻으로, 이것이 뒤이어 나오는 覇主와 연결된다면 5–6세기의 신라 고분에서 출토되는 甲胄와 연결이 가능하다. 이 당시 신라 고분에서 출토되는 甲胄의 양은 가야 고분에서 출토되는 그것보다 훨씬 적다. 고분에서 출토된 甲胄만으로 보면 6세기의 신라는 가야와의 전쟁에서 승리할 수가 없다. 그래서 신라에서 현재까지 발굴 조사된 고분에서 甲胄가 출토되지 않는 이유가 무엇인지를 여러 가지 고고학적인 자료를 통해서 검토하여 그 당시의 신라 葬法에서 甲胄를 묻지 않는 풍습이 유행했던 것이 아닐까하고 추정하였다. 아울러 6세기에 있어서 신라 군대의 극히 일부에서는 重裝의 騎兵이나 步兵이 존재할 가능성을 제시하였다.

磨雲嶺碑는 黃草嶺碑와 함께 비교적 일찌기 알려진 금석문 자료이나 현재 북한에 소재되어 있어서 실물 자료를 볼 수가 없다. 먼저 異體 문자에 유의하여 마운령비 전문의 판독을 검토하였다. 다음으로 마운령비의 인명 분석을 통해 인명 표기에 나오는 직명을 검토하였다. 그 다음으로 마운령비와 내용이 비슷한 황초령비의 인명을 마운령비와 비교해 분석하였다.

세번째로, 力役 관련의 금석문에 대해서 살펴 보았다. 신라에 있어서 租 · 庸 · 調 가운데 庸에 해당되는 賦役 또는 軍役에 해당되는 史料는 거의 없다. 그 가운데 賦役과 관련되는 金石文 자료들이 많이 발견되었으나 그 賦役의 확실한 내용을 알지 못하기 때문에 잠정적으로 力役 또는 力役 체제 등으로 부르고 있다. 여기에 해당되는 금석문으로는 築堤 관계 금석문과 築城 관련 금석문 자료들이 있다. 전자에 해당되는 자료로는 永川菁堤碑 丙辰銘과 大邱戊戌銘塢作碑가 있다. 후자에 해당되는 자료로는 明活山城作城碑, 雁鴨池出土碑, 南山新城碑(8基)가 있다. 이 부분에서는 築堤와 관련된 永川菁堤碑 丙辰銘과 築城에 관련되는 明活山城作城碑를 검토하였다.

永川菁堤碑 丙辰銘은 비교적 이른 시기에 발견되어 최초로 판독문이 제시된 이후에 거의 10년 동안 비문에 대한 현지 조사 등이 행해지지 않았다. 최근에 발견된 鳳坪碑 · 冷水里碑 등의 연구 성과에 따라 비문의 판독에 새롭게 읽혀지는 부분도 있다. 이 비문의 판독 부분을 중심으로 비문의 인명 표기를 지금까지 제시한 모든 가설들을 두루 참조해 가면서 검토하였다. 이 병진명은 大舍 · 小舍 · 大烏 등의 관등명 다음에 붙는 第자에 근거할 때 丙辰年이란 年干支는 536년을 내려 가지 않음이 분명하다. 그런데 六部人에 뒤이어 나오는 8명의 지방민 가운데에

서 1사람만이 干支란 외위를 갖고 있다. 이렇게 신라의 금석문에서 지방민이 干支란 외위를 갖고 있으며 一伐 · 一尺 등의 외위를 갖지 않는 지방민이 나오는 예로는 迎日冷水里碑밖에 없다. 병진명의 연대를 냉수리비에 관련시킬 때 1甲子를 올릴 필요가 있게 된다.그러면 丙辰年은 536년이 아니라 476년으로 바뀌게 된다.

明活山城作成碑는 최근에 새로 발견된 금석문 자료 가운데 하나이다. 이 비는 지금까지 8기가 발견된 남산신성비의 力役에 대한 그 기본적인 내용을 알 수가 있는 자료이다. 비문의 판독, 인명 표기, 내용 등을 검토하였다. 비문중 并二人이란 부분은 郡中上人과 匠人과 함께 上人이 중요한 몫을 담당했음을 암시해 주고 있다. 이 비문에서 11月 15日부터 12월 20일까지 완료했다고 명기되어 있다. 이 시기의 金石文에 기록된 날짜는 陰曆이므로 이를 陽曆으로 바꾸면 551년 12월 28일부터 552년 1월 31일까지 明活山城을 作城한 것이 된다. 陽曆으로 1월달은 1년 가운데 가장 추운 때이므로 돌로 城을 쌓는 시기로는 결코 좋은 계절이 아니다. 永川菁堤碑 丙辰銘과 貞元十四年銘, 大邱戊戌銘塢作碑, 南山新城碑 등에 나타난 날짜를 陽曆으로 환산하면 3월 18일에서 5월 7일까지의 범위에 걸쳐서 있다. 따라서 明活山城作城碑는 전면적인 성의 축조가 아니라 古陁門 근처가 무너져서 새로 수축한 것을 나타내 주는 碑일 가능성이 있다고 추정하였다. 그리고 受作 거리에 근거해서 남산신성, 명활산성 등에서 200여개 집단이 동시에 동원되어서 똑같이 시작해서 똑같이 끝났다고 이해되기도 했다. 築城에 관련된 碑가 나왔는 明活山城, 南山新城 등의 城은 몇개의 골짜기와 산등성이를 둘러싼 이른바 包谷式山城이다. 受作 거리가 6步-21步의 범위에서는 한두 집단의 受作 거리로 할당된 임무의 완성만으로 골짜기에서 산등성이까지 갈 수가 없고, 골짜기 부분에서 산등성이에 가려고 하면 수십 집단이 작업을 마쳐야지 겨우 가능한 경우도 생기게 된다. 이 당시에도 築城을 할 때에는 돌을 수

평으로 쌓아야 되므로 어떤 경우에는 높이의 비교로 볼 때 골짜기 부분의 공사가 끝나야 비로소 산등성이에서 시작할 경우도 있다. 明活山城作成碑와 南山新城碑의 축조는 몇 군데의 골짜기에서 시작되어 산등성이쪽으로 가서 마무리되므로 城 전체를 축조함에 있어서 동시에 시작해서 동시에 끝나는 것은 불가능하다. 이 때에 受作 거리가 寸까지도 정확히 기록되는 이유와 築城의 구체적인 순서와 관련된 力役 문제 등은 장차의 과제로 미룬다.

제Ⅲ장에서는 금석문 자료를 통해서 신라의 6部와 地方 統治에 관련된 부분을 살펴 보았다. 部名의 使用時期에서는 신라 금석문에서 언제 部名이 나타났으며, 언제 소멸되기 시작했는지를 조사하였다. 신라에 部名의 출현 시기는 冷水里碑 건립 연대와 직결된다. 현재 학계에서는 냉수리비의 연대를 503년으로 보는 쪽이 우세한 듯하다. 주지하는 바와 같이 524년에 작성된 鳳坪碑에는 17관등명중 10개의 관등명이 나오고 있고, 下干支 · 一伐 · 一尺 · 阿尺 등의 외위도 나와서 이 당시에 이미 신라의 관등제가 완성되었다고 판단된다. 불과 20년 앞선 냉수리비에서는 耽須道使란 직명을 가진 인명을 포함한 다른 왕경인들과 냉수리비에서 신라 왕실에서 2번이나 敎를 내려서 財의 證尒을 서기까지한 비문의 주인공인 節居利를 비롯한 많은 地方民이 외위가 없는 점과 斯夫智王과 乃智王이 寐錦王이란 칭호가 없는 점 등에서 443년설을 취한다. 이렇게 냉수리비의 443년으로 보는 것은 冷水里碑 · 鳳坪碑 · 永川菁堤碑 丙辰銘을 서로 비교할 때에 가능하다. 이렇게 되면 신라에서는 먼저 京位制가 만들어지고, 그에 뒤따라 外位制가 만들어진 것으로 판단된다. 신라에서 部名의 사용은 中原高句麗碑에 근거할 때 高句麗로부터 들어온 것으로 판단된다. 部名이 금석문의 인명 표기에서 언제 사라졌는지 정확하게 알 수가 없다. 그 이유는 지금까지 신라에서는 인명 표기가 기록된 7세기 전반 금석문 자료가 발견되지 않고 있기 때문이다. 太宗武烈大王

陵碑의 외형이 중국 唐나라의 龜趺나 螭首와 꼭같아서 이 비를 적을 때에도 인명 표기가 文武王陵碑에서와 같이 큰 변화가 이미 있었다고 추정된다. 신라의 部名 소멸은 7세기의 신라 영토 확대로 인해 많은 백성이 새로 들어와서 경위를 줄 경우에 部名을 표기하기에는 어려움이 있어서 7세기 후반에는 사라진 것으로 판단된다.

新羅 王室의 所屬部 부분에서는 蔚州川前里書石의 原銘과 追銘을 다시 검토하였다. 川前里書石을 분석함에 있어서 原銘은 525년, 追銘은 539년에 각각 작성된 자료임과 명문에 나오는 妹 · 友 · 妹王 등의 칭호가 모두 그 주인공인 沙喙部徙夫知葛文王을 기준으로 불리워진 호칭이란 전제 아래에서 명문을 해석하였다. 徙夫知葛文王이 해마다 六月十八日에는 書石谷을 찾는 점이 명문에 분명히 기록되어 있어서 徙夫知葛文王과 妹가 단순히 여기에 놀러 오지 않았다. 또 청동기 시대부터 岩刻畵와 신라 시대의 그림이 있어서, 이 장소가 청동기 시대이래의 祭祀와 관련된 유적이란 점이다. 지금까지는 대개 徙夫知葛文王과 立宗葛文王을 동일인으로 보아 왔으나 여기에서는 이 점에 대해 의문을 제기하였다. 앞으로 관계 금석문 자료의 출현에 따라 수정 보완될 것으로 기대된다.

地方官 부분에서 6세기 금석문 자료에 나타난 地方官에 대해 검토가 있다. 지금까지 신라 中古의 州郡制에 대해서도 다음과 같은 3가지 견해가 있다. 첫째로 州에 軍主, 郡에 幢主, 村(城)에 道使가 파견되었다고 보는 것이다. 둘째로 州 · 郡 · 村에 民政官으로 州行使大等 · 郡使大等 · 道使가 각각 파견되었고 軍政官으로 軍主 · 幢主 · 外村主가 각각 파견되었다고 보는 것이다. 이는 지방 통치 조직을 二元的으로 보는 것이다. 셋째로 (行)使大等을 幢主와 道使의 범칭이란 전제에서 軍主를 중앙관으로 보고, 地方官으로는 郡에 幢主, 村에 道使가 파견되었다고 보았다. 지금까지 금석문 자료로 보면 이 시기의 郡의 실체는 정확히 알 수가 없다.

곧 郡의 長이 幢主인지 아니면 道使인지 여부도 알 수가 없다. 최근에 발견된 남산신성비 제9비에서는 郡上人이란 직명이 기록되어 있으나 道使 등의 직명을 지닌 인명뿐만 아니라 王京人은 단 1명도 보이지 않고 있어서 郡의 실체 규명을 더욱 어렵게 만들고 있다.

村의 構造 부분에서는 신라 中古 村의 문제들을 금석문 자료를 통해 접근해 보았다. 종래에는 南山新城碑에서 있어서 邏頭·道使 등의 직명 중 가장 먼저 적힌 직명의 앞에 붙은 地名을 중심이 되는 行政村 곧 郡治로 보았다. 이렇게 단정하게 되면 이 시기의 力役 동원은 郡治가 소재한 村만을 대상으로 하는 이상한 역역 동원이 된다. 6세기 금석문 자료에 있어서 郡이나 村의 실체는 정확히 알 수가 없다. 大邱戊戌銘塢作碑에 나오는 村도 村의 인구수나 당시의 郡의 수 등과 비교해서 自然村이 아닌 行政村으로 보았다. 그 다음 村主에 대해서 살펴 보았다. 金石文이나 文獻 자료에서 地名이 앞에 붙는 村主의 예는 거의 자료가 없다. 금석문 자료에서 村主는 冷水里碑·昌寧碑·南山新城碑 제1비에서 각각 2명씩 짝을 이루어 기록되고 있다. 南山新城碑 제1비 郡上村主란 직명에서 보면 村主는 村의 行政的인 실무와 거리가 먼 듯하고, 明活山城作城碑와 南山新城碑에서 보면 村의 실무는 上人이 담당했던 것으로 해석된다.

金石文 자료에 근거하여 6세기 新羅史에 관한 접근은 자료적인 제약과 필자의 능력부족 등으로 거의 기본적인 수준에 머물고 말았다. 앞으로 관련 금석문 자료의 출현과[2] 당시인들이 남긴 古墳과 관련된 遺蹟과 遺物 자료를 통해서 新羅의 隣近 小國의 征服 과정이나 身分制[3] 등 新

2) 앞으로 신라에서 금석문 자료가 발견된다면 冷水里碑와 비슷한 시기에 작성된 국가 차원의 금석문과 慶州 근처에서의 築城 관련 금석문 자료일 것이다.

3) 이 부분은 금석문 자료와 ≪三國史記≫ 등의 문헌뿐만 아니라 고고학적인 자료도 중요하다고 사료되어 장차의 과제로 삼겠다.

羅史 硏究에 있어서 중핵적인 문제들이 보다 선명하게 드러날 것으로 기대된다. 이러한 문제들은 장차의 과제로 삼고자 한다.

: 참고문헌 :

Ⅰ. 史料

≪三國史記≫
≪三國遺事≫
≪高麗史≫
≪史記≫
≪漢書≫
≪後漢書≫
≪三國志≫
≪宋書≫
≪南齊書≫
≪魏書≫
≪梁書≫
≪晋書≫
≪隋書≫
≪舊唐書≫
≪新唐書≫
≪翰苑≫
≪通典≫
≪日本書紀≫
≪朝鮮金石總覽≫
≪韓國金石文追補≫
≪韓國金石遺文≫
≪韓國金石全文≫上
≪世宗實錄地理志≫
≪磻溪隨錄≫
≪海東繹史≫
≪東史綱目≫
≪增補東國文獻備考≫

Ⅱ. 著　書

김기홍, 1990 ≪삼국 및 통일신라 세제의 연구≫(역사비평사)

金完鎭, 1980 ≪鄕歌解讀法硏究≫(서울大出版部)

金貞培, 1986 ≪韓國古代의 國家起源과 形成≫(高麗大出版部)

______, 1980 ≪韓國古代史論의 新潮流≫(高麗大出版部)

金哲埈, 1975 ≪韓國古代社會硏究≫(知識産業社)

______, 1975 ≪韓國古代國家發達史≫(韓國日報社)

盧重國, 1988 ≪百濟政治史硏究≫(一潮閣)

文暻鉉, 1983 ≪新羅史硏究≫(慶北大學校出版部)

閔賢九, 1982 ≪朝鮮初期의 軍事制度와 政治≫(韓國文化硏究院)

邊太燮, 1982 ≪「高麗史」의 硏究≫(三知院)

孫晋泰, 1948 ≪朝鮮民族史槪論≫(乙酉文化社)

申瀅植, 1981 ≪三國史記硏究≫(一潮閣)

______, 1984 ≪韓國古代史의 新硏究≫(一潮閣)

______, 1985 ≪新羅史≫(梨花女子大學校出版部)

사회과학원, 1979 ≪조선전사≫5(과학, 백과사전출판사)

辛鍾遠, 1992 ≪新羅初期佛敎史硏究≫(民族社)

李基東, 1984 ≪新羅骨品制社會와 花郎徒≫(一潮閣)

李基白, 1968 ≪高麗兵制史硏究≫(一潮閣)

______, 1974 ≪新羅政治社會史硏究≫(一潮閣)

______, 1976 ≪韓國史新論≫(一潮閣)

李基白, 1978 ≪韓國史學의 方向≫(一潮閣)

李基白 · 李基東, 1982 ≪韓國史講座≫-古代篇-(一潮閣)

李丙燾, 1959 ≪韓國史≫古代篇(乙酉文化社)

______, 1976 ≪韓國古代史硏究≫(博英社)

______, 1977 ≪國譯 三國史記≫(乙酉文化社)

李鍾旭, 1980 ≪新羅上代王位繼承硏究≫(嶺南大出版部)

______, 1982 ≪新羅國家形成史硏究≫(一潮閣)

李賢惠, 1984 ≪三韓社會形成過程硏究≫(一潮閣)

李弘稙, 1971 ≪韓國古代史의 硏究≫(新丘文化社)
鄭澄元・申敬澈, 1982 ≪東萊福泉洞古墳群I≫
黃壽永・文明大, 1984 ≪盤龜臺≫.

葛城末治, 1978 ≪朝鮮金石攷≫(亞細亞文化社 影印本)
田村晃一・鈴木靖民,1992 ≪新版古代の日本≫2,−アジアからみた古代日本−
(角川書店)
村上四男, 1979 ≪朝鮮古代史研究≫(開明書院)
三品彰英, 1935 ≪新羅花郎の研究≫;1974 ≪三品彰英論文集≫6(平凡社)
白南雲, 1933 ≪朝鮮社會經濟史≫(改造社)
末松保和, 1954 ≪新羅史の諸問題≫(東洋文庫)
朝鮮畵報社 出版部, 1985 ≪高句麗壁畵古墳≫
池內宏, 1960 ≪滿鮮史研究≫上世 第二册(吉川弘文館)
井上秀雄, 1972 ≪古代朝鮮≫(日本放送出版協會)
________, 1974 ≪新羅史基礎研究≫(東出版)
________, 1993 ≪古代東アジアの文化交流≫(溪水社)
井上秀雄外 譯註, 1976 ≪東アジア民族史≫1・2(平凡社)
今西龍, 1933 ≪新羅史研究≫(近澤書店)
藤田亮策, 1963 ≪朝鮮學論攷≫(藤田先生紀念事業會)
楊泓, 1986 ≪中國古兵器論叢≫增訂本

Ⅲ. 論 文

姜萬吉, 1984 〈軍制改革案으로 본 實學의 性格〉 ≪東方學志≫22.

姜鳳龍, 1987 〈新羅 中古期 '州' 制의 形成과 運用〉 ≪韓國史論≫16.

______, 1990 〈6-7세기 신라의 병제와 지방통치조직의 재편〉 ≪역사와 현실≫4;

金甲童, 1986 〈新羅 郡縣制의 研究動向 및 그 課題〉 ≪湖西史學≫14.

金基雄, 1972 〈三國時代 武器小考〉 ≪韓國學報≫1.

金基興, 1989 〈'新羅村落文書' 에 대한 新考察〉 ≪韓國史研究≫64.

金相鉉, 1989 〈新羅 誓幢和尙碑의 再檢討〉 ≪蕉雨黃壽永博士古稀紀念美術史學論叢≫

金 燁, 1969 〈前漢의 外戚〉 ≪大丘史學≫1.

金瑛河, 1988 〈三國時代 王의 統治形態 研究〉(高麗大博士學位論文).

______, 1988 〈新羅 中古期의 政治過程試論〉 ≪泰東古典研究≫4.

______, 1990 〈百濟 · 新羅王의 軍事訓練과 統帥〉 ≪泰東古典研究≫6.

______, 1991 〈新羅의 發展段階와 戰爭〉 ≪韓國古代史研究≫4.

金龍善, 1980 〈高句麗 琉璃王考〉 ≪歷史學報≫87.

______, 1982 〈新羅 法興王代의 律令頒布를 둘러싼 몇가지 問題〉 ≪加羅文化≫1.

金周成, 1990 〈百濟 泗沘時代 政治史 研究〉 (全南大博士學位論文).

金昌鎬, 1983 〈新羅中古 金石文의 人名表記(Ⅰ)〉 ≪大丘史學≫22.

______, 1983 〈新羅中古 金石文의 人名表記(Ⅱ)〉 ≪歷史教育論集≫4.

______, 1983 〈永川 菁堤碑 貞元十四年銘의 再檢討〉 ≪韓國史研究≫43.

______, 1989 〈丹陽赤城碑의 再檢討〉 ≪嶺南考古學≫6.

______, 1989 〈明活山城作城碑의 재검토〉 ≪金宅圭博士華甲紀念文化人類學論叢≫

______, 1990 〈金石文 자료로 본 古新羅의 村落 構造〉 ≪鄕土史硏究≫2.

______, 1991 〈昌寧碑 前半部 記事에 대한 분석〉 ≪古文化≫39.

______, 1991 〈癸酉銘阿彌陀三尊佛碑像의 銘文〉 ≪新羅文化≫8.

______, 1992 〈金石文 자료로 본 古新羅의 力役體制〉 ≪新羅文化祭學術發表會論文集≫13.

______, 1992 〈北漢山碑에 보이는 甲兵 문제〉 ≪文化財≫25.

金翰奎, 1984 〈漢代 幕府의 機能〉 ≪韓國文化硏究院論叢≫44.

______, 1985 〈南北朝時代의 中國的 世界秩序와 古代韓國의 幕府制〉 ≪韓國古代의 國家와 社會≫.

南豊鉉, 1978 〈丹陽赤城碑의 解讀 試考〉 ≪史學志≫12.

______, 〈丹陽新羅赤城碑의 語學的 考察〉 ≪檀國大論文集≫13.

盧瑾錫, 1987 〈新羅 中古期의 軍事組織과 軍士動員體制〉 (啓明大碩士學位論文)

______, 1990 〈新羅 中古期의 軍事組織 整備에 對한 考察〉 ≪韓國古代史硏究會會報≫16.

盧鏞弼, 1990 〈昌寧 眞興王巡狩碑 建立의 政治的 背景과 그 目的〉 ≪韓國史硏究≫70.

盧重國, 1987 〈法興王의 國家體制 强化〉 ≪統一期의 新羅社會硏究≫.

______, 1988 〈統一期 新羅의 百濟故地支配〉 ≪韓國古代史硏究≫1.

______, 1990 〈國史學 硏究의 現況과 課題 -統一新羅의 地方統治組織의 編制를 중심으로-〉 ≪韓國學論集≫17.

______, 1991 〈昌寧 眞興王巡狩碑의 調査와 判讀〉 ≪韓國古代史硏究會會報≫20.

盧泰敦, 1975 〈三國時代의 「部」에 關한 硏究〉 ≪韓國史論≫2.

______, 1978 〈羅代의 門客〉 ≪韓國史硏究≫21 · 22合.

文暻鉉, 1981 〈三國統一과 新金氏家門〉 ≪軍史≫2.

______, 1987 〈武烈王體制의 成立〉 ≪新羅文化祭學術發表會論文集≫8.

______, 1989 〈蔚州新羅書石銘記의 新檢討〉 ≪慶北史學≫10.

______, 1990 〈迎日冷水里新羅碑에 보이는 部의 性格과 政治運營問題〉 ≪韓國古代史研究≫3.

______, 1992 〈居伐牟羅 南彌只碑의 새 檢討〉 ≪韓國史學論叢≫上.

______, 1993 〈上中古期 新羅六部의 史的 考察〉 ≪國史館論叢≫45.

閔德植, 1987 〈新羅 王京의 防備에 關한 考察〉 ≪史學研究≫38.

朴方龍, 1988 〈明活山城作城碑의 檢討〉 ≪美術資料≫41.

______, 1988 〈南山新城碑 第8碑 · 第9碑에 대하여〉 ≪美術資料≫42.

宣石悅, 1987 〈新羅骨品制의 成立基盤과 그 構造〉 ≪釜大史學≫11.

______, 1990 〈迎日冷水里新羅碑에 보이는 官等 · 官職問題〉 ≪韓國古代史研究≫3.

宋桂鉉, 1988 〈三國時代 鐵製 甲冑의 研究-嶺南地域 出土品을 中心으로-〉, 慶北大學校大學院碩士學位請求論文.

申敬澈, 1989 〈三韓 · 三國 · 統一新羅時代의 釜山〉 ≪釜山市史≫第一卷.

申敬澈 · 宋桂鉉, 1985 〈東萊 福泉洞 4號墳과 副葬遺物〉 ≪伽倻通信≫11 · 12合.

申瀅植, 1978 〈政治制度〉 ≪韓國史論≫1(國史編纂委員會).

辛鍾遠, 1988 〈新羅 初期 佛教史 研究〉 ≪高麗大博士學位論文≫.

辛兌鉉, 1959 〈新羅職官 및 軍制의 研究〉 ≪新興大學校論文集≫1-2.

吳星, 1978 〈永川菁堤碑 丙辰銘에 대한 再檢討〉 ≪歷史學報≫79.

李康來, 1989 〈三國史記 分註의 檢討〉 ≪全南史學≫3.

______, 1990 〈三國史記에 있어서의 舊三國史論에 대한 비판적 검토〉 ≪韓國

古代史研究會會報≫17.

李基白, 1970 〈永川菁堤碑의 丙辰銘〉 ≪考古美術≫ 106 · 107合.

______, 〈丹陽赤城碑 發見의 意義와 王敎事 部分의 檢討〉 ≪史學志≫12.

李明植, 1988 〈新羅 統一期의 軍事組織〉 ≪韓國古代史研究≫1.

______, 1990 〈新羅의 王權變遷과 統治構造研究〉 (檀國大博士學位論文).

李文基, 1980 〈新羅 中古의 六部에 관한 一考察〉 ≪歷史敎育論集≫1.

______, 1981 〈金石文資料를 통하여 본 新羅의 六部〉 ≪歷史敎育論集≫2.

______, 1982 〈新羅 眞興王代 臣僚組織에 대한 一考察〉 ≪大丘史學≫20 · 21合

______, 1983 〈新羅 中古의 國王近侍集團〉 ≪歷史敎育論集≫5.

______, 1986 〈新羅 侍衛府의 成立과 性格〉 ≪歷史敎育論集≫9.

______, 1989 〈新羅 中古期 王京人의 軍事的 運用〉 ≪新羅文化≫5.

______, 1990 〈新羅 中古期 三千幢과 그 性格〉 ≪歷史敎育論集≫13 · 14合.

李範稷, 1983 〈「高麗史」禮志 軍禮 · 賓禮 檢討〉 ≪明知史論≫창간호.

李銖勳, 1988 〈新羅 中古期 州의 構造와 性格〉 ≪釜大史學≫12.

______, 1993 〈新羅 村落의 성격 –6세기 금석문을 통한 행정촌 · 자연촌 문제의 검토–〉 ≪韓國文化研究≫6.

______, 1993 〈新羅 村落의 立地와 城 · 村名 –三國時期의 경우를 중심으로–〉 ≪國史館論叢≫48.

李宇泰, 1982 〈新羅의 村과 村主〉 ≪韓國史論≫7.

______, 1988 〈書評 「朝鮮古代と經濟の社會」〉 ≪韓國古代史研究≫1.

______, 1991 〈新羅 中古期의 地方勢力 研究〉 (서울大博士學位論文).

李仁哲, 1988 〈新羅 法幢軍團과 그 性格〉 ≪韓國史研究≫61 · 62合.

______, 1989 〈新羅骨品體制社會의 兵制〉 ≪韓國學報≫54.

______, 1989 〈新羅 中古期의 地方統治體系〉 ≪韓國學報≫56.

李晶淑, 1986 〈新羅眞平王代의 政治的 性格〉 ≪韓國史研究≫52.

李鍾旭, 1874 〈南山新城碑를 통하여 본 新羅의 地方統治體制〉 ≪歷史學報≫64.

______, 1980 〈新羅 中古時代의 聖骨〉 ≪震檀學會≫50.

______, 1986 〈三國遺事 竹旨郎條에 대한 一考察〉 ≪韓國傳統文化研究所≫2.

林炳泰, 1967 〈新羅小京考〉 ≪歷史學報≫35 · 36合.

任昌淳, 1958 〈戊戌銘塢作碑小考〉 ≪史學研究≫1.

全德在, 1990 〈新羅 州郡制의 成立背景研究〉 ≪韓國史論≫22.

鄭敬淑, 1985 〈新羅時代의 將軍의 成立과 變遷〉 ≪韓國史研究≫48.

鄭求福, 1978 〈丹陽新羅赤城碑 內容에 대한 一考〉 ≪史學志≫12.

鄭永鎬, 1969 〈永川菁堤碑의 發見〉 ≪考古美術≫ 102.

______, 1969 〈永川菁堤碑의 考察〉 ≪考古美術≫102.

______, 1986 〈新羅 南川停址의 研究〉 ≪邊太燮博士華甲紀念史學論叢≫.

趙 珖, 1988 〈朝鮮後期 實學者의 軍制改革論〉 ≪東洋學報≫18.

趙榮濟, 1983 〈新羅上古 伊伐飡 · 伊飡에 대한 一考察〉 ≪釜山史學≫7.

朱甫暾, 1979 〈新羅中古의 地方統治組織에 대하여〉 ≪韓國史研究≫23.

______, 1984 〈丹陽新羅赤城碑의 再檢討〉 ≪慶北史學≫7.

______, 1984 〈新羅時代의 連坐制〉 ≪大丘史學≫25.

______, 1987 〈新羅 中古期 6停에 대한 몇 가지 問題〉 ≪新羅文化≫3 · 4合.

______, 1988 〈新羅 中古期의 郡司와 村司〉 ≪韓國古代史研究≫1.

______, 1989 〈蔚珍鳳坪新羅碑와 法興王代 律令〉 ≪韓國古代史研究≫2.

______, 1989 〈統一期 新羅 地方統治體制의 整備와 村落構造의 變化〉 ≪大丘史學≫37.

______, 1990 〈6세기초 新羅王權의 位相과 官等制의 成立〉 ≪歷史教育論集≫ 13 · 14合.

秦弘燮, 1965 〈南山新城碑의 綜合的 考察〉 ≪歷史學報≫26.

崔秉鉉, 1980 〈古新羅 積石木槨墳의 變遷과 編年〉 ≪韓國考古學報≫10 · 11.

______, 1991 〈新羅의 成長과 新羅 古墳文化의 展開〉 ≪韓國古代史研究≫4.

崔源植, 1987 〈軍事力의 增强과 軍事的 基盤〉 ≪統一期의 新羅社會研究≫.

崔在寬, 1988 〈新羅 中古期 地方統治制度〉 ≪慶熙史學 · 朴性鳳教授回甲紀念論集≫.

崔鍾圭, 1983 〈慶州九政洞 一帶 發掘調査〉 ≪博物館新聞≫131.

______, 1983 〈中期古墳의 性格에 대한 약간의 考察〉 ≪釜大史學≫7.

洪性彬 · 金柱憲, 1993〈咸安 말갑옷(馬甲) 出土古墳 發掘調査概報〉 ≪文化財≫26.

黃壽永, 1970 〈新羅誓幢和上碑의 新片-建立年代와 名稱에 대하여-〉 ≪考古美術≫108.

______, 1971 〈新羅의 蔚州書石〉 ≪東大新聞≫ 1971년5월10일자.

穴澤和光, 1990 〈古墳文化と鮮卑文化〉 ≪季刊 考古學≫33

________, 1991 〈五胡十六國の考古學(下)〉 ≪古代學評論≫2

木村誠, 1976 〈6世紀新羅における骨品制の成立〉 ≪歷史學研究≫428.

______, 1976 〈新羅郡縣制の確立過程と村主制〉 ≪朝鮮史研究會論文集≫13.

______, 1978 〈新羅上大等の成立過程 -「上臣」史料の檢討-〉 ≪古代東アジア史論集≫上.

______, 1982 〈統一新羅の官僚制〉 ≪日本古代史講座≫6.

______, 1983 〈新羅時代の鄕 -部曲制成立の再檢討-〉 ≪歷史評論≫403.

______, 1983〈統一新羅の王畿について〉≪東洋史研究≫42-2.

______, 1984〈三國期新羅の王畿と六部〉≪人文學報≫167.

北村秀人, 1981〈新羅・高麗の政治史〉≪朝鮮史入門≫(旗田巍編).

金錫亨, 1974〈三國時代の良人農民〉≪古代朝鮮の基本問題≫.

內藤虎次郎, 1911〈新羅眞興王巡境碑考(1・2)〉≪藝文≫2-4・6.

武田幸男, 1974〈新羅法興王代の律令と衣冠制〉≪古代朝鮮と日本≫.

________, 1979〈眞興王代にぉける新羅の赤城經營〉≪朝鮮學報≫93.

________, 1984〈中古新羅の軍事的基盤-法幢軍團の成立と展開-〉≪西嶋定生還曆紀念東アジアにぉける國家と農民≫.

________, 1990〈新羅六部와 그 展開〉≪民族史의 展開와 그 文化≫上(碧史李佑成教授停年退任紀念論叢).

田中俊明, 1980〈「三國史記」の板刻と流通〉≪東洋史研究≫39-1.

________, 1982〈「三國史記」中國史書引用記事の再檢討〉≪朝鮮學報≫104.

________, 1983〈新羅の金石文 -南山新城碑 第一碑-〉≪韓國文化≫5권 9호.

________, 1984〈新羅の金石文 -第二碑-〉≪위의 책≫5권 11호.

________, 1984〈新羅の金石文 -第三碑・第四碑-〉≪위의 책≫6권 1호.

________, 1984〈新羅の金石文 -第五碑・第七碑-〉≪위의 책≫6권 3호.

谷井濟一, 1914,〈朝鮮昌寧古碑の發見〉≪考古學雜誌≫ 4-9.

前間恭作, 1931〈眞興王について〉≪東洋學報≫19-2.

三品彰英, 1966〈「繼體期」の諸問題〉≪日本書紀研究≫2.

三池賢一, 1975〈新羅官制と社會身分〉≪日本史研究≫150・151合.

門田誠一, 1988〈古代伽倻の戰士〉≪考古學と技術≫ -同志社大學 考古學シリーズⅣ-.

末松保和, 1975〈新羅の郡縣制 － 特にその完成期の二三の問題－〉≪學習院大學研究年報≫12
山尾幸久, 1975〈朝鮮三國の軍區組織 －エホリのミヤケ研究序說－〉≪古代朝鮮と日本≫.
今西龍, 1937〈加羅疆域考〉≪朝鮮古史の研究≫.
______, 1921〈新羅眞興王巡狩管境碑考〉≪考古學雜誌≫ 12－1.
石上英一, 1974〈古代にぉける日本の稅制と新羅の稅制〉≪古代朝鮮と日本≫
李成市, 1979〈新羅六停の再檢討〉≪朝鮮學報≫92.
______, 1981〈新羅兵制にぉける浿江鎭典〉≪早稻田大學文學研究科紀要≫別冊7.
大坂金太郎, 1934,〈慶州に於て發見せられる南山新城碑〉≪朝鮮≫ 235.
崔南善, 1930,〈新羅眞興王の在來三碑と新出現の磨雲嶺碑〉≪青丘學叢≫ 22.
濱中昇, 1986〈統一新羅の年齡區分と稅制〉≪朝鮮古代の經濟と社會≫.
濱田耕策, 1978〈新羅の城・村設置と州郡制の施行〉≪朝鮮學報≫84.
掘田啓一, 1979〈高句麗壁畫古墳にみる武器と武裝－特に安岳3號墳と藥水里壁畫古墳を中心に－〉≪橿原考古學研究所論集≫4.

An Analysis of Inscriptions on the Stone Monuments of Sixth Century Silla

Kim, Chang-Ho

Department of History
Graduate School, Kyungpook National University Taegu, Korea
(Supervised by Professor Mun, Kyung-Hyun)

[Abstract]

Three types of materials are of critical value in restoring the history of the Silla period: historical records such as *Samguksagi(三國史記)* and *Samgukyusa(三國遺事)*, archeological data such as historical relics and remains, and inscriptions on stone monuments. This thesis is an attempt to analyze and interpret the inscriptions on Silla stone monuments made during the sixth century, with a view to laying the basis for a more accurate restoration of the history of Silla.

The inscriptions of this period can be classified into three types based on their contents. The first type consists of inscriptions produced at an individual level: *Imsin Sŏgisŏk(壬申誓記石)*, which recorded the oath of two *Hwarangs(花郞)*; *Sunhŭng Ŏskjisulganmyo (順興於宿知述干墓)*, which is a personal epitaph; and Ulchu *Ch'ŏnjŏnni sŏsŏk Wŏnmyŏng(蔚州川前里書石 原銘)* and Ulchu *Ch'ŏnjŏnni sŏsŏk Ch'umyong(蔚州川前里書石 追銘)*, which reveal certain personal aspects of the Silla royal family.

* * * * * * * * * * * * * * *

The second type of inscriptions are those made at the level of the kingdom. They relate to the kings, the people of the castle town, and the local people. They describe details of events and reasons for the records. The first example of this type is *Naengsuribi(冷水里碑)*, which records the royal family's ownership of the property of *Chŏlgŏri(節居利)*, and the names of its heirs and certifiers.

Also of this type are inscriptions recording the expansion of the territory, such as those on *Chŏksongbi(赤城碑)* and *Ch'angnyongbi(昌寧碑)*, and those related to royal tours, such as *Pukhansanbi(北漢山碑)* and *Maunryŏngbi(磨雲嶺碑)*. The last of such national-level inscriptions are *Maunryŏngbi* and *Hwangchoryŏngbi(黃草嶺碑)*.

The third type of inscriptions is similar to the second type in that they are official records, but contain no mention of high-ranking officials. They are mainly records of the compulsory labors of the local people. Of these, *Myŏnghwalsansŏng Chaksŏngbi(明活山城作城碑)*, *AnapjiCh'ultobi(雁鴨池出土碑)*, and *Namsansinsŏngbi(南山新城碑)* are related to the construction of castle walls, and *Yŏngch'ŏngch'ŏngjaebi Byŏngjinmyŏng(永川菁堤碑丙辰銘)* and *Taegu Musulmyŏng Ojakbi(大邱戊戌銘塢作碑)* are about embankment.

Of the inscriptions mentioned above, this thesis takes *Chŏksongbi* and *Ch'angnyongbi* for examples of the territorial expansion type, *Pukhansanbi* and *Maunryŏngbi* for descriptions of royal tours, and *Yŏngch'ŏngch'ŏngjaebi Byŏngjinmyŏng* and *Myŏnghwalsansŏng Chaksŏngbi* as records of compulsory labor. The analysis of these inscriptions has certain implications on the appearance and disappearance of *Bumyŏng(部名 tribes' names)*. This thesis claims that

Bumyŏng started in the fifth century and disappeared in the late seventh century. The analysis of *Ulchu Ch' ŏnjŏnni sŏsŏk Wŏnmyŏng* and *Ulchu Ch' ŏnjŏnni Sŏsŏk Ch' umyong* has led to the conclusion that *Sat' akbuSabujiKalmunwang(沙喙部徒夫知葛文王)*, mentioned therein, was in fact a king who does not apppear in any other written materials.

It is clear that *Chu-kun system(州郡制)* was practiced in the old Silla kingdom. The chief of *Chu was Kunju(軍主)*, but the name of the chief of Kun is unknown, and facts about Kun are still unclear. As for the structure of *Ch' on(村)*, this thesis holds the view that *Ch' onju(村主)*, referred to in the inscriptions of this period, was not in charge of administralive *Ch' on(行政村)*, but rather *Sangin(上人)* was in charge of the Ch' on.

1. 蔚州川前里書石 原銘

行	字	黃壽永	金龍善	任昌淳	李文基	金昌鎬	田中俊明	許興植	文暻鉉	古代史研	李喜寬	李文基	金昌鎬
①	3	·	*	·	*	[年]	冂	·	[年]	冂	·	冂	[年]
②	4	·	□	官	·	[葛]	□	·	葛	□	□	葛	[葛]
③	2	□	王	□	王	王	王	王	王	王?	王	王	王
	10	□	·	·	□	□	□	□	·	·	·	冂	□
④	3	谷?	谷?	□	谷?	谷	谷	谷	谷	谷?	□	谷?	谷
⑤	1	之	乙	凡	乙	夂	之	之	之	之	□	之?	之
	6	書(書)	書	書	書	書	書	書	書	書	書	書	書
⑥	2	遊	遊	施	遊	遊	遊	遊	遊	遊	遊	遊	遊
	5	麗?	麗?	□	麗?	麗	聖?	麗	麗	麗?	□	麗?	麗
	6	德?	德?	□	德?	德	慈?	德	德	德?	□	德?	德
	9	於	於	□	於	於	於	於	於	於	於	於	於
	10	史	史	□	史	史	□	史	史	史	史	史	史
⑦	1	郎	郞	郞	郞	郞	郞	郞	郞	郞	郞	郞	郞
	2	安	安	安	安	安	安	安	女	女?	女	安?	女
	4	主	主	主	三	主	三	主	王	三?	三	三	主
⑧	1	原	食	便	食	食	食	食	原	□	食	食?	食
	5	功	功	力	功	功	功	功	功	功	功	功	功
	11	秦	奈	□	奈	奈	奈	奉	奈	柰	奈	柰?	奈

* 年六月十八日昧로 판독

2. 蔚州川前里書石 追銘

行	字	黃壽永	金龍善	任昌淳	李文基	金昌鎬	田中俊明	許興植	文暻鉉	古代史硏	李喜寬	李文基	金昌鎬
②	2	徒	徒	從	徙	徒	徒	徒	徙	徙	徙	徙	徒
	5	□	□	畚	葛?	葛	□	葛?	葛	广	葛?	葛	葛
	12	安	安	安	安	安	安	安	女	女?	女	安?	女
③	1	三	三	□	三	三	三	三	王	三	三	三	三
	2	共	共	共	共	共	共	共	共	耒	共	共	共
	7	尒?	□	□	□	□	□	□	今	□	尒?	□	□
	10	己	巳	百	巳	巳	□	巳	巳	已	□	巳	巳
④	5	乙	乙	乙	乙	乙	丁	乙	丁	丁?	丁?	丁?	乙
	15	須	須	沒	須	沒	沒	沒	沒	沒	沒	沒	沒
⑤	11	興	興	大	興	興	其	興	其	其	□	其	其
⑥	8	三	三	□	三	三	三	三	王	六	三	三	三
	12	郎	郎	卽	郎	卽	卽	卽	卽	卽	卽	卽	卽
⑦	3	徒	徒	禮	徙	徒	徒	徒	徙	徙	徙	徙	徙
	7	导	导	手	导	导	子	导	子	子	子	予?	子
	9	梁?	梁?	□	梁?	□	□	□	深	淙	深?	深?	□
	10	畎?	畎?	□	畎	□	□	□	麦	只	昧?	□	□
	17	鬷	殿?	醎	殿?	殿	□	□	醎	諴	□	□	殿
⑪	10	珎	沙?	□	□	□	沙?	□	居伐	□	□	□	□

3. 昌寧碑

行	字	古代史研	金石總覽	崔南善	今西龍	葛城末治	許興植	盧鏞弼	金昌鎬
①	- 21	伩?	俊	後	後	俊	俊	仮?	後
	- 22	智	智	□	□	智	智	亶?	□
	- 24		□	□	□	□	□	堂?	□
	- 25	行	□	□	□	□	□	伲?	□
	- 26	悉?	□	□	□	□	□	心?	□
②	- 3	□	□	□	□	□	□	容?	□
	- 4	□	□	□	□	□	□	作?	□
	- 5	立	立	立	立	立	立	位	立
	- 6	关?	□	夲	夲	□	奉	朱?	□
	- 8	忐?	心	□	□	□	心	思	□
	- 9	赦	救	赦	赦	赦	赦	敉?	赦
	- 10	□	□	□	□	鷩	救	容?	□
	- 11	□	□	□	□	□	□	衆?	□
	- 12	□	□	□	□	□	□	火	□
	- 14	□	□	□	□	□	□	我	□
	- 15	四	□	□	□	□	□	孔	□
	- 16	方	□	□	□	□	□	方	□
	- 18	改	□	校	校	□	□	校	□
	- 19	囚	□	□	□	□	□	□	□
	- 24	□	□	□	□	□	□	所?	□
③	- 4	□	□	□	□	□	□	砂	□
	- 11	□	□	□	□	□	□	御	□
	- 14	□	□	□	□	□	□	兮	□
	- 18	□	□	山	山	□	□	□	□
	- 24	山	□	山	山	□	□	山	山
	- 25	□	□	海	海	□	□	海	□
	- 27	□	□	谷	谷	□	□	谷	谷
④	- 4	林	□	村	村	林	林	林	林
	- 5	栏?	□	模	模	□	木	模	□
	- 17	汯?	□	□	□	□	□	□	□
	- 18	□	□	□	□	□	□	巡	□
	- 19	□	□	□	□	□	□	敕?	□
	- 22	此	□	此	此	□	□	崁?	此
	- 24	卅?	□	□	□	□	□	州	卌
⑤	- 6	時?	城	城	城	城	城	城	城
	- 9	□	□	戶	戶	□	□	戕?	戶
	- 13	□	□	□	□	□	□	夲	□
	- 14	□	□	□	□	□	□	志	志
⑥	- 7	照?	□	煦	煦	□	照	照	照
	- 8	故	□	故	故	□	故	故	故

行	字	古代史研	金石總覽	崔南善	今西龍	葛城末治	許興植	盧鏞弼	金昌鎬
⑥	16	玐?	□	仕	仕	□	任	□	□
	18	□	□	□	□	□	□	泰?	□
	24	□	□	□	□	□	□	以	□
⑦	1	山	山	山	山	山	山	荇?	□
	2	塩?	鹽	鹽	塩	塩	塩	塩	塩
	5	□	□	師	師	熙	師	愁?	師
	9	□	□	□	□	□	□	事	□
	25	□	□	道	道	道	道	道	道
⑧	1		□	□	□	者	者	者	□
	2	点?	□	煦	煦	煦	煦	煞	煞
	6	□	□	□	□	泯	泯	滅	□
	7	□	□	□	□	□	□	筞?	□
	8	□	□	□	□	□	□	楝	□
	9	□	□	□	□	□	□	杅?	□
	16	心	□	心	心	□	心	□	□
	19	河	□	阿	阿	□	阿	□	河
	24	汰	□	□	□	□	□	杖	□
	25	于	□	于	于	□	于	行	□
⑨	5	事	事	□	□	□	事	事	事
	6	知	如	知	知	□	如	□	如
	7	古	古	士	士	士	士	古	古
	9	氵?	□	飡	□	□	飡	飡	□
	15	者	都	者	者	者	者	都	□
⑩	2	送?	五	慈	慈	□	慈	兼	□
	3	□	□	□	□	溢	溢	慈	□
	4	人?	人	人	人	□	人	人	人
	18	□	□	□	□	自	自	□	□
	19	此	此	□	□	此	此	□	□
⑪	1	討?	罰	爵	爵	爵	爵	罰	□
	5	日?	□	會	會	□	會		□
	7	大	□	□	□	□	□		□
	14	智	村	□	□	□	□		□
	19	□	浦	□	□	□	浦		□
	22	者	者	未	未	者	考		者
	24	只?	□	□	□	□	□		□
⑫	2	珎	□	珎	珎	弥	珎		珎
	6	伐	場	伐	伐	□	伐		伐
	7	干	□	干	干	□	干		干
	8	□	沙	沙°	沙°	沙	沙		沙
	14	伐	□	尺	尺	尺	伐		伐
	24	几?	□	□	□	□	□		□

行	字	古代史研	金石總覽	崔南善	今西龍	葛城末治	許興植	盧鏞弼	金昌鎬
⑬	- 9	夫	大	夫	夫	夫	大		夫
	- 21	小	□	□	□	□	小		尒
⑭	- 5	設	記	訁?	訁?	記	記		設
	- 7	沙	□	□	□	□	□		沙
	- 8	尺	□	□	□	□	□		尺
	- 9	干	□	干	干	□	干		干
	- 12	伐	□	□	□	□	□		□
	- 13	夫	𣏕	衬?	村	朮	井		□
	- 25	□	□	干◦	干◦	□	干		□
	- 26	□	□	喙◦	喙◦	□	喙		□
⑮	- 1	珎	彌	珎	珎	弥	珎		珎
	- 3	讠?	□	□	□	□	□		□
	- 10	尒	□	□	□	□	□		□
	- 16	昕	□	□	□	□	□		□
	- 17	述	述	述	述	体	□		述
	- 26	□	□	智◦	智◦	□	智		□
⑯	- 6	叶	叱	叶	叶	叱	叶		叶
	- 26	□	□	干◦	干◦	□	□		干◦
⑰	- 13	□	□	□	□	□	□		□
	- 24	□	□	干◦	干◦	□	干		□
	- 26	□	□	大◦	大◦	□	大		□
⑱	- 11	□	□	喙◦	喙◦	□	喙		□
	- 20	甘?	□	子	子	吉	子		□
⑲	- 9	□	□	□	□	一	□		□
	- 14	七	七	智	智	七	智		七
	- 25	子	□	自	子	□	自		子
⑳	- 19	竹	竹	竹	竹	村	竹		竹
㉓	- 25	土?	□	十	ラ	□	直		支
	- 26	可?	□	可	可	□	河		河◦
㉔	- 12	北	北	比	比	北	比		比◦
	- 13	尸	只	戶	戶	只	戶		尸
	- 21	仃	□	□	□	兵	兵		斥
	- 25	□	□	末◦	末◦	末	末		□
	- 26	盲?	旨	□	□	旨	旨		旨
㉕	- 13	皃	元	兄	皃	元	元		兄
㉖	- 14	導	□	等	等	導	等		導
	- 20	奕?	牟	奕	奕	牟	牟		奕

4.永川菁堤碑 丙辰銘

行字	黃壽永	李基白	金昌鎬	石上英一	吳星	田中俊明	許興植	古代史硏	金昌鎬
① - 8	□	□	□	□	□	□	郎	另?	□
- 9	□	□	□	□	□	邑	□	邑?	□
-10	□	□	□	□	□	□	□	古?	□
-11	大	大	大	大	大	大	大	夫?	大
② - 3	□	□	六	□	六	六	□	六	六
- 4	□	□	十	□	十	十	□	十	十
- 5	□	□	一	□	一	一	□	一	一
- 6	□	□	淂	□	□	[將]	得	得	淂
-11	□	□	淂	□	□	[將]	得	得	淂
-12	□	□	□	□	□	[尺]	□	沢?	□
③ - 2	□	□	卄	□	□	□	十	卅	丗
- 4	□	□	淂	□	□	將	得	得	淂
- 5	□	□	高	□	□	□	□	高?	高
- 6	□	□	八	□	□	[八]	□	八	八
- 7	將	將	淂	將	將	將	得	得	淂
-10	將	將	淂	將	將	將	得	得	淂
④ - 4	□	□	□	剑?	□	□	□	剑?	□
⑤ - 2	□	人	人	[人]	人	人	入	人	人
- 3	□	□	喙	□	喙	彖	喙	喙	喙
- 4	□	□	灾	□	□	□	灾	灾?	□
- 6	□	□	利	□	□	□	利	卯?	利
- 7	□	知	知	□	知	知	智	智	知
⑥ - 1	□	□	尺	□	□	□	尺	叱	尺
- 2	□	□	次	□	□	□	次	次?	次
- 3			郭			□	郭	□	郭
⑦ - 1	□	□	尺	□	尺	尺	尺	尸	尺
- 2	□	□	父	□	人	人	人	支	父
- 5	未	未	未	未	未	未	未	帝?	未
- 6	□	□	第	□	□	珎	苐	次?	第
⑧ - 1	□	□	□	□	□	[春]	□	□	□
- 3	□	□	次	□	次	次	□	次	次
- 4	□	□	□	[作]	□	[弥]	□	斫	□
- 5	尓	尔	尔	尔	尔	尔	失	尒	尔
- 9	□	□	丙	□	□	□	丙	□	丙
-10	丁	丁	丁	丁	丁	丁	丁	主?	丁

行 字	黃壽永	李基白	金昌鎬	石上英一	吳星	田中俊明	許興植	古代史研	金昌鎬
-11	□	□	平	□	□	兮	平	丬?	平
⑨- 2	□	作	作	□	作	作	作	伊?	作
⑩· 2	□	社	礼	□	社	社	社	礼	礼
· 3	村	村	利	村	村	村	利	利	利
- 4	只	只	昱	只	只	只	只	只	只
- 5	□	□	尸	□	□	□	□	尸?	尸
· 6	□	□	□	□	□	□	□		□
7	□	□	利	□	□	利	利	利	利
8	干	干	亍	干	干	干	干	干	亍
10	□	□	從	□	□	[礻]	□	從	佬

5. 磨雲嶺碑

行	字	本稿	葛城末治	李蘭暎	許興植	金昌鎬	비고
①	- 9	□	□	□	八	□	陽面
	- 10	□	□	□	月	□	
	- 14	□	□	□	癸	□	
	- 15	□	□	□	未	□	
	- 16	□	□	□	貞	□	
⑨	- 3	□	物	物	物	物	
	- 7	勞	效	效	效	效	
④	- 22	騶	騶	喙	騶	騶	陰面
⑤	- 17	薦	薦	薦	薦	薦	
⑦	- 7	□	□	□	□	□	
	- 8	□	□	□	□	□	
	- 9	□	□	□	□	□	
	- 10	□	□	□	□	□	
⑧	· 2	□	□	五	五	□	
	- 3	□	□	十	十	□	
	- 9	□	□	□	□	□	
	- 10	□	□	□	□	□	
	- 11	□	□	□	喙	□	
	- 12	□	□	□	部	□	
	- 13	□	□	悲	悲	悲	

6. 北漢山碑

行	字	古代史研究	金正喜	劉燕庭	內藤湖次郎	金石總覽	今西龍	葛城末治	許興植	金石文大觀	金昌鎬
①	19	□	□	□	□	□	管	管	管	管	(管)
	20	□	□	□	□	□	境°	境	境	境	(境)
②	11	言	□	□	□	言	□	□	言	□	□
	12	□	□	□	乃	□	□	□	□	□	□
	17	仿?	□	□	□	□	德	□	德	德	□
	19	□	□	元	□	□	□	□	□	□	□
	20	□	□	元	□	年	□	年	年	□	□
	23	□	□	無	無	□	□	□	□	□	□
	26	設	□	效	設	設	設	設	設	設	設
	27	方?	□	修	□	□	木?	□	□	□	□
	28	賞	□	□	□	□	賞	賞	賞	賞°	賞
	29	□	□	□	□	□	方?	□	□	□	冂
③	11	之	□	之	之	之	□	□	之	之°	□
	15	祀	□	八	□	祀	祀	祀	祀	祀	祀
	16	西	□	百	□	西	□	□	西	西	□
	17	山?	□	尺	□	嶽	□	□	嶽	嶽°	□
	22	相	□	祀	□	祀	相	相	相	相	相
	23	戰	□	嶽	□	嶽	戰	戰	戰	戰	戰
	26	新	□	□	□	新	新	新	新	新	新
	27	羅	□	□	□	羅	羅	羅	羅	羅°	羅
	28	□	□	□	□	大	太	太	太	太°	太
④	10	椐?	□	耀	□	耀	□	□	耀	耀	□
	13	功?	用	廢	用	用	□	□	用	用°	□
	16	□	□	□	欲	□	□	□	□	□	□
	21	扌?	□	□	□	□	强	强	强	强°	强
	22	建	□	□	□	□	建	建	建	建°	建
	28	牛?	□	□	□	□	□	□	□	□	□
	29	不?	□	□	□	□	□	□	□	□	□
	30	彳?	□	後	□	□	□	□	□	□	□
⑤	14	苦?	□	□	管	管	管	管°	管	管	管
	15	□	□	□	境	境	境	境°	境	境°	境
	16	□	□	□	訪	□	訪	訪°	訪	訪°	訪
	17	□	□	□	□	□	採°	採°	採	採°	(採)
	18	民	□	□	□	□	民°	民°	民	民°	(民)
	19	心	□	□	□	□	心°	心°	心	心°	(心)
	20	以	□	□	□	□	以°	以°	以	以°	(以)
	21	欲	□	□	欲	□	欲°	□	欲	□	欲

行	字	古代史研究	金正喜	劉燕庭	內藤湖次郎	金石總覽	今西龍	葛城末治	許興植	金石文大觀	金昌鎬
⑤	22	勞	□	□	勞	□	勞°	勞°	勞	勞°	勞
	23	賫	□	□	□	□	□	□	□	□	□
	30	ナ?	□	□	□	□	□	□	□	□	□
⑥	11	□	□	復	徒	□	徒	徒	徒	徒	徒
	14	兵?	□	□	賞	賞	賞	賞	賞	賞	賞
	15	□	□	□	爵	□	爵	爵	爵	爵°	爵
	16	□	□	□	物	功	物	物	物	物	物
	17	以	□	□	以	以	以	以	以	以	以
	20	□	□	心	心	□	心	心	心	心	心
	21	□	□	引	引	□	引	引	引	引	引
	24	余?	□	□	□	衆	衆	衆	衆	衆	衆
	27	漢?	□	□	□	漢	□	□	漢	漢	□
	30	□	賞	谷	□	□	□	□	□	□	□
⑦	11	□	□	□	沙	□	□	□	□	□	□
	12	見	是	見	門	見	見	見	見	見	見
	23	刻	□	□	□	刻	刻	刻	刻	刻	刻
	24	石	□	乃	而	石	石	石	石	石	石
	25	誌	□	詠	詠	誌	詠	誌	誌	誌	詠
⑧	9	□	□	□	□	□	智	智°	智	智°	智
	10	□	□	□	□	□	一	一°	一	一°	(一)
	19	沙	□	□	□	智	沙	沙	沙	沙°	沙
	21	另	□	□	□	多	□	□	另	□	□
	22	力?	□	□	□	刻	□	□	力	□	□
	30	沙?	沙	沙	沙	□	沙	沙	沙	沙°	沙
⑨	19	稆?	□	□	□	□	末°	末	末	末°	□
	22	兵?	□	□	□	□	□	□	奈	□	奈
⑩	11	谷?	夫	光	夫	夫	天	天	天	天	天
	12	□	□	則	□	□	刖?	□	□	□	□
	13	指?	指	指	海	指	□	指	指	指	□
	18	水?	□	永	□	□	□	□	□	□	□
	23	劫	□	□	□	□	劫	劫	劫	劫	劫
	24	初	□	□	□	□	初	初	初	初	初
	29	艹?	世	世	世	□	□	里°	世	世	□
⑪	14	巡?	□	巡	□	□	□	巡	巡	巡°	□
	15	狩	守	狩	□	守	□	守	守	守	□
	20	□	□	□	□	□	□	刊	刊	刊	□
	21	□	□	□	□	□	□	石	石	石	□
	25	歲	□	□	□	□	歲	□	歲	歲	歲
	27	井?	我	我	我	并	我	我	我	我	我

7.黃草嶺碑

行	字	古代史研	金正喜	金石總覽	今西龍	葛城末治	崔南善	李蘭暎	許興植	金昌鎬
①	20	□	巛	巡	巡	巡○	巡	巡	巡	□
	21	□	□	□	狩○	狩○	狩	狩	狩	□
②	16	耶	亦	邪	耶	耶	耶	耶	耶	耶
	20	ᄆ?	日	□	旱○	是○	是○	是○	是	□
	21	□	□	□	以○	以○	以○	以○	以	□
③	20	遣?	遣	□	書	違	違	違	違	違
	21	□	□	□	□	□	□	乾	乾	□
	22	□	□	□	□	□	□	道	道	□
	23	人?	□	□	又○	伏	又○	又	又	□
④	23	□	□	□	□	自○	□	自○	自	□
	24	□	□	□	□	惟○	□	惟○	惟	□
⑤	25	□	□	□	寸	忖○	忖○	忖○	忖	□
	26	無?	□	□	奭○	撫○	撫○	撫○	撫	撫
	27	□	□	□	□	賢○	□	賚	賢	□
	28	□	□	□	㇆(如)	如○	□	如	如	□
	29	㇆?	□	□	有○	有○	有○	有	有	□
	34	才	□	□	□	才	□	才	才	才
	35	□	□	□	□	超○	□	超○	超	□
⑥	7	了?	□	□	□	爲○	□	爲	爲	□
	27	顧	顧	顧	顧	顧	顧	顧	顧	顧
	31	□	□	□	□	□	□	月○	月○	□
	32	十	□	□	□	十	□	十	十	□
	34	□	□	□	□	□	□	日○	日○	□
⑦	12	圻?	氺	□	□	□	□	□	□	□
	32	□	□	□	部○	部○	部○	部○	部	□
	33	□	□	□	居○	居○	居○	居○	居	□
	34	□	□	□	柴○	柒○	柒○	柴○	杝	□
⑧	13	□	丿	□	□	□	□	□	□	□
	33	□	□	□	□	大○	□	大○	大	□
⑨	16	丁?	与	□	□	□	□	萬○	萬	□
	27	叜	叜	衆	衆	裏	裏	裏	裏	叜
	33	几?	巾	□	□	没○	□	没○	没	□
⑩	17	㇏?	㇏	人	□	人	□	人	人	□
	33	□	□	□	□	舍○	□	舍○	舍	□
⑪	19	□	□	□	□	□	□	□	□	□
	27	衰	哀	衆	衆	哀	衆	衆	裏	哀
	30	平	平	本	平	平	平	平	平	平
⑫	27	助	助	□	助	另	另	助	助	助

찾아보기

– ㅈ –

– ㅊ –

지은이 김창호

경북 구미에서 태어나
경북대학교 사범대학 역사교육과, 동 교육대학원,
동 대학원 사학과 박사과정 수료.
문학박사.
현재 경주대학교 문화재학부 부교수로 재직하고 있음.

고신라 금석문의 연구

초판인쇄일 2007년 4월 25일
초판발행일 2007년 4월 30일

지 은 이 김창호
펴 낸 이 김선경
펴 낸 곳 도서출판 서경문화사
주 소 서울시 종로구 동숭동 199-15(105호)
전 화 02-743-8203, 8205
팩 스 02-743-8210
메 일 sk8203@chollian.net

등록번호 1-1664호

인 쇄 한성인쇄
제 책 반도제책사

ISBN 89-6062-011-4 93900

값 : 14,000원